Hansheinrich Rütimann

DIE LESESTADT

Spiele, die auf der Hand liegen

Ein Zytglogge Werkbuch

Abkürzungen und Hinweise:

* Literaturhinweis (siehe S. 188)

○ Spiele ○ Bauanleitungen ◖● Kopiervorlagen

⊛ GU (Themenübergreifender Gesamtunterricht)

☞ Hinweise

** Materialbezug (siehe S. 187)

Fotonachweis

Fritz Friedli:	Seite	23, 24, 25, 28, 31, 34a, 37a, 38a, 39, 45, 51b, 64, 67, 68b, 70a, 78b, 79b, 82a,
Hans Domenig:	Seite	119, 125, 141
Georg Handlery:	Seite	100
Eckhard Bohtz:	Seite	15
Carl Imber:	Seite	105
Geri Kuster:	Seite	107 (Seiltänzerin: Marie-Pierre Bénac, Zirkus Knie)
Ady Lippuner:	Seite	8
Rosmarie Luck:	Seite	56 b/c, 146/150
Beat Ardüser:	Seite	143
Blanca Räss:	Seite	145, 154a
Autor:	alle übrigen	
Farbbilder:		
Fritz Friedli:	Seite	10, 35, 36, 61, 62
Rosmarie Luck:	Seite	151, 152

2. Auflage 1994

Lektorat: Hugo Ramseyer
Titelfoto: Fritz Friedli
Zeichnungen: - Skizzen und Bauanleitungen: Hh. Rütimann
- Pläne für Prototyp: Christian Casal
- Kopiervorlagen: diverse u. Barbara Rütimann
- Karikaturen S. 16, 104, 110, Bruno Peyer
- Seite 9: Christoph Rütimann
Typoskript + Gestaltung: Hh. Rütimann
Computergestaltung 'Fibel für Erwachsene': Andreas Müller
Druck: AZ Druckhaus, Kempten

ISBN 3 7296 0320 5

Zytglogge Verlag Bern, Eigerweg 16, CH-3073 Gümligen

Mein herzlicher Dank gilt
- für die fachliche Beratung und Manuskriptbesprechung: Herrn Prof. Dr. Horst Sitta,
- für die Durchsicht des Manuskripts: Herrn Dr. Traugott Reiber und meiner Frau

I N H A L T

V O R W O R T

Die vorliegenden Ausführungen sind ein **ERFAHRUNGSBERICHT** über das **Projekt LESESTADT.**

Eine LESESTADT! Auch das noch!
Besteht nicht die Gefahr, dass unsere Schulen schon von einer Ueberfülle an Lehrmitteln, Unterrichtshilfen und Anschauungsmaterial aller Art und Unart überschwemmt werden, so dass die Kinder davon übersättigt, allen Appetit auf das Lernen verlieren und ihre Entdeckerfreude gelähmt wird? Und daneben der unstillbare Lernhunger der Menschen in der Dritten Welt, der schnelles und erfolgreiches Lernen unter einfachsten Voraussetzungen und mit primitivsten Mitteln bei Kindern und Erwachsenen möglich macht. Ob es nicht sinnvoller wäre, anstelle von komfortablen, bestausgerüsteten Schulhäusern möglichst einfach eingerichtete Schulbaracken aufzustellen, damit man die Kinder wieder direkt an die unverstellten Quellen spontanen Lerneifers heranführen kann? Aber wäre einem solchen Versuch überhaupt Erfolg beschieden? Würde er von unserer Gesellschaft ernst genommen?

Die Entwicklung der Schule können wir nicht rückgängig machen. Dass wir heute Hilfen und Mittel, von denen frühere Lehrergenerationen nicht einmal träumten, für den Unterricht ausnützen, ist legitim und im Hinblick auf die Umwelt der Kinder sogar notwendig. Es fragt sich nur, wie und unter welchen Bedingungen wir sie einsetzen.
Sicher ist der Einsatz fragwürdig, wenn er die Konsumhaltung der Kinder verstärkt, oder wenn er nur auf schnellen Erfolg, messbare Leistung und auf den Verstand ausgerichtet ist. Dadurch würde er den Lernbedürfnissen der Kinder nicht gerecht. Solche Eingleisigkeit würde Angst erzeugen und die Motivation zum Lernen absterben lassen. Es gilt deshalb beständig zu prüfen, woran es liegen könnte, dass die ursprüngliche bei den meisten Kindern beim Schuleintritt vorhandene Lernfreude bald einmal nachlässt. Unser Projekt möchte einen Beitrag zur Klärung dieser Frage leisten.

Ueber das Lesenlernen ist schon viel geschrieben worden:
"Die Flut der Veröffentlichungen über das Lesen- und Schreibenlernen ist in den letzten Jahren allein im deutsch- und englischsprachigen Raum so angeschwollen, dass ein vollständiges Literaturverzeichnis eine umfangreiche Broschüre füllen würde." (Bethlehem)*

Die meisten Verfasser von Lesefibeln nehmen dabei für sich in Anspruch, dass ihr Werk, auf dem heutigen Stand der Forschung basierend, Neues enthalte. Dennoch kommen die Herausgeber des Buches "Schulanfang ohne Fibeltrott" (Bergk/ Meiers)* im Vorwort zu folgendem Schluss:

"Dreihundert Jahre sind seither vergangen, und an manchen Orten könnte man zuweilen den Eindruck gewinnen, dass sich im Leseunterricht nicht allzuviel geändert hat. Die 'Gleichheit der Lektionen ... im Lesen' ist als Gefahr zumindest in jedem Unterricht latent vorhanden, besonders im Anfangsunterricht, wo die Fibel Takt des Unterrichts, d.h. Tempo, Text, Methode, Abfolge der Buchstaben und Form der Uebungen etc. bestimmt und ein Abweichen kaum zulässt."

Man kann zudem feststellen, dass sich Autoren immer wieder auf gleiche Quellen berufen und dass die Lesemethoden sich oft nur in Details voneinander unterscheiden. Abgesehen von einigen Akzentverschiebungen (Vorgehen, Texte, Thematik, Illustrationen usw. und abgewandelte Uebungsformen) bieten sie kaum etwas wirklich Neues an.
Vor diese Tatsache gestellt, habe ich mich gefragt, ob der Aufwand an Material und Energie für ein weiteres Buch noch gerechtfertigt sei.
Sicher wäre es Wasser in den Rhein getragen, wollte ich die mit dem Lesenlernen verbundenen Theorien auch noch einmal vor dem Leser ausbreiten. Wer sich dafür interessiert, sei auf die reichhaltige Literatur hingewiesen (siehe das Literaturverzeichnis im Anhang).

Ganz darum herum werde ich freilich nicht kommen, in meine Ausführungen einige theoretische Erläuterungen aufzunehmen. Ich werde diese aber auf das zum grundsätzlichen Verständnis der Lesestadt Notwendige beschränken. **Erzieherisches Handeln bedarf der ständigen Reflexion und der persönlichen Weiterbildung.**

2. UNVERÄNDERTE AUFLAGE

Die LESESTADT ist sowohl im In- als auch im Ausland auf so reges Interesse gestossen, dass bereits eine zweite unveränderte Auflage gedruckt werden musste.
Wir haben Kenntnis von wunderschönen Lesestädten in der Schweiz, in Deutschland, Oesterreich und im Südtirol. Doch auch unabhängig vom Bau ganzer Lesestädte haben die Intentionen und Materialien dieses Projekts Eingang in vielen Schulen gefunden. An Meldungen von be- oder entstehenden Projekten und den damit gemachten Erfahrungen bin ich sehr interessiert. Umgekehrt bin auch ich für Auskünfte jederzeit gern bereit.
Dem Zyglogge Verlag danke ich für sein grosses Engagement. Ich hoffe, dass die LESESTADT weiterhin neue Impulse und Anregungen für einen lebendig gestalteten Leseunterricht zu vermitteln vermag.

Der Autor

* Autoren/ Zitate (siehe Literaturverzeichnis)

V O R W O R T -
S P I E L E R E I

Was ein VORWORT ist, weiss jeder, besonders, wenn es einem Buchtext vorangestellt ist. Man akzeptiert es als ein mehr oder weniger eindeutiges Zeichen, wie zum Beispiel das gelbe Posthorn auf der blauen Tafel, die den Beginn einer Bergstrasse anzeigt.

Zeichen, wie das erwähnte Posthorn, neigen dazu, immer stärker stilisiert oder gar wie einst das Flügelrad der SBB ein abstraktes geometrisches Gebilde zu werden.

Auch Wörter machen ähnliche Entwicklungen durch. Bei vielen stehen wir Formen gegenüber, deren Entwicklungen uns nur teilweise oder gar nicht mehr einsichtig sind.

Was bedeutet das Zeichen

VORWORT?

Ist es ein Wort vor dem Wort? Diese Bezeichnung stünde mit doppelter Berechtigung dem Wörtchen **'vor'** zu. Denn erstens gehört es zur Gattung der sogenannten Präpositionen, zu deutsch: Vorwörter. Und zweitens hat es sich in unserem Falle tatsächlich mir nichts dir nichts vor das Nomen **Wort** hingestellt. Dadurch hat es aber auch seinen ihm angestammten Vorwort-Charakter eingebüsst und ist als **Vor**silbe mit einem Nomen zusammengeschmolzen.

VORWORT also ist zweideutig: Sein Sinn kann **räumlich** oder **zeitlich** aufgefasst werden. Im zweiten Fall drängt sich die Frage auf: Was war zuerst? Stand das VORWORT vor dem WORT da?

Natürlich steht das VORWORT nicht vor einem einzigen Wort. Nein, in unserem Fall steht es vor sage und schreibe

539

(fünfhundertundneununddreissig)

W Ö R T E R N !

Versteht man darunter allerdings ein in sich geschlossenes Inhaltsganzes, dann ist WORT der richtige Ausdruck. Da sich unser Text aber aus mehreren doch recht unterschiedlichen Gedanken zusammensetzt, müsste man genau genommen von **Worten** und analog dazu von VORWORTEN sprechen.

Im weiteren besteht das Nomen VORWORT aus sieben, bzw. nur fünf von einander verschiedenen Buchstaben. Ihnen werden wir in der Lesefibel 'für Erwachsene' begegnen.

Um Ihre Geduld nicht weiter zu strapazieren, will ich dieses Spiel hier abbrechen. Es kann ja nicht im Interesse eines Autors liegen, dass er seine Leser schon im VORWORT vorsätzlich langweilt und verärgert.

Nein, langweilen wollte ich Sie nicht, jedoch absichtlich etwas provozieren und Sie auf diese Weise an des 'Pudels Kern' heranführen. Manchmal will mir nämlich scheinen, dass Lehrer (und andere Erwachsene) die Kinder zu schnell und ausschliesslich (nicht nur in der Sprache) mit Endformen konfrontieren, mit den Posthörnern aller Art. Wenn Kinder unsere Aeusserungen gelegentlich hartnäckig hinterfragen und uns mit kindlicher Logik in die Enge treiben, dann antworten wir oft ungeduldig und kategorisch: "Das ist nun halt einmal so. Ein VORWORT ist ein VORWORT, basta."

Und zum Schluss noch etwas Pikantes zu den POSTHÖRNERN und den PIKTOGRAMMEN:

Gerolf Fritsch* weist darauf hin, "*dass der verbale Ausdruck im Laufe der Zivilisationsgeschichte (zumal unserer eigenen) immer* ***unsinnlicher und abstrakter*** *wird, die Entwicklung also vom Bild, von der Metapher zum starren Begriff verläuft.*" Das mutet widersprüchlich an, wenn wir an die heute wie Pilze aus dem Boden schiessenden Piktogramme und Symbole denken, auf die wir auf Seite 97 u. 137 hinweisen werden. Das ist es aber nicht, sondern macht auf auf das Phänomen aufmerksam, dass die stets abstrakter werdenden Fachsprachen und die alltägliche Gebrauchssprache immer mehr auseinander klaffen.

Und so lassen sich denn wohl da und dort in der einen oder anderen Richtung Tendenzen nachweisen, aber keine festen Regeln ableiten. Wie uneinheitlich und gegenläufig sich Entwicklungen in diesem Bereich abspielen, zeigt die neuste Tafel für Postautohaltestellen, auf der das **stilisierte Posthorn** durch ein **Postauto** ersetzt wurde - im Gegensatz zum Signet der SBB.

PTT: Post/ Telegraph/ Telephon
SBB: Schweizerische Bundesbahnen

* Autoren/ Zitate (siehe Literaturverzeichnis)

LESESTADT
I. VORGESCHICHTE
A„B"C,,,
XY
ZOO
SPIELHAUS
POST
KASSE
MORPHEM
SIL-BEN-STR.
?
GRAPHEM
F
?!
probieren
ARNO
TEXTE
S. Niccolò
RUHE
FREIRAUM
!
PIAZZALE MICHELANGELO

Marktgasse
69
FRÜCHTE
GEMÜSE
BLUMEN
STERNEN
HOTEL
HOTEL
STERNEN

I. VORGESCHICHTE

Ich kann mir vorstellen, dass Sie, liebe Leserin und lieber Leser, wissen möchten, was es mit dieser LESESTADT auf sich hat: Wie es zu diesem Projekt gekommen ist, was man damit beabsichtigt und erreichen will, und wie es verwirklicht worden und beschaffen ist.

Zur Idee der Lesestadt haben **verschiedene Umstände** beigetragen.

* * *

Seit vielen Jahren befasse ich mich praktisch und theoretisch mit dem Problem des Lesenlernens. Dabei habe ich immer wieder fasziniert diesen Prozess bei Kindern verfolgt und versucht, dem Geheimnis dieser Sphinx auf die Spur zu kommen. Ganz besonders hat mich das Rätsel der sogenannten 'Sprünge' (siehe S. 126) beschäftigt, die man bei den Kindern beim Lernen beobachten kann und die auf einen

---

VERSTECKTEN UND GEHEIMNISVOLLEN LERNVORGANG

---

hinzuweisen scheinen. Ihn aufzudecken oder wenigstens zu erhellen, schien mir verheissungsvoll.

* * *

Ein anderer Umstand betraf Erfahrungen und Beobachtungen, die wir Eltern bei unseren eigenen Kindern im Zusammenhang mit ausserschulischem Lernen machen konnten.

Wir stellten, noch bevor sie in die Schule gingen, fest, dass sich bei ihnen - ohne planmässiges Dazutun unsererseits - unerwartet und wunderbar Fähigkeiten und Anlagen zu entfalten begannen. Vielfach erwiesen sich dabei gewisse unverständliche, scheinbar sinnlose Verhaltensweisen der Kinder im Nachhinein als

---

BEDEUTSAME ENTWICKLUNGS- UND LERNSCHÜBE,

---

sei es im emotionalen (Herz), kognitiven (Kopf), oder psychomotorischen (Hand) Bereich. Wir stellten fest, dass unsere Kinder in solchen 'Zwischenzeiten' besonders empfindlich, ja manchmal unwirsch auf Störungen von aussen reagierten und sie sich gewissermassen in sich selber zurückzogen. Sie schienen

EINES FREIRAUMS ZU BEDÜRFEN,

in dem sie ungestört, sagen wir es ganz schlicht, 'wachsen' konnten. Das heisst nun aber nicht, dass sie untätig gewesen wären. Im Gegenteil, wir konnten bei ihnen oft einen besonders starken Tätigkeits- und Bewegungsdrang feststellen. Meistens wurde intensiv 'handelnd' etwas **ausprobiert, erlebt, erfahren** und **entdeckt.** Das hat sich jedoch nicht immer in Form von äusserlichen Aktivitäten niedergeschlagen. Auch das, was wir oft als 'tagträumen' bezeichnen und die Kinder als abwesend erscheinen lässt, kann Ausdruck einer starken 'inneren' Aktivität sein. Einer Aktivität, bei der die Kinder tatsächlich 'äusserlich' abwesend sind.

Eines hat uns aber stets besonders beeindruckt, nämlich die Hartnäckigkeit, mit der die Kinder alles mögliche ausprobiert haben. Die Annahme, dass

DAS PROBIEREN DER AUSGANGSPUNKT FÜR VIELE LERNSCHRITTE IST,

dürfte kaum abwegig, sondern eine oft missachtete Binsenwahrheit sein.

Später, als meine Kinder zu mir, dem eigenen Vater, in die Schule gingen, wurde mir der Unterschied zwischen dem ausserschulischen und dem schulischen Umfeld erst voll bewusst. Entsprechend wurde ich auf das unterschiedliche Lernverhalten meiner Kinder aufmerksam. Ich begann die Wirkung der beiden Umfelder auf solche Vorgänge eingehender zu beobachten und zu vergleichen. Dabei stellten sich mir mancherlei Fragen, z.B.: Wie es um die **Freiräume** zum selbständigen Entdecken und Erfahren in der Schule bestellt sei. Wieviel Zeit, wenn überhaupt, den Kindern zum **Probieren** darin gewährt werde, **bevor** sie etwas können müssen. Ob es im Klassenzimmer **Schlupfwinkel für innere Aktivitäten** gebe und wie es um die **Zeitenuhr**, nicht nur um die des Baumes, des Jahres, des Waldes usw., sondern um **die Zeitenuhr der Kinder** stehe.

Bei den Pflanzen kennen wir die zwangsläufigen Zusammenhänge zwischen Aussaat, Wachstum, Blüte und Ernte. Bei den Kindern berücksichtigen wir sie zu wenig.

Lehrer der eigenen Kinder zu sein, ist nicht immer einfach und angenehm, aber - wenn auch oft auf schmerzliche Weise - lehrreich. Und die Fragen, vor die man in dieser Doppelrolle gestellt wird, unterscheiden sich manchmal merklich von den herkömmlichen Buchweisheiten. In meinem Fall haben sie wesentlich zum Zustandekommen der LESESTADT beigetragen.

Oft kam es vor, dass meine Kinder, sei es auf dem Schulweg oder zu Hause, schonungslos aussprachen, wie sie die Schule erlebt hatten, was sie empfanden und dachten.

. . . . .

Wir haben verlernt, zu säen, zu hegen und zu pflegen. Wir ernten immerzu. Wir hören nicht auf die Natur. Kunstdünger und Aufpeitschmittel ersetzen nicht, was wir an Fürsorge vertan und verpasst haben. Manchmal vermag auch ich nicht mehr an Ideale zu glauben; es sind zu viele, die anders denken und uns weismachen wollen, dass nur Leistungen zählen, messbar, aufaddierbar. Mögen Deine Bücher alle jene stärken, die zweifelnd vor ihren Kindern stehen.

(Peter Rottmeier in einem einem offenen Brief an Dino Larese in "schule 88/2")

Dass ich diesen jahrelangen Lernprozess ohne allzu grosse Nöte gewinnbringend durchgestanden habe, verdanke ich meiner Frau und auch meinen Kindern, die mir in manch heikler Situation immer wieder Verständnis entgegengebracht haben.

* * *

Oft muss ich an **MIMI SCHEIBLAUER** denken. Die vielen Rhythmikstunden, die ich bei ihr besucht habe, und das Studium ihrer Lehre von der **musikalisch-rhythmischen Erziehung** waren für mich von entscheidender Bedeutung und haben mich nachhaltig beeinflusst. Mimi Scheiblauer verdanke ich sehr viele ausserordentlich wertvolle Anregungen. In ihren Lektionen wurde mir bewusst, was ihre Maxime

---

handeln		**entdecken**		
erleben	-	**erkennen**	-	**benennen**
erfahren				

---

nicht nur für den Rhythmik-, sondern viel mehr noch für den Schulunterricht bedeutet, und was es heisst, wenn Lerninhalte von den Kindern über die

---

VERSCHIEDENEN SINNE UND AUF VERSCHIEDENEN ABSTRAKTIONSSTUFEN

---

selbsttätig erfahren, erkannt und benannt werden.

Folgender Vorfall wurde mir zu einem **Schlüssel-Erlebnis**

M. war eine aufgeweckte Erstklässlerin. Sie beteiligte sich rege am Unterricht und konnte sich schon recht differenziert ausdrücken. Bald aber zeigten sich bei ihr Schwierigkeiten beim Rechnen und Lesenlernen. M. war z. B. nicht imstande, einfache Grundzahlen zu zerlegen. Alle nur erdenklichen Versuche, mittels Veranschaulichungen und Erklärungen ihr Verständnis dafür zu wecken, blieben erfolglos, ja verunsicherten M. zunehmend. Im Lesen bestand die Schwierigkeit darin, dass M. die Buchstaben wohl sehr gut kannte, sie aber nicht zu Silben verbinden konnte. Die Eltern und ich überlegten uns, ob wir M. wieder aus der Schule nehmen sollten.

M. war eine ausserordentlich begabte Turnerin. Da fiel mir plötzlich ein Ausspruch von MIMI SCHEIBLAUER ein, den sie in der Rhythmik in einem ganz anderen Zusammenhang geäussert hatte, nämlich: "Alles hat eine akustische, optische und motorische Entsprechung und lässt sich, auf die jeweiligen Bereiche übertragen, veranschaulichen und ausdrücken."

Das veranlasste mich, die Klasse in zwei Gruppen aufzuteilen. Die einen Kinder stellten sich frei im Raum auf, die anderen setzten sich und verfolgten als Beobachter genau, was sich abspielte.

Sobald ich auf dem Klavier spielte, durften sich die 6 Kinder der 1. Gruppe frei zur Musik bewegen. Wenn ich aufhörte, mussten sie sich anders formieren. Beim erneuten Klavierspiel durften sie wieder tanzen. Das ergab folgendes Gruppierungsmuster: 3 x 2, 2 x 3, 4 + 2, 5 + 1, 6 + 0.

Nach dem ersten Durchgang wurde das Spiel mit vertauschten Rollen wiederholt. Darauf liess ich die Kinder, das, was sie getanzt hatten, an die Wandtafel zeichnen: oo oo oo / ooo ooo / oooo oo / ooooo o / oooooo . Am Platz versuchten wir den **6er-Tanz** mit Cuisenairestäbchen zu legen und anschliessend aufzuschreiben, M. machte intensiv mit. Das Resultat war verblüffend. Auf die Frage: Wer könnte jetzt auch einen **5er-Tanz** zeichnen, legen oder sogar aufschreiben? (2+2+1, 2+3, 4+1, 5+0), löste M. diese Aufgabe problemlos. Von da an konnte sie ohne den geringsten Rückstand dem Rechenunterricht folgen. Der Weg zum Verständnis führte bei ihr über die Psychomotorik. Aehnlich verhielt es sich dann auch beim Lesen, zu dem ihr auf ähnliche Weise der Zugang schlagartig geöffnet werden konnte.

Das Angebot an wissenschaftlicher Literatur über das Lesenlernen (wie auch über andere Unterrichtsbereiche) ist in den letzten Jahrzehnten lawinenartig angewachsen und schwer zu überschauen. Manchmal will mir scheinen, dass ein starkes **Ungleichgewicht** bestehe zwischen den Einsichten und dem, was praktiziert wird, d.h. dass sich Theorie wenig relevant auf die Praxis auswirkt. Da wünschte man sich denn oft etwas weniger spezialisierte Schreibtischprodukte, dafür desto mehr mit gleicher Akribie betriebene konkrete Schulversuche.

Es gehört zur Krux vieler Fachlehrer, zumal auch eines Didaktiklehrers, dass er seinen Studenten immer mehr theoretisches Wissen vermitteln sollte und dass dadurch der Weg von der Theorie zur Praxis immer länger und weniger einsichtig wird.

Es drängte sich mir die Frage auf, ob es nicht möglich wäre, den heute sehr ausgedehnten, von abstrakten Begriffen überschatteten Weg hin zum Verständnis des Leselernprozesses durch vermehrte konkrete Erfahrungen zu erhellen und etwas zu kürzen. Das setzte allerdings ein breiteres Erfahrungsfeld voraus, als es bei uns die Uebungsschule und die Praktika bieten können. Weil die mir bekannte Literatur nichts Derartiges aufzuweisen hat, konnte für mein Anliegen nur der **empirische Weg** in Frage kommen, d.h. der Versuch, **geheimen Lernadern** experimentierend nachzuspüren.

* * *

Da kam mir, ein glücklicher **ZU-FALL** zu Hilfe: Nach ihrer Rückkehr von Florenz, wohin sie die Patentreise geführt hatte, erzählten mir die Seminaristen von ihren Erlebnissen und Eindrücken. Die Schilderungen riefen auch in mir weit zurückliegende Erinnerungen an die Stadt wach, und dies in einer derart frischen und plastischen Weise, die mich erstaunen liess.

Ich stellte fest: Wer einmal in Florenz gewesen ist und sich dort mit wachen Sinnen umgesehen hat, trägt unauslöschlich das Bild dieser Stadt in sich. Er wird sich sein Leben lang an Details erinnern können. *"Bei Dingen, die wir intensiv erleben, genügt oft eine einmalige Aufnahme zur permanenten Speicherung." (Vester)**
Es wird Ihnen, liebe Leserin, lieber Leser, kaum schwer fallen, analoge Beispiele in Ihrem Erfahrungsbereich auszumachen.

Ein solches Bild entsteht zufällig, unsystematisch, aber es beruht auf ganzheitlichem Erleben und ist von der persönlichen Erlebnisfähigkeit und -art geprägt. Diese erste intensive Begegnung vermittelt gewissermassen ein 'Grundmuster', in dem sich später weitere Informationen, Einsichten und Erkenntnisse übersichtlich und dauerhaft einlagern lassen.

Alles, was wir im Nachhinein über die Stadt Florenz erfahren, werden wir mit erhöhter Aufmerksamkeit zur Kenntnis nehmen und, sofern es von einiger Bedeutung ist, in unser Bild integrieren. *"Im episodischen Gedächtnis werden persönlich erlebte, zeitlich und räumlich lokalisierbare Ereignisse gespeichert, im semantischen Gedächtnis wird sozusagen 'das Wissen' aufbewahrt." (Bergk / Meiers: Tulving)**

Eine solche Speicherung erfolgt vielfach ohne einen leistungs**bewussten** Einsatz, was nicht heissen will: ohne Leistung! Lernen vollzieht sich hier 'beiläufig'.

Natürlich können wir uns auch anhand von Prospekten, Reiseführern, Bildern und Filmen eine Vorstellung von einer Stadt machen. Wir können uns sehr viele Informationen aneignen. Es bleibt allerdings fraglich, ob ein auf diese Weise aufgebautes Bild der Wirklichkeit entspricht. Abgesehen davon setzt das Behalten solcher Informationen eine bewusste Lernleistung voraus. Es ist ein Lernen, das sich nicht auf unmittelbar Erlebtes, sondern nur auf das Gehörte, Gesehene oder Gelesene abstützt und somit vorwiegend an die Vorstellung appelliert.

Dieses Erlebnis und die damit verbundenen Ueberlegungen brachten mich also auf die Idee der LESESTADT:

Stellen wir uns **die Schrift und ihre Botschaft** einmal vor als eine Art

---

TOPOGRAPHIE EINER STADT,

---

dann wäre es sinnvoll, dass man nicht nur über eine solche Stadt und ihre Beschaffenheit spricht, sondern sie besucht, sich darin bewegt und dabei ihre Besonderheiten, Strukturen und Funktionen unmittelbar **handelnd** erlebt und kennen lernt.

Der an einen Leselehrgang gebundene Klassenunterricht ist mehr oder weniger geprägt von einer gewissen Lehrerdominanz, ist gebunden an ein systematisches Vorgehen, einen bestimmten Zeitplan und an Strategievorgaben usw. Demgegenüber sollte die LESESTADT den Kindern - sei es in kleinen Gruppen oder allein - individuelle Lernmöglichkeiten eröffnen.

Der Gedanke, wie eine solche Stadt konkret aussehen müsste, ob sie realisierbar wäre, liess mich nicht mehr los.

EINFÄLLE

Sie fallen mir ein.
Sie fallen mir zu.
Es sind keine Zufälle.

Lothar Kaiser

ZIELE UND IDEEN

Wie müsste eine solche Stadt beschaffen sein, dass sie Kinder zu einem ähnlichen selbständigen Lernverhalten veranlasste und ihnen entsprechende Erfahrungen und Erkenntnisse ermöglichte wie das ausserschulische Lernfeld? Und dies in einer Atmosphäre, in der sich die Kinder frei und wohl fühlen könnten.

ANLAGE

Die **Stadt** als äusserer Rahmen sollte sein:

- ein Freiraum für spontane (Lern-) Aktivitäten
- Geborgenheit anbieten
- frei von Leistungs- und Erwartungsdruck
- frei von Lehrerdominanz
- kindgemäss: Die Kinder sollten dort abgeholt werden, wo sie sich im entsprechenden Zeitpunkt befinden
- farbig, ansprechend und einladend
- frei in der Auswahl, nach individuellen Bedürfnissen und Interessen

dienen:

- zu Aktivitäten in kleinen Gruppen oder im Klassenverband
- zur Integration im übrigen Unterricht (siehe Kap. II. A. Inhaltl. Bereich)

INHALT

Reichhaltiges, verschiedenartiges Angebot von **strukturiertem Lernmaterial / Lesestoffen**

sollte anregen:

- zu Neugier
- zum Probieren
- zum Spielen
- zu entdeckendem Lernen
- zum Deuten und Lesen von Zeichen, Anschriften und Texten
- zum Entwickeln eigener Strategien
- zu selbständigem Lernen durch **Handeln**

sollte ermöglichen:

- Selbstkontrolle
- individuelles Arbeits-/ Lerntempo
- eigene Ideen zu entwickeln
- verschiedene Schwierigkeitsgrade

ALLES GREIFBAR MACHEN - DAMIT ES 'BEGRIFFEN' WERDEN KANN !

Ideen und **Intentionen** lassen sich verhältnismässig leicht **formulieren.** Ganz anders verhält es sich bei deren Verwirklichung. In unserem Fall beim **Bau** der LESESTADT. Dieser setzte sehr konkrete Vorstellungen voraus und verlangte handfeste Arbeit. Auch musste im voraus abgeklärt werden, welche **Probleme** die Kinder beim **Lesenlernen** bewältigen müssen.

Wie vernetzt und umfangreich die Leselernprobleme, vor welche die Kinder gestellt werden, sind, möchte Ihnen die 'LESEFIBEL FÜR ERWACHSENE' vor Augen führen. Sie ist der Versuch, Ihnen Einsicht zu vermitteln in die faszinierende **Welt der Laut-** und **Buchstaben-Sprache,** in der sich der menschliche Geist irisierend niederschlägt; 'hörbar' im Wort, 'sichtbar' in der Schrift.

* * *

Um falschen Vorstellungen und Erwartungen vorzubeugen, sei hier gleich festgehalten,

---

WAS DIE LESESTADT NICHT IST UND NICHT SEIN WILL !

- Kein Lehrgang und keine neue Lesemethode.
- Sie will keine einseitige Lesetechnik fördern, sondern im formalen Bereich der geschriebenen Sprache **Funktionen** erleben lassen und dadurch **Einsichten** ermöglichen und im semantischen Bereich **Leseanreize** vermitteln.
- Sie will unter keinen Umständen der **Verfrühung** Vorschub leisten. Sie will folglich der kindlichen Erkenntnis nicht erklärend vorgreifen. Deshalb soll nichts erklärt werden, was nicht von den Kindern selber erfragt wird.
- Beim Material handelt es sich **nicht** um **Lesemaschinen,** die den Kindern angeboten werden, sondern um Objekte, welche sie beim Entdecken der Zusammenhänge unterstützen
- Die meisten vorgestellten Materialien lassen sich problemlos gezielt zu einem bestimmten Zeitpunkt in den normalen Leseunterricht einbauen. Das aber verstiesse völlig gegen das Anliegen der LESESTADT. Sie würde dadurch **verschult** und all ihrer Chancen, Kindern Freiraum zu selbständigem Handeln, Forschen und individueller Entfaltung zu bieten, verlustig gehen.

Wenn Sie das hier dargestellte Material losgelöst von der Lesestadt einsetzen, dann bitte im **Sinne der soeben erwähnten Ziele und Ideen** (S. 19)!

* * *

EINSATZ DER LESESTADT IN DER LEHRERAUSBILDUNG

Bei uns im Seminar Schiers, wo die erste LESESTADT gebaut wurde, dient sie ausser den Kindern auch der Lehrerausbildung (und der Lehrerfortbildung) als Anschauungsmodell. Im selbständigen Umgang mit den vorliegenden Materialien gewährt sie den SeminaristenInnen auf lebendige und unkonventionelle Art Einblick in die gesamte Problematik des Erstleseunterrichts. Zusätzlich zur Lesedidaktik ermöglicht sie ihnen, die Leselernprobleme besser zu hinterschauen und ähnliche konkrete Erfahrungen wie die Kinder zu machen.

Zudem lassen sich darin weiterhin Erfahrungen sammeln, wie die Kinder auf die verschiedenen Angebote (Lesematerialien, Lese- und Denkanstösse, Handlungsangebote usw.) reagieren, welche Spiele sinnvoll sind und/oder verbessert auch für den allgemeinen Klassenunterricht weiterentwickelt werden können.

* * *

Die als **Pilotprojekt** entwickelte LESESTADT wurde im

OBERSEMINAR DER EVANGELISCHEN MITTELSCHULE SCHIERS

---

realisiert.

Dass sie in relativ kurzer Zeit zweckmässig und ansprechend verwirklicht werden konnte, verdanke ich der Hilfe und dem grossen, engagierten Einsatz meines Kollegen

CHRISTIAN CASAL.

Ihm oblag die technische Beratung der am Projekt beteiligten SeminaristenInnen. Er hat auch immer wieder alle schwierigen technischen Probleme auf einfachste Weise zu lösen verstanden, den PROTOTYP (siehe S. 164/171) neu zusammengestellt und die Bauanleitungen dazu gezeichnet.

Beim Aufbau der LESESTADT haben in einem dreimonatigen Einsatz die beiden damals noch stellenlosen Junglehrerinnen

SABINE DAHLER und **CLAUDIA MANI**

mitgearbeitet. In irgend einer Form mitgeholfen haben auch folgende SeminaristenInnen.

MATERIAL:

Ursula Wehrli, Irene Suter,
Katrin Diener, Damaris Strässle,
Andrea Kurath, Brigitte Früh,
Felix Bürchler, Claudia Frey,
Susanna Bohli, Sabine Haas,

HÄUSER:

Caroline Hohl,
Christoph Flachsmann,
Bigna Badrutt,
Anna Florin,
Sibylle Derungs,
Claudia Schweizer,
Sandra Meier,
Claudia Mani,
Sabine Dahler

Ihnen allen sei an dieser Stelle für die wertvolle Mitarbeit herzlich gedankt.

Wir danken an dieser Stelle auch der HANS LUCK-STIFTUNG SCHIERS, die uns mit einem grosszügigen Unkostenbeitrag unterstützt hat. Ferner gilt unser Dank dem Vorstand der Kantonalen UNTERSTUFENKONFERENZ Graubünden, der uns ebenfalls einen Unkosten- und Anerkennungsbeitrag hat zukommen lassen.

II. ANLAGE DER LESESTADT

II. ANLAGE DER LESESTADT

Eine Lesestadt?

Was soll man sich darunter vorstellen?

Ganz einfach eine Stadt, die man aufsuchen, in die man eintreten und in der man sich frei bewegen kann. Auf verschiedenste Weise werden darin den Kindern Möglichkeiten angeboten, um auf den **drei** auf Seite 131 erwähnten **Ebenen** zu operieren und selbständig **'handelnd'**, im Sinne des **entdeckenden Lernens**, allerlei Einsichten im Zusammenhang mit Lesen zu gewinnen. Die Verbindung von Handeln und Denken führt sie zu Erkenntnissen und nicht der umgekehrte Weg.

Bitte, treten Sie ein! Die Stadt ist nämlich auch für Erwachsene gross genug.

DIE HÄUSER DER STADT

Die Stadt besteht aus kulissenartig aneinander reihbaren, farbenfrohen **HÄUSERN:** einer POST, einem WOHNHAUS mit verschiedenen Bewohnern und ihren Geschichten, einem KINO, einem HOTEL, einem GEMÜSELADEN, einem SCHULHAUS, einem SPIELHAUS und einem ZOO. (In Chur und in Appenzell wurden die Häuser zum Teil der Gegend angepasst: ENGADINER-/ APPENZELLERHAUS).

DAS MATERIAL IN DER STADT

An, in den HÄUSERN und **auf** ihren SEITENWÄNDEN befinden sich viele strukturierte und z.T. spielartige **Lernmaterialien** und verschiedenartig gestaltete **Leseangebote.**

Alle Einrichtungen, Spiele und Lerngegenstände sind einfach konstruiert. Aus zwei Gründen:

1. Sie sollen für die Kinder 'durchschaubar' sein. Aus diesem Grunde haben wir bewusst auf elektrische Installationen oder elektronische Mittel verzichtet.

2. Sie sollen von interessierten LehrernInnen ohne allzu grosse Schwierigkeiten nachgebaut werden können.

Die LESESTADT stellt eine Art 'Experimentierfeld' dar, in dem sich die Kinder ohne jeden bestimmten Lernzwang aufhalten und auf Entdeckungen ausgehen dürfen. Zum Beispiel nach einer beendeten Arbeit, am Rande einer Stunde oder wenn sonst einmal eines Lust dazu verspürt.

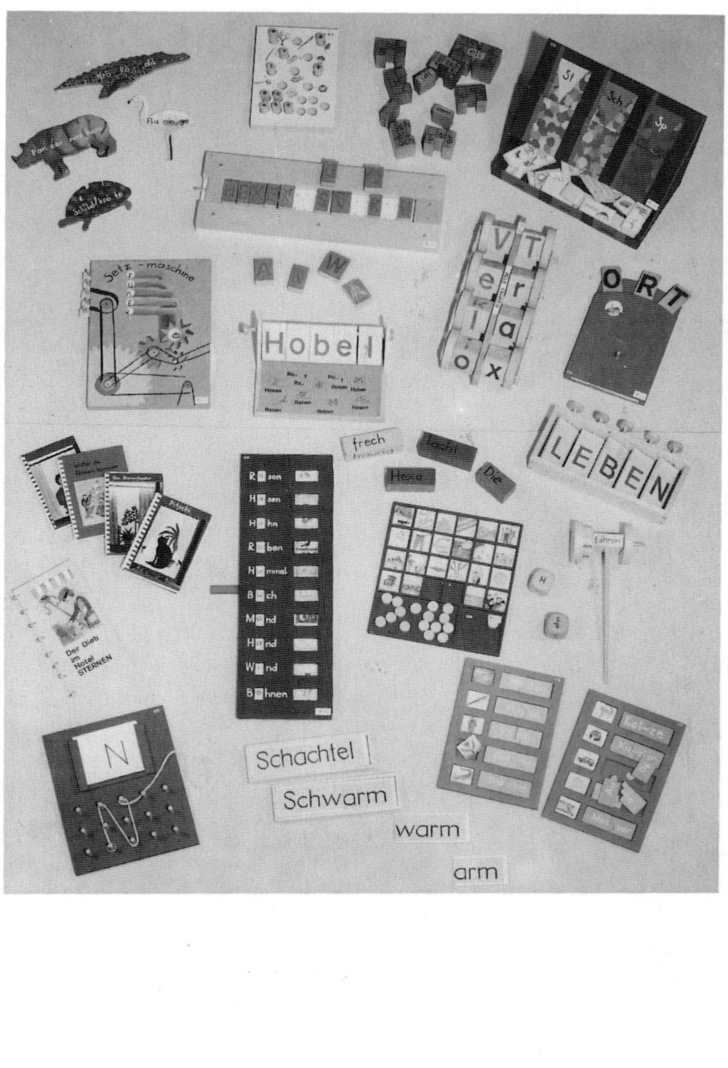

GRUNDSÄTZLICHES ZUM INHALTLICHEN UND FORMALEN ANGEBOT

Es ist ein Anliegen der Lesestadt, neben dem im Unterricht meist dominierenden **verbalen Erklären** auch dem **Handeln** den ihm gebührenden Platz zu sichern, als **Medium des Lernens** und **Denkens.**

Die speziell daraufhin präparierten Häuser (mit ihrem Angebot an Bildern, Anschriften, Zeichen, Texten, zum Teil beweglichen Gegenständen, strukturierten Materialien und Spielen) sprechen die Kinder auf der

FORMALEN UND INHALTLICHEN EBENE

an. Der manuelle und geistige Umgang mit diesen verschiedenartigen Materialien kann den Kindern ganz bestimmte Informationen, Erfahrungen und Erkenntnisse vermitteln.

NICHT NUR DER ZUGANG ZUM SINNVERSTÄNDNIS, SONDERN EBENSO ZUM VERSTÄNDNIS DER BUCHSTABEN-FUNKTIONEN SOLL AUF ERFAHRUNG ABGESTÜTZT WERDEN.

Die Kinder werden wie beim ausserschulischen Lernen dort abgeholt, wo sie sich gemäss ihrer Entwicklung, ihrer Fähigkeiten und Interessen befinden. Das grosse und verschiedenartige Angebot soll ermöglichen, dass die Kinder einen ihnen gemässen Einstiegsort finden. Durch das gleichzeitige, sich zum Teil durchdringende **formale** und **inhaltliche Angebot** wird das **ganzheitliche Verhalten** der Kinder unterstützt und gefördert.

"Wird die Aufmerksamkeit der Kinder von vornherein zu betont einseitig auf die Elemente in den Wörtern gerichtet, wird leicht die Auffassung der Wörter und Sätze als sinnübergreifende Einheit vernachlässigt. Wird die Aufmerksamkeit dagegen zu sehr und einseitig auf das Auffassen von kleinen Sätzen und Wörtern gerichtet, entgeht dieser einseitig gerichteten Aufmerksamkeit leicht das Erkennen der Elemente der Wörter." *(Bethlehem)*

Wörter (Sätzchen) **und** **Buchstaben**

kann man untersuchen
im Blick auf ihre

B E D E U T U N G oder **F U N K T I O N**

inhaltlicher Aspekt | formaler Aspekt

vom Sinn her eindringen | **handelnd vordringen**

ins | **zum**

W O R T

Die LESESTADT bietet den Kindern für beide Bereiche **offene Lernfelder** an.

A INHALTLICHES MATERIAL

B STRUKTURIERTES MATERIAL

Da Kinder eine Buchstabenschrift lesen lernen, darf zwischen beiden Aspekten keine unüberbrückbare Kluft bestehen. Dies versuchen wir zu erreichen, in dem wir die Vermittlung des nötigen **sprachlichen Wissens** mittels strukturierten Materials (A) mit der **Motivation zu Leseversuchen** durch Abbildungen, welche die Bedeutung des geschriebenen Wortes induzieren (B) verbinden und dadurch die Kinder **gleichzeitig auf beiden Ebenen** ansprechen.

Die im Einsatz der Lesestadt bei **fremdsprachigen Kindern** gemachten Beobachtungen zeigen, dass diese Art des Angebots bei ihnen auf grosses Interesse stösst, weil es ihnen einen

---

DIREKTEN ZUGANG ZUM VERSTÄNDNIS DER FUNKTIONEN

öffnet.

Mit der Beobachtung der fremdsprachigen Kinder werden wir Städtebauer uns künftig noch intensiver befassen müssen. Ebenfalls mit der Frage, wie Kinder mit einer Lese- und Schreibschwäche (Legasthenie) auf die LESESTADT ansprechen.

Der Frage, ob sich die abstrakten Leselernprobleme überhaupt veranschaulichen liessen, wie solches Material beschaffen sein müsste, damit es Kindern beim selbständigen Umgang damit Einsichten ermöglicht, kam primäre Bedeutung zu. Sie erwies sich bald als die **entscheidende Herausforderung** und machte die Erstellung eines **Problemkatalogs** nötig (siehe LESEFIBEL FÜR ERWACHSENE, S. 87-124).

Dann ging es ans **Erfinden** geeigneten strukturierten Materials. Dabei zeigte sich,

---

DASS AUCH PHANTASIE LERNBAR IST!

ÜBERSICHT

INHALTLICHER UND
FORMALER BEREICH

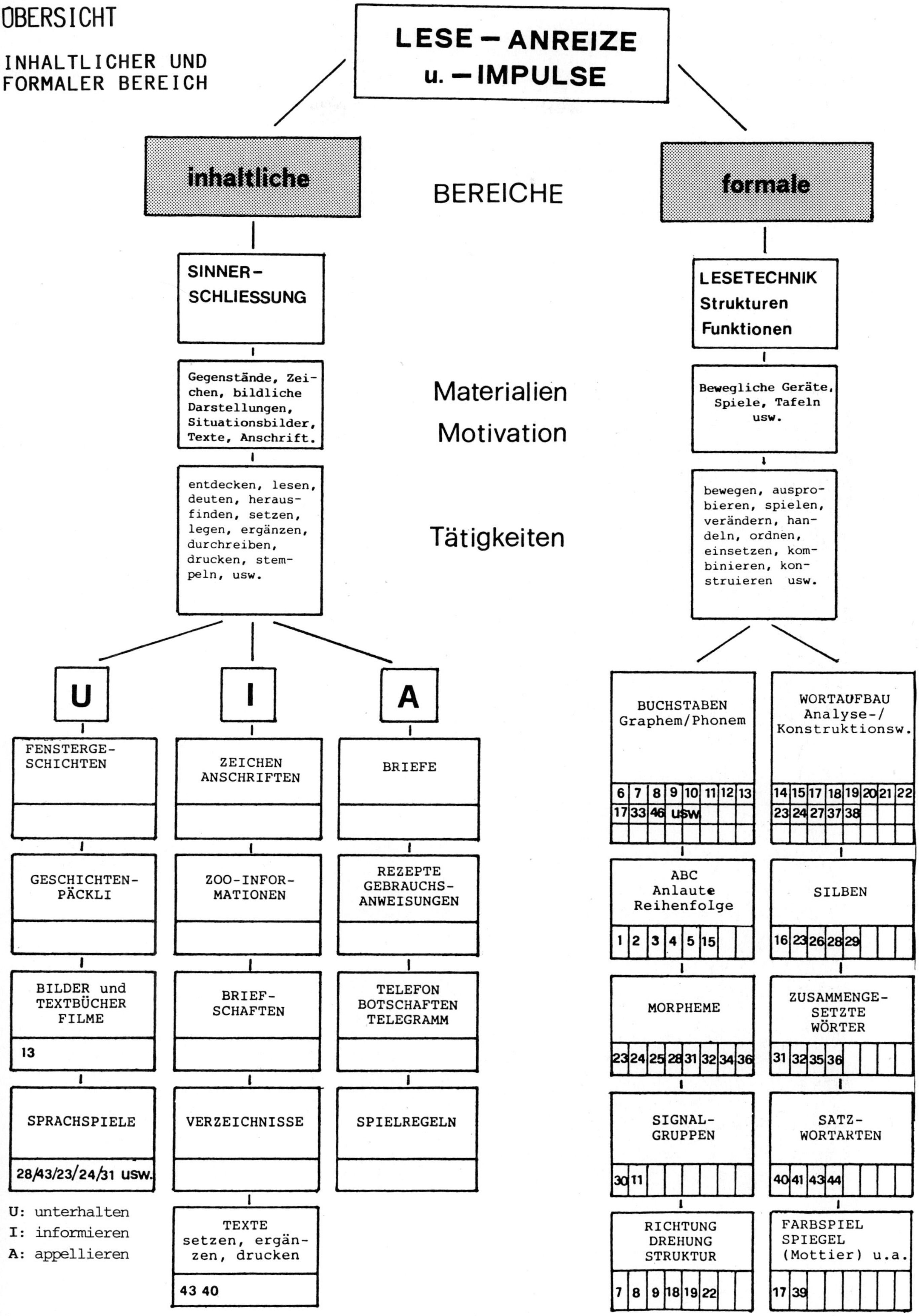

II. A. INHALTLICHER BEREICH

Grosse Bedeutung messen wir dem **inhaltlichen** Bereich bei. Es geht darum, die Kinder mit dem **vollständigen Wort** d.h. mit dem **Text** zu konfrontieren.

"Sie sollen so bald als möglich erfahren, dass Buchstabenkombinationen eine 'Wortgestalt' ergeben, die dann mit etwas Bekanntem identifiziert wird." *(Baer)*

Die Kinder sollen die Einzelelemente Buchstaben im komplexen Zusammenhang mit der Sinnbedeutung der Sprache erleben und gleich von Anfang an erkennen, dass Lesen **Sinnsuche** und **-findung** bedeutet.

LESEANREIZE

Deshalb enthält die LESESTADT in Form von Anschriften, Hinweisen und Texten usw. ein reiches Angebot von **Leseanreizen.** Wobei Bilder, Illustrationen und Situationsvorgaben als Hilfe zur Sinnfindung dienen, desgleichen in den Kontext eingebundene, den Kindern bekannte Wörter und Buchstaben, die zu inhaltlichen Leseerwartungen führen und die Kinder zu spontanen Leseversuchen und zu antizipierendem Erlesen veranlassen. Es werden ihnen aber auch Möglichkeiten angeboten, Wörter und kurze Texte selber zu ergänzen oder zusammenzustellen.

TEXTANGEBOTE

Wie die Materialübersicht zeigt, lassen sich die Textangebote nach folgenden Gesichtspunkten ordnen: U (unterhalten), I (informieren), A (appellieren).

FENSTERGESCHICHTEN

Bei den gezeichneten **Fenstergeschichten** werden die Kinder zuerst über den Weg des **'Bildlesens'** zum Verständnis des Inhalts hingeführt. Mit den Texten auf den Rückseiten der Fensterläden oder mit den aufliegenden Lesebüchlein, in denen die gleichen Bilder auf verschiedene Weise mit Texten verbunden sind, werden sie zum eigentlichen **'Textlesen'** veranlasst.

EINSATZMÖGLICHKEITEN IM UNTERRICHT

Auf weitere Besonderheiten und auf die mit den angebotenen Texten verbundenen Absichten werden wir bei der Beschreibung der einzelnen Häuser und ihrer Einrichtungen eingehen.

Der inhaltliche Bereich der Lesestadt enthält zudem viele Ansatzpunkte, die eine Verbindung mit dem übrigen Unterricht ermöglichen, ja geradezu aufdrängen. Beachten Sie deshalb nebst den Materialbeschreibungen im besonderen auch die Hinweise auf ihre **Einsatzmöglichkeiten** im **Gesamtunterricht (GU)**. Bezeichnet mit: ❂

PROTOTYP

Als Bauhilfe haben wir auf Grund der gemachten Erfahrungen versucht, die LESESTADT in einer z.T. verbesserten und für den Nachbau der Häuser vereinfachten Form zu einem **Rohbausatz** (siehe Prototyp S. 163 ff.) zusammenzustellen. Häuser und Einrichtungen sollen nach **eigenen Vorstellungen und Ideen gestaltet werden,** und deren aesthetische Gestaltung (Bemalung, Beschriftung usw.) soll der Phantasie der Hersteller überlassen bleiben. Kinder fühlen sich noch angesprochen vom Schönen und Farbigen!

Jede Stadt und das darin vorhandene Material soll ihr eigenes Gepräge haben. (siehe Bericht von Chur und Appenzell, S. 143 ff.).

Die folgenden Ausführungen sind lediglich als Anregung zu verstehen, denn auch Sie werden erleben, dass im inhaltlichen Bereich der Phantasie des Lehrers und vor allem derjenigen der Kinder keine Grenzen gesetzt sind!

POST

POSTGEBÄUDE (AUSSEN)

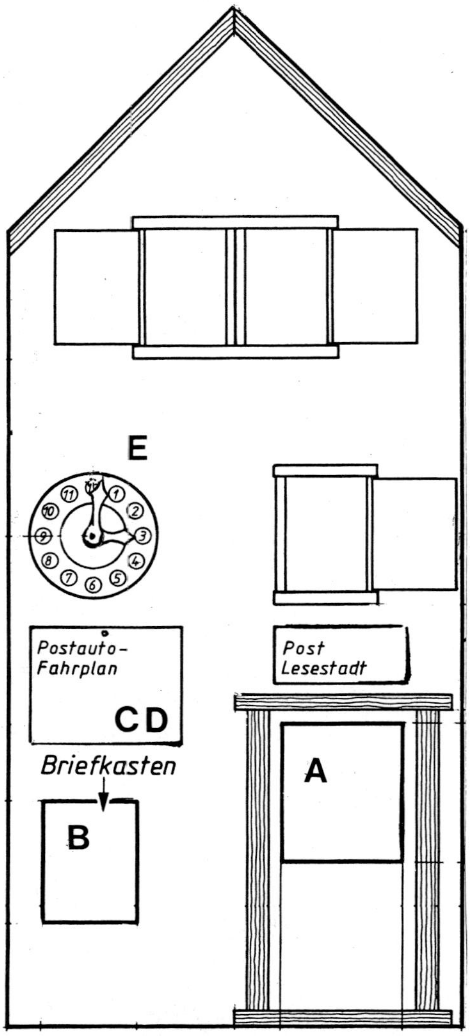

Am Haus gibt es einen **Schalter** (A), der geöffnet und geschlossen werden kann. Daneben befinden sich ein **Briefkasten** (B), ein **Kalender** (C), ein **Fahrplan** (D) mit einigen Postkurs-Abfahrtszeiten und eine **Uhr** (E) mit auswechselbaren Ziffern (1 auf der Rückseite 13, 2/14 usw.). Alle Anschriften (auf den Täfelchen) können weggenommen werden.

In den Fenstern sind Bilder angebracht (siehe **FENSTERGESCHICHTEN**).

Siehe Bau-Plan **Prototyp** S. 164 ff.

POSTGEBÄUDE (INNEN)

Auf der Rückwand befinden sich der **Briefkasten,** in dem sich die eingeworfene Post sammelt, und die **Postfächer** (3) zum Ordnen der Postsachen. Jedem Postfach ist ein Buchstabe mit Merkbild zugeordnet.

Jedes Kind bekommt ein solches Fach zugeteilt, in dem auch sein Name steht (auf wieder entfernbaren Klebstreifen geschrieben). Die Postfächlein können umgekehrt werden, so dass nur noch die Buchstaben ohne Bildhilfen sichtbar sind.

Es liegen viele Postsachen auf. **Briefe** mit Adressen der in der LESESTADT wohnenden Leute (siehe Häuser), **Postkarten, Reklamen, Prospekte,** allerlei verschiedene **Briefschaften, Geschichtenpäckli** usw. und natürlich auch immer wieder persönlich an die Kinder gerichtete Post (siehe Integration in GU).

☞ Die Post in der LESESTADT **Chur** hat sich als grosser Hit erwiesen. Die Kinder schauen täglich mehrmals in ihrem Postfach nach, ob Post darin sei. Sie schreiben sich gegenseitig Briefe. Auch andere Klassen im Schulhaus beteiligen sich am Briefwechsel, auch die Lehrerin. Sie erteilt den Kindern schriftlich kleine Aufträge oder nimmt auf diese Weise persönlichen Kontakt mit dem einen oder anderen Kind auf.

Eine schriftliche Mitteilung an die ganze Klasse am Morgen im Postfach kann zu einem motivierenden **Lektionseinstieg** werden.

BRIEFSCHAFTEN

Verschiedene Briefe, Postkarten, Reklamen, Prospekte usw. Die Texte stehen oft im Zusammenhang mit einem Buchstaben, der darin mehrmals und entsprechend gestaltet vorkommt. Die Kinder können hier bald einmal selber kreativ mitmachen. Sie schneiden zum Beispiel Buchstaben aus und kleben sie zu lustigen Collagen zusammen.

Problem/ Tätigkeiten: Briefschaften alphabetisch geordnet in die Postfächer ablegen. Adressen erlesen und nach den Adressaten in der Stadt suchen, Inhalte entziffern usw. Textsorten: I / A / U

GESCHICHTENPÄCKCHEN

In Päckchen verpackt, liegen Bildergeschichten in Tafel- oder Puzzleform auf. Auf der Vorderseite sind sie mit Illustrationen, auf der Rückseite mit entsprechenden Texten versehen.

Problem/ Tätigkeiten: Geschichten legen, nachher entsprechende Texte zusammensetzen und erlesen.

Es ist darauf zu achten, dass die Abfolge der Bilder mit der **Leserichtung** (von links nach rechts) übereinstimmt.

Haben Sie sich auch schon einmal überlegt, dass die Kinder lernen müssen, von links nach rechts zu lesen und zu schreiben. Wenn sie jedoch z. B. die Seiten in einem Bilderbuch wenden, so vollziehen sie diesen Vorgang in der umgekehrten Richtung. 'Begreiflich', dass sie manchmal ein Buch von hinten nach vorne anschauen wollen!

LADEN

Der Laden (Obst, Gemüse, Blumen) kann je nach GU-Thema mit entsprechenden Gegenständen und Anschriften in einen anderen Laden umgewandelt werden. In Chur ist darin ein kleiner Krämerladen integriert, so dass auch mit Geld und Gewichten etc. gehandelt (eingekauft) werden kann.

-siehe Integration in den GU ❋
und Spiel (1)

Einige **Anwendungsmöglichkeiten:**

Das Ladenmaterial regt neben freiem 'Verkäuferlisspiel' zu folgenden Tätigkeiten an:

- Kärtchen nach ABC-Folge einlegen
- Früchte und Blumen zu den entsprechenden Buchstaben legen (welche fangen mit welchem Buchstaben an?).
- Kärtchen wenden und vergleichen, ob die entsprechende Frucht aufgeschrieben ist.
- Variante: Die Namen liegen bereits alphabetisch geordnet im Kästchen, Früchte dazu legen.

Spielformen:
- Jedes Kind erhält ein paar Früchte und darf der Reihe nach Kärtchen (Buchstabe) suchen, sie umkehren und ins Kästchen legen.
- Würfel (DER, DIE, DAS, der, die, das), die FIMO-Früchte liegen auf dem Boden. Wer würfelt, darf einen Gegenstand heraussuchen, der z.B. mit "die" beginnt.
- Früchte liegen vor den Kindern auf dem Boden. Jedes Kind erhält ein paar aufeinandergeschichtete Kärtchen (Buchstaben nach oben). Der Reihe nach hebt jedes Kind das oberste Kärtchen ab, nennt die entsprechende Frucht und legt das Kärtchen dazu.

Da wir von jeder Frucht zwei Exemplare haben, können auch kleine **Einzahl- und Mehrzahlübungen** damit gemacht werden.
Oder: "Meine Frucht ist rund, hat eine rote Schale" usw.

ZOO
STOP
Kro
da
go
Mar

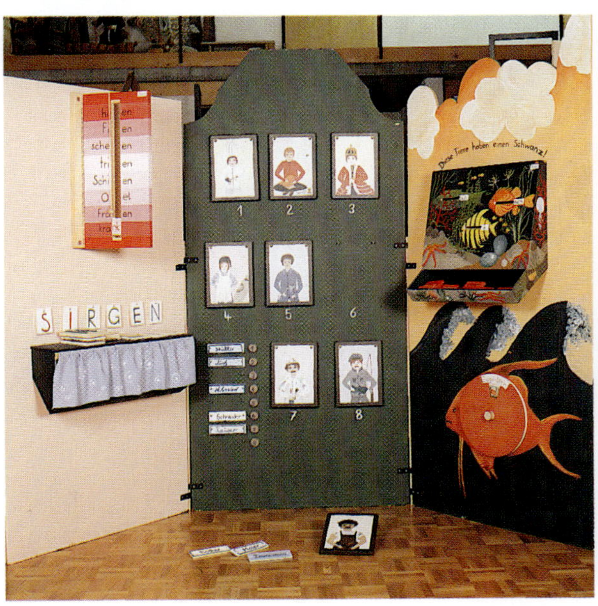
SIRGEN
1
2
3
4
5
6
7
8

POST
Lesestadt
Schulhaus
ktgasse
69

Schulhaus
SPIELHAUS
KINO REX
PROGRAMM

KINO REX
CITY
FRÜCHTE
GEMÜSE
BLUMEN

Wer spielt mit uns?
Räuber
Kasperli

KINO

FILME

Im Kino können zur Lesefibel oder zum GU-Thema passende **FILME** eingelegt werden. Mit der Zeit können die Kinder auch selber Filme zeichnen und schreiben, z. B.: zu einem bestimmten Thema (Geschichte). Eine ausgezeichnete Uebung, bei der die Kinder mit Texten umgehen lernen. Die Geschichte muss zuerst in sinnvolle wichtige Einzelbilder aufgelöst, gezeichnet und dann in kurzen Sätzchen zusammengefasst werden.

Auch hier lernen die Kinder an einer ganz konkreten Aufgabe **handelnd,** wie bei der Verarbeitung von Texten vorgegangen und wie eine komplexe Geschichte (später ein eigenes Erlebnis!) innerlich in Bilder aufgelöst wird. Die bildliche Darstellung lässt sie den **zeitlichen Ablauf** manipulier- und sichtbar als **räumliches Nebeneinander** erleben.

Auf der **Rückseite** der grossen Filmscheibe ist das

Drehscheiben-Spiel (35)

(zusammengesetzte Nomen) angebracht.

FILM-REKLAMETAFELN

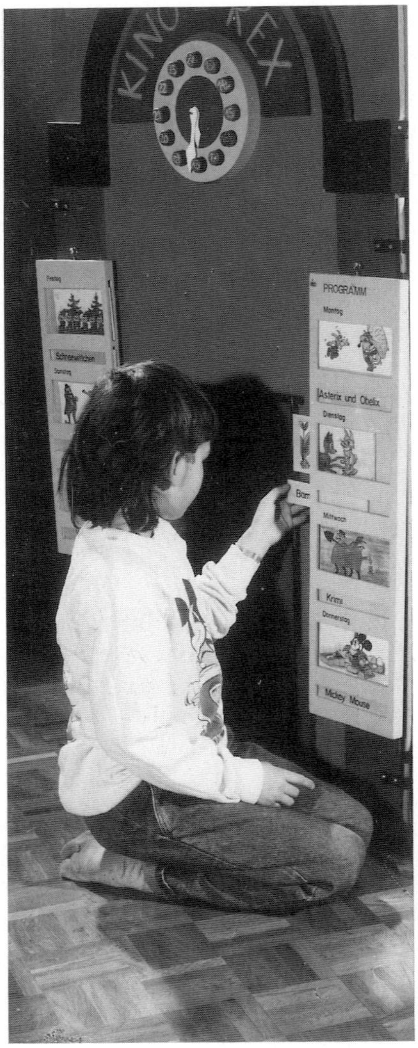

Film- und Reklamebilder müssen den entsprechenden Filmtiteln zugeordnet werden. Das Vokabular (vielen Kindern vom Fernsehen bekannt) enthält **Fremdwörter** mit Buchstaben, die weniger häufig vorkommen: Mickey Mouse, Cowboy usw.

<u>Bauanleitung</u>: **neue** Form, siehe Prototyp S. 170

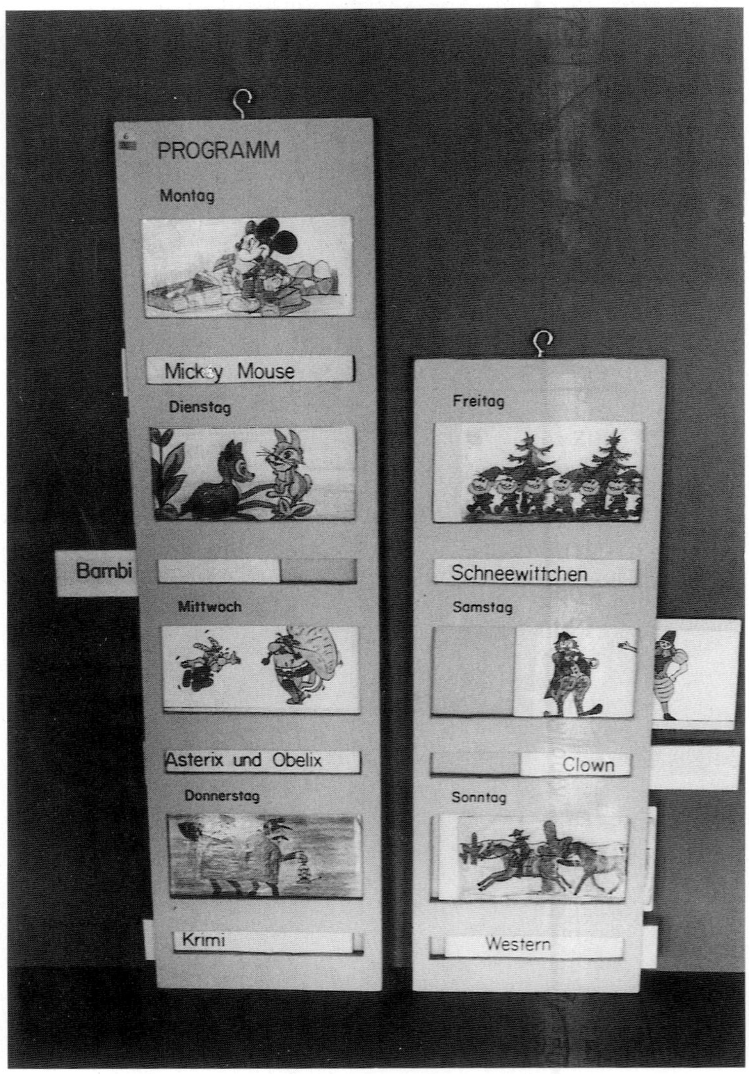

INFORMATIONSSÄULE

Daran können immer wieder allerlei Mitteilungen angeheftet werden, z.B.: über die Fütterung, Angebote, Inserate, Verloren, usw.

ANSCHRIFTEN (WEGNEHMBARE)

Die an den Innenwänden angebrachten **Tierbilder** und dazugehörigen **Namentäfelchen** sind wegnehmbar und müssen einander zugeordnet werden.

TIER-SILBENZUSAMMENSETZSPIEL

Dieses Zusammensetzspiel ermöglicht den Kindern, die Namen der Tiere zu erlesen und diese den Abbildungen an den Wänden zuzuordnen. Auf dem Silbenpuzzle sind sie allerdings im Gegensatz zu den Wandanschriften mit Gross- und Kleinbuchstaben geschrieben.
Siehe **Spiel** (29) (Zootiere)

FALTPROSPEKT

Der Faltprospekt kann aus Tierfotos und selbstverfassten Texten zusammengestellt und so gestaltet werden, dass die Kinder daraus allerlei Interessantes und Wissenswertes über die Zootiere erfahren.

ÜBRIGE HÄUSER

FENSTERGESCHICHTEN

In den **Fenstern** der verschiedenen Häuser (rotes Haus, Hotel, Post usw.) können **Bilder** (Einzelbilder oder zusammenhängende Bildergeschichten, Situationsbilder usw.) angebracht oder eingeschoben werden (siehe Prototyp). Auf der Rückseite der beweglichen **Fensterläden** sind mit Reissnägeln dazupassende kurze **Texte** befestigt. Oder aber es liegen in der Leseecke (Spielhaus) verschiedene **Lesehefte** auf, auf deren Umschlag ein Fenster abgebildet ist und in denen die Geschichten (Bilder und Text) verschiedenartig angeboten werden (siehe LESEHEFTE).

Häuser und ihre Bewohner

An einem Haus sind Namenschilder und Bilder der Bewohner angebracht. Die Namenschilder verraten uns sehr viel. Da wohnen Herr Kaiser, Herr Zimmermann, der aber gar kein Zimmermann ist, desgleichen Herr Koch usw. Es gibt aber auch Namen, die kaum lesbar sind (fremdländische). Sie sind übrigens in verschiedenen Schriften (evt. auch arab., griech. etc.) angeschrieben, wegnehm- und austauschbar.

Die **Fenstergeschichten** eignen sich besonders für die Integration der LESESTADT in den fächerübergreifenden, themenzentrierten Unterricht.

26. Juni
29. Juni !!! Da wurde gezügelt!
1. Juli

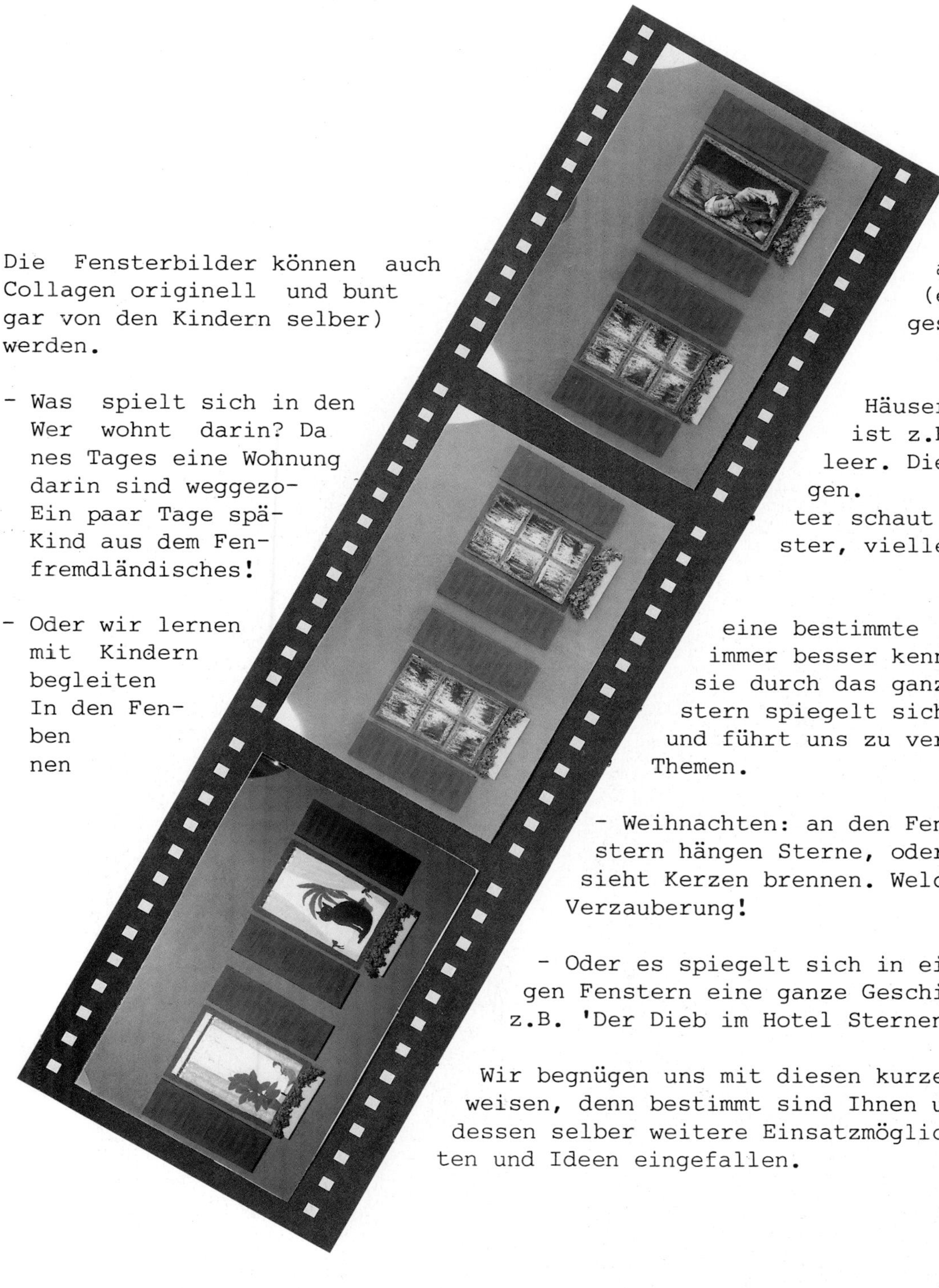

Die Fensterbilder können auch als Collagen originell und bunt (evt. sogar von den Kindern selber) gestaltet werden.

- Was spielt sich in den Häusern ab? Wer wohnt darin? Da ist z.B. eines Tages eine Wohnung leer. Die Leute darin sind weggezogen. Ein paar Tage später schaut ein Kind aus dem Fenster, vielleicht ein fremdländisches!

- Oder wir lernen eine bestimmte Familie mit Kindern immer besser kennen und begleiten sie durch das ganze Jahr. In den Fenstern spiegelt sich ihr Leben und führt uns zu verschiedenen Themen.

- Weihnachten: an den Fenstern hängen Sterne, oder man sieht Kerzen brennen. Welche Verzauberung!

- Oder es spiegelt sich in einigen Fenstern eine ganze Geschichte z.B. 'Der Dieb im Hotel Sternen'.

Wir begnügen uns mit diesen kurzen Hinweisen, denn bestimmt sind Ihnen unterdessen selber weitere Einsatzmöglichkeiten und Ideen eingefallen.

LESEHEFTE

Die Fenstergeschichten (z.B. aus dem roten Haus) werden in den Leseheften auf verschiedenartige Weise angeboten. Die Titelbilder stehen zu irgend einem Haus oder zu einem Gegenstand **Eiling** (13) in Beziehung. Ausser dem Inhalt motiviert die Art der Gestaltung und Präsentation die Kinder zu Leseversuchen.

Am besten gestalten Sie eigene Lesehefte. Folgende Beispiele möchten Sie zum Selber-Erfinden verschiedenster Leseanreize anregen.

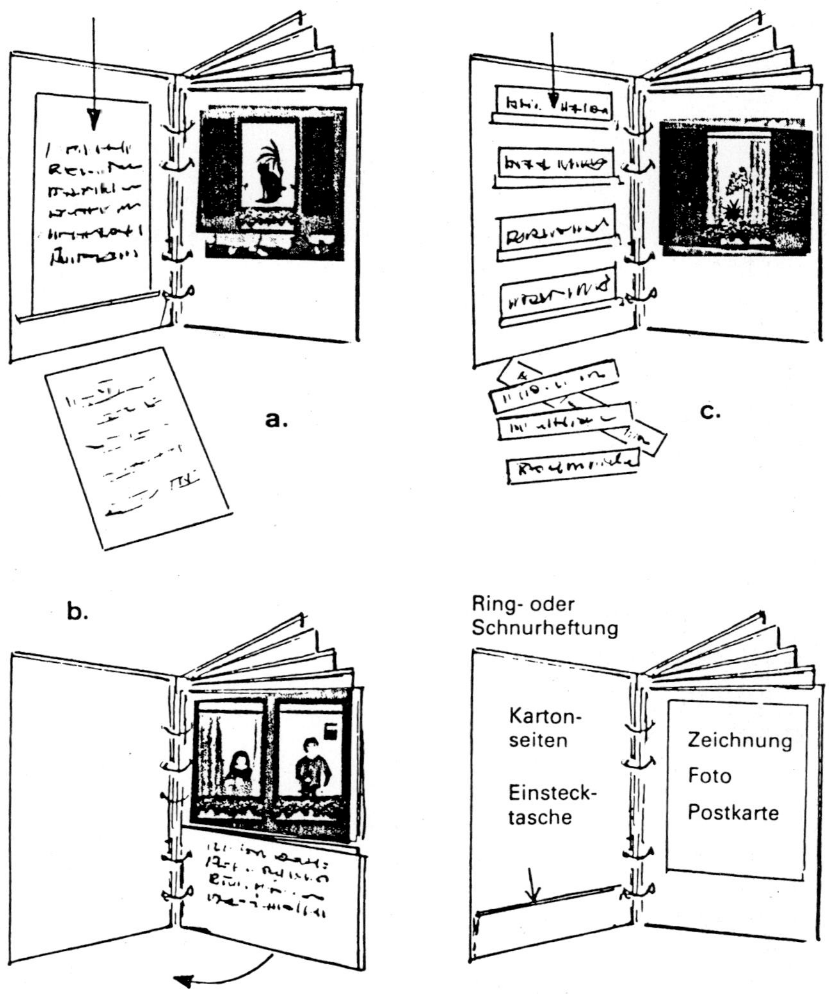

Hier sei auch noch auf die **Wortschatzkiste** (4) hingewiesen, in der sich ein bebildertes Leseheft mit der Geschichte dieser Schatzkiste befindet. Es wird die Kinder sicher interessieren, was es mit diesem Schatz auf sich hat.

SPIELHAUS UND ANDERE HÄUSER

Im Spielhaus befinden sich eine kleine **Bibliothek** (mit den Leseheften und Bilderbüchern), verschiedene Spiele, **Kasperlifiguren,** und einem dazugehörenden **Wortauf- und -abbauspiel** (siehe (38)), einem **Farbenspiel** (siehe (39)), u.a.

Roselina und die Taube

Und was hat es mit dieser **Taube** auf sich, die da plötzlich eines Tages zugeflogen ist und sich auf das Schulhausdach gesetzt hat?

Sie ist nicht allein gekommen, am gleichen Tag liegt auch ein neues **Bilderbuch** (natürlich ein selber gezeichnetes) im Spielhaus, auf dessen Titelblatt die Taube abgebildet ist. Im Buch steht die Geschichte von Roselinas Taube, die wir kennen lernen wollen. GU-Thema:

Dieses Ereignis könnte der Einstieg in ein neues **Wochenthema** sein! Verbunden mit einer **Bastelarbeit** im Werken (siehe Anleitung S. 186).

An der Innenseite eines anderen Hauses ist eine kleine **MOLTONWAND** und eine **MAGNETWAND** (mit Magnetbuchstaben) angebracht. Daran werden laufend Texte aus der Lesefibel befestigt, die zum Teil ergänzt oder verändert werden sollen.

Auch eine **DRUCKEREI** und eine alte **SCHREIBMASCHINE** sind vorhanden.

Uebrigens sind in der Stadt überall **Strassentafeln, Wegweiser,** allerlei **Anschriften** und **Verkehrstafeln** - alle wegnehmbar - angebracht.

II. B. FORMALER BEREICH

In dem mehr auf die **Lesetechnik** und das **sprachliche Wissen** ausgerichteten Bereich geht es darum, die verschiedenartigen Aspekte der Buchstabenfunktionen und -strukturen **erleb-** und **anschaubar** zu machen. Die Materialien sind auf **formal-strukturelle** Leseprobleme und **regelhafte Beziehungen** ausgerichtet. Sie werden nicht erklärt, sondern in einer die Kinder zum aktiven **Handeln** einladenden Form dargeboten. Zusammenhänge sollen ihnen im wahrsten Sinne des Wortes **'begreifbar'**, Erkenntnisse **'direkt'**, ohne Strategievorgaben und Eselsbrükken, zugänglich gemacht werden. Einige Spielformen sind speziell darauf angelegt, bei den Kindern die Sicherheit in bezug auf Richtung und Seitenverständnis (links-rechts, oben-unten usw.) zu fördern. Wir stellen nur solches Material her, das für die Kinder durchschaubar ist. Deshalb verzichten wir ganz bewusst auf komplizierte und raffinierte Geräte und Apparaturen und sind bestrebt, die anfänglich oft etwas aufwendig konzipierten Gegenstände immer mehr zu vereinfachen.

BUCHSTABENSPIELE IM ZEITALTER DES COMPUTERS?

Ist das nicht geradezu anachronistisch in unserer Zeit? Müsste man sich im **Zeitalter der Computer** anstelle von solchem Material, das im Vergleich dazu fast steinzeitlich anmutet, nicht viel mehr elektrisch oder elektronisch gesteuerter Lernmaschinen bedienen und die Kinder damit gleich in die sie umgebende hochtechnisierte Umwelt einführen? Wir sind gegenteiliger Ansicht, nämlich der, dass es je länger je mehr die Aufgabe der **Elementarstufe** sein wird, den Kindern vermehrt das zu bieten, was ihnen - im Gegensatz zu früher - ihre Umwelt und Lebensweise nur noch in einem sehr eingeschränkten Masse vermittelt: **Elementare Sinneswahrnehmungen, Entfaltungsmöglichkeiten der Sinnesfunktionen.** Weder live aufgenommene Videoaufnahmen noch andere raffinierte Medienangebote vermögen **Realbegegnungen und -erfahrungen** zu ersetzen. Und auch die Computer sind, trotz der Faszination, die sie auf Kinder ausüben, keine geeigneten Hilfsmittel, die elementare Zusammenhänge erleben und erkennen lassen. Wohl scheint es, als könnten die Kinder am Computer selbständig handelnd arbeiten. Aber diese Aktivitäten bewegen sich, so spielerisch sie auch aussehen, auf einer noch viel abstrakteren Ebene als bei den Arbeitsblättern (siehe Seite 136). Sie erschöpfen sich oft im blossen Nachvollziehen von vorgegebenen Handlungsabläufen und im Befolgen von undurchschaubaren Anleitungen wie: eintippen, sich entscheiden zwischen vorgegebenen Möglichkeiten usw.

BAUANLEITUNGEN

Wir stellen in der folgenden Zusammenstellung vor allem diejenigen Gegenstände vor, welche die Kinder besonders gut ansprechen. Wir haben sie nach den sie kennzeichnenden Merkmalen zu ordnen versucht. Eine konsequente Gruppierung ist aber nicht möglich, weil sie oft mehrere, sich überschneidende Eigenschaften aufweisen.

Da der Bau und die Gestaltung einer LESESTADT ein arbeitsintensives und anspruchsvolles Unternehmen darstellt, fügen wir einige Bauanleitungen, Bild- und Textvorlagen zum Kopieren bei (siehe S. 172/186). Dies in der Meinung, dass den zukünftigen 'Städtebauer/Innen' genügend freier Spielraum für die eigene Kreativität und Phantasie bleibt, zumal unser Angebot nach Belieben benützt, eingeschränkt oder erweitert werden kann.

☞ An dieser Stelle möchten wir Sie noch einmal ausdrücklich auf unsere **INTENTIONEN** (Ziele und Ideen, S. 19) hinweisen.

VERZEICHNIS FORMALER BEREICH

MATERIAL	PROBLEM	TÄTIGKEITEN
BUCHSTABEN ANLAUTE		
1 GEMÜSELADEN-LOTTO (ABC)	- ABC-Reihenfolge, - Buchstaben kennenlernen	legen, zuordnen, erlesen, einprägen
2 ABC-DOMINO	- Anlaute, Reihenfolge	Anlaute der Bildchen hören, zusammensetzen
3 POSTFÄCHER (Ablege)	- Alphabet. Reihenfolge, aus komplexem Zusammenhang	Anschriften lesen, ordnen, Inhalte erlesen,
4 WORTSCHATZ-KISTE z. FISCHEN	- Anlaute, ABC in der Uebersicht, - Leseanreiz	fischen, Gegenstände zu Wörtchen legen, Geschichte erlesen
5 BP / DT - STECKTAFEL	- Buchstabenunterscheidung/ -festigung	sprechen, hören zuordnen
BUCHSTABEN FORMFESTIGUNG; ZEICHEN - LAUT		
6 FADENSPIEL	- Formfestigung Merkmale, Richtungsübungen	Vorlagen umsetzen, (Fadendiktate) Formen ausprobieren
7 DREHBUCHSTABEN n/u	- Richtung, Stellung der Buchstaben	drehen, verwandeln, erkennen
8 DURCHREIBE-SETZKASTEN	- Formfestigung, Wortbildung	Wörter setzen, durchreiben
9 SCHREIB-SANDKASTEN	- Erfassung der Buchstabenformen	nachfahren, erkennen
10 TAST-KASTEN	- Buchstabenformen taktil erkennen	tasten, erkennen, benennen, Wort zusammensetzen
BUCHSTABEN BUCHSTABEN-VERBINDUNGEN		
11 DREHSPIEL	- Buchstabenverbg. pf/ ck/ ch - Reimwörter	drehen, erlesen, vergleichen
12 NG / NK - LIFT	- Buchstabenverbindung ng/ nk, Morpheme erlesen, - Wortinneres, Verwandtschaft (Reime)	Zusammenhang erfassen, Verbindungen üben

MATERIAL	PROBLEM	TÄTIGKEITEN
13 EILING	- Buchstabenverbindung Ei/ei	Erlebnis, einprägen
BUCHSTABEN AKUSTISCHE ANALYSE und ZUORDNUNG		
14 WORTGLOCKEN	- Vokale in Wörtern erkennen, akust. Analyse	würfeln, Vokale heraus suchen
15 MATRIX-SPIEL	- Anlaute und Vokale herauslösen	Bild: Anlaut herausfinden, Bild auf Matrix legen
16 SILBENSPIEL	- Silben erkennen, Wortzerlegung, - Wortrhythmus	Silben klatschen und sprechen
17 SPIEGEL u. MOTTIERTAFELN	- Lautbildung bewusst machen (Mundstellung)	sprechen, beobachten, Bilder oder Laut zuordnen, Wörter in Laute zerlegen
BUCHSTABEN FUNKTIONEN		
18 WÖRTER KANN MAN DREHEN	- Buchstabenkombinationen	drehen, erlesen, verändern
19 WORTFÄCHER ORT/ROT/TOR	- Funktion der Buchstaben	Buchstaben verschieben, lesen, vergleichen
20 WENDEBUCHSTABEN	- Wortstruktur Wortumbildungen	Buchstaben umdrehen, neue Wörter bilden
21 ZAUBERTAFEL	- Vokale verändern, Wörter	Veränderungen wahrnehmen, deuten und generalisieren
WORT STRUKTUR / SILBEN		
22 SETZMASCHINE	- Wortaufbau, Grossbuchstaben, - Schreibrichtung	Bild einstellen, Wort dazu setzen
23 EINLEGEWÖRTER	- Wortstruktur, -aufbau	spielen, lesen, wieder zusammenfügen
24 SCHACHTELWÖRTER	- do.	do.
25 WENDEWÖRTER	- Wortstruktur	umlegen, erlesen, vergleichen
26 BIBABO-SPIELAUTOMAT	- Wortbildung, Uebg. der formalen Lesefertigkeit	verändern, kombinieren, erlesen

MATERIAL	PROBLEM	TÄTIGKEITEN
27 WÖRTER RÜCKWÄRTS LESEN	- Wortaufbau	drehen, Zusammenhang
28 SILBEN-ZUSAMMENSETZSPIEL	- Silben zu Wörtern zusammensetzen	zusammensetzen, lesen, Bildchen zuordnen
29 ZOOTIERE (PUZZLE)	- Silben, Silbentrennung	Silben zu Wörtern zusammenfügen
30 STECKBLÖCKE	- Signalgruppen	erlesen, suchen, kombinieren, kontrollieren

WORT WORTAUFBAU / MORPHEME / ENDUNGEN usw.

31 ZAUBERWÜRFEL	- Wörter aufbauen (Reimwörter), Anlaute	würfeln, vergleichen, lesen, abdecken
32 STECK- und LEGESPIEL	- Wortstamm und Endungen	zusammenfügen, erlesen, vergleichen
33 STECKKASTEN I	- Anlaute: Sch, St, Sp, Schreib- u. Leseweise	probieren, einstecken, lesen, entscheiden
34 STECKKASTEN II	- Endungen ansetzen: ig/lich/sam	zuordnen, Zusammenhang erkennen
35 DREHSCHEIBE	- Zusammengesetzte Nomen	Wörtchen lesen, drehen, zusammengesetzt lesen
36 EINACHSER	- Vorsilben, Wortsinnveränderungen, -neubildungen,	bewegen, verändern, lesen, deuten
37 VIERACHSER	- Wörter lesen	bewegen, lesen,
38 WORTAUF- und ABBAUSPIEL	- Kasperlifiguren Wortauf- und -abbau	zum Spielen anregen, Wörter auf- und abbauen
39 FARBENSPIEL	- Farben - Namen	erkennen, zuordnen, erlesen, kontrollieren

WORT / SATZ Erste Einsicht in GRAMMATIK

40 DER/ DIE/ DAS - STEMPEL	- Jedes Nomen hat einen Artikel	erkennen, zuordnen, stempeln
41 DER/ DIE/ DAS - LEGEWAND	- do.	erkennen, zuordnen
42 SCHIEBER	- Einzahl-Mehrzahl - Umlaute ä/ö/ü/äu	bewegen, beobachten vergleichen

MATERIAL	PROBLEM	TÄTIGKEITEN
43 WORTBLÖCKE	- Satzbau verändern, Umstellproben, Fragestellungen usw.	Blöcke umstellen, neuen Sinnzusammenhang erfassen
44 WÖRTER- od. SATZSCHLANGE	- Satzzerlegung, Satzaufbau	Wörter im Satz erkennen, Satz als Ganzheit erfassen

BUCHSTABEN ANLAUTE

GEMÜSELADEN-LOTTO (siehe auch Laden S. 34) ①

Es besteht aus 25 Grossbuchstaben-Täfelchen, auf deren Rückseite die Namen der Früchte, Gemüse und Blumen stehen, und den dazugehörenden Miniaturfrüchten und -gemüsearten. Gegenstände und Buchstaben müssen einander zugeordnet in die entsprechenden Fächlein gelegt werden. Früchte und Gemüse haben wir aus FIMO-Knetmasse** hergestellt, die Blumen gemalt (siehe <u>Kopiervorlage</u> ❶)

Die Vokale und Blumen werden ausgemalt, zusammen mit den übrigen Buchstaben mit Deckfolie überzogen und mit Weissleim auf die Holztäfelchen geklebt. In die Täfelchen wird zum Schluss ein **Griffloch** gebohrt.

<u>Material</u>:
- 1 Kistchen mit 25 Fächern aus Sperrholz (Masse siehe Skizze)
- 32 Sperrholztäfelchen (65 x 65 mm, 6 mm dick), 25 für Buchstaben (Vorderseite) und Wörtchen (Rückseite), 7 mit Blumenbildchen

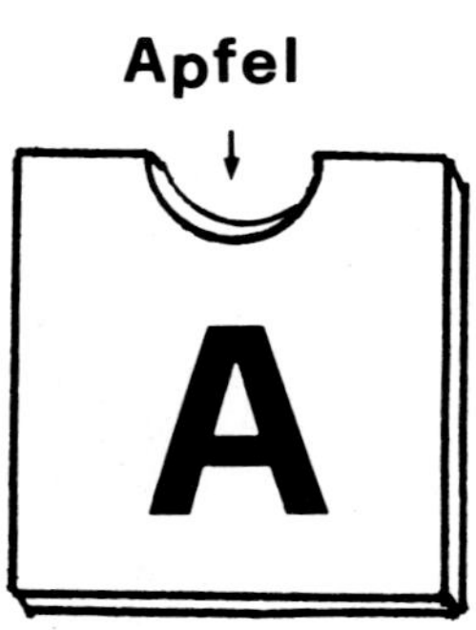

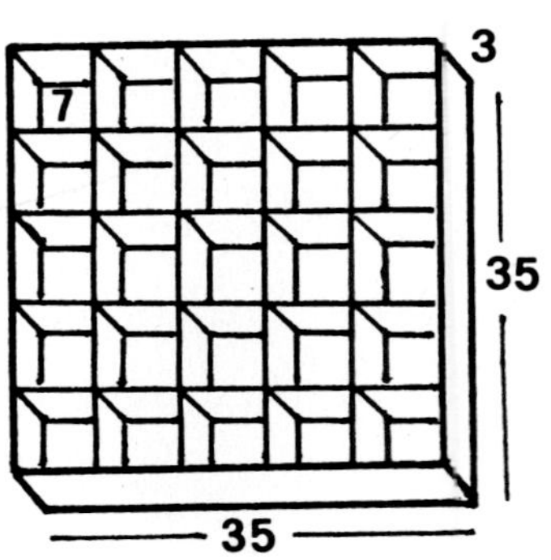

"DIE HÄNDE NACH ETWAS AUSSTRECKEN BEDEUTET ZUERST EINMAL HINWENDUNG. DURCH DIE BERÜHRUNG NIMMT DAS KIND KONTAKT AUF MIT DER UMWELT."

(Andreas Müller)

ABC-DOMINO

(2)

Die Herstellung eines solchen Dominos, das in der Reihenfolge des ABC's abläuft, gibt keine Probleme auf. Solche Spiele sind auch im Handel erhältlich.

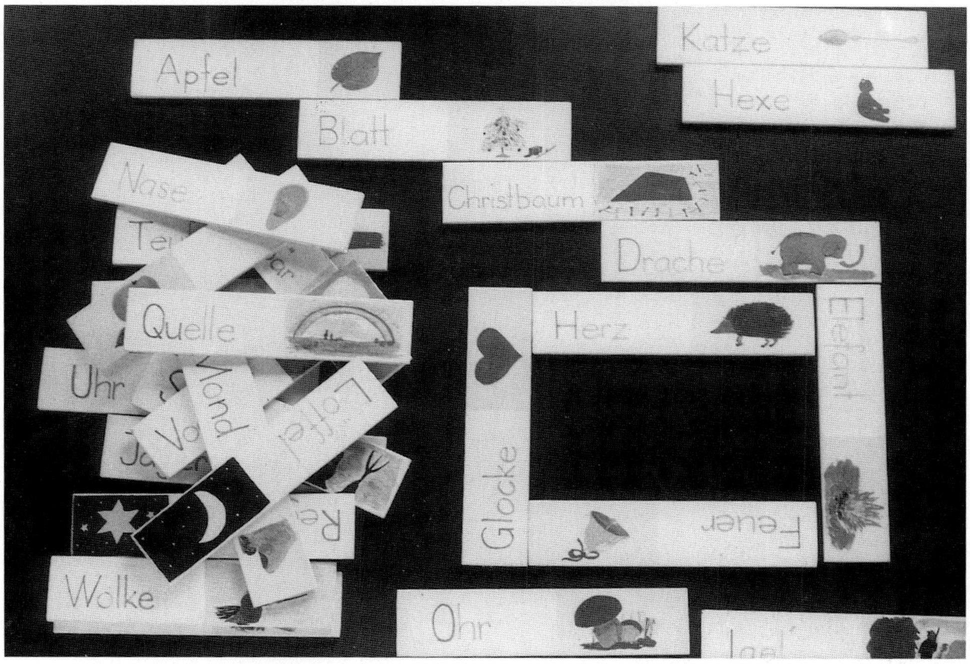

POSTFÄCHER

(3)

Ordnen nach dem ABC usw. Siehe dazu Kommentar **Postgebäude** (S. 32) und **Prototyp** (S. 164-166).

WORTSCHATZ-KISTE ZUM FISCHEN

(4)

Die Kinder können mit der Angelrute Gegenstände aus der Wortschatzkiste fischen. Diese werden dann in die entsprechenden Wortfächlein gelegt, welche sich auf der Innenseite des Deckels befinden.

Die Anlaute der Gegenstände ergeben das ABC. In der Kiste gibt es einen **zweiten** herausnehmbaren Boden. Darunter finden die Kinder ein Buch oder Heft mit allerlei Geschichten zu den gefischten Gegenständen.

Problem / Tätigkeiten:
Gegenstände benennen, Wörtchen erlesen und dazu legen; Leseanreiz in Form lustiger Geschichten.

Bauanleitung (4) , Kopiervorlagen ❹

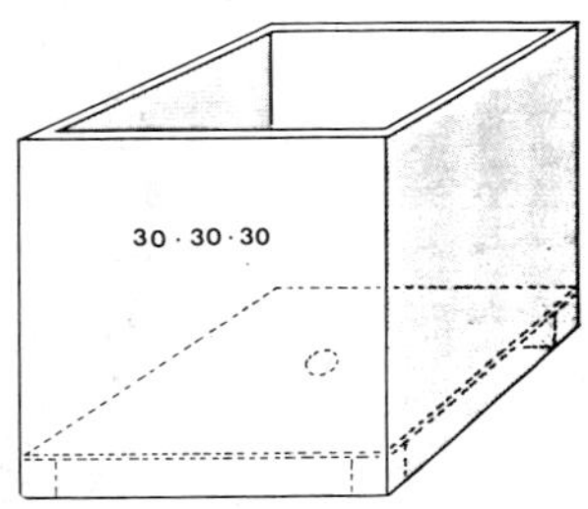

BP / DT - STECKTAFELN

(5)

Bei diesem Spiel, das keiner näheren Erklärung bedarf, werden die Kinder auf die sogenannt 'starken' und 'schwachen' Anlaute aufmerksam gemacht, (siehe Kopiervorlagen ❺). Diese werden ausgemalt, mit Deckfolie überzogen und auf ca. 2,5-3 cm dicke Spanplatten A4 geklebt. Nachher werden die Löcher Ø 2 cm, ca. 2 cm tief gebohrt. Ein Rundholzstab wird in ca. 3,5 cm lange Stücke zersägt und (evt. mit Durchreibebuchstaben) beschriftet.

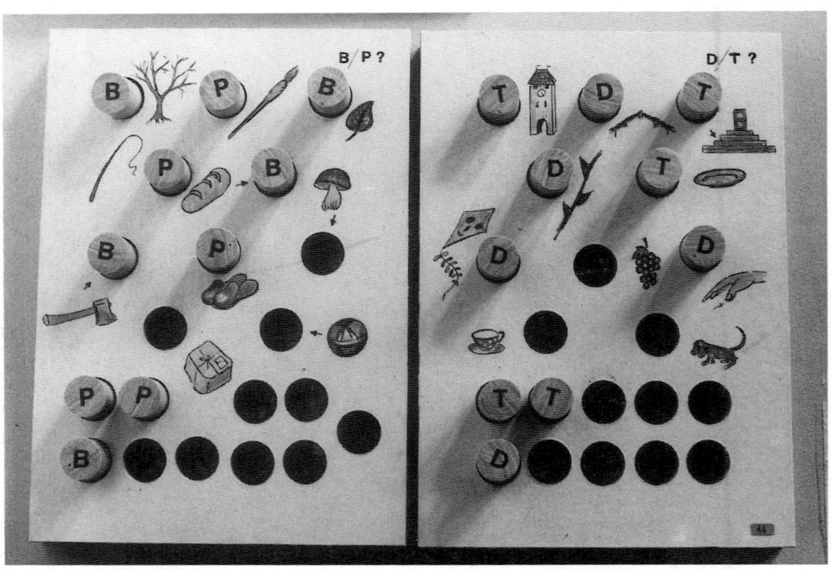

FADENSPIEL (6)

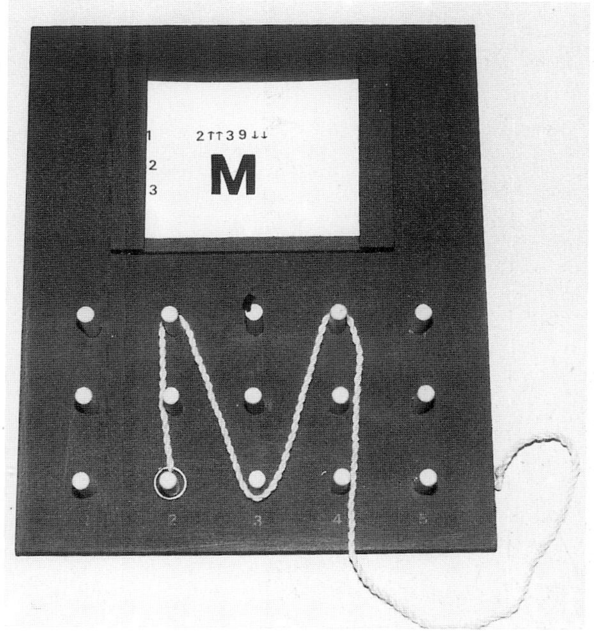

Die Kinder zeichnen mit dem Faden gemäss der Vorlage einen Buchstaben nach. Die Aufgabe kann erschwert werden, wenn statt einer Buchstabenvorlage eine Ziffer- und Pfeilvorlage gegeben ist. Oder die Kinder können versuchen, frei irgend einen Buchstaben zu legen. Dabei müssen sie sich der Buchstabenform bewusst werden. Sie stellen fest, dass es Buchstaben gibt, die schwieriger, andere, die leichter nachzuformen sind. Sie entdecken und formulieren selber, dass es vor allem **die GROSSBUCHSTABEN** sind, die leicht gebildet werden können. "Die Kleinbuchstaben kann man fast nicht machen!" (Feststellung eines Mädchens.)

Die Kinder erfahren charakteristische Formmerkmale (Strukturen) der Buchstaben. Ganz anders ist das Erlebnis beim Durchreibe-Setzkasten (8).

Problem /Tätigkeiten: Formen ausprobieren, Richtungsübungen: links, rechts, auf-, abwärts. Regeln umsetzen: FADENDIKTATE.

Bauanleitung: siehe (6)

DREHBUCHSTABEN N/U (7)

Wenn die Kinder mit dem Knopf die Buchstabentäfelchen drehen, verändern sich diese:

n wird **u**
u wird **n**

Problem / Tätigkeiten: Richtung- und Seitenfestigung dieser beiden Buchstaben, Zusammenhänge erkennen, verwandeln.

Bauanleitung: ersichtlich aus dem Bild, Masse: Sperrholztafel ca. 39 x 39 cm

Ein ähnliches Spiel lässt sich auch für die Kleinbuchstaben **b** und **d** herstellen, hier mit Richtungswechsel. **Drehbuchstaben**, ähnlich wie kleine Fensterläden.

DURCHREIBE-SETZKASTEN

Bei diesen aus Linol geschnittenen und auf Holzklötzchen aufgeleimten Einzelbuchstaben handelt es sich nicht um Lettern, folglich nicht um 'seitenverkehrte', sondern um 'erhabene' Buchstaben. Sie können deshalb nicht gedruckt, sondern nur auf ein darüber gelegtes Blatt (z.B. mit Neocolorstift) **durchgerieben** werden. Das heisst, die **symmetrischen** Buchstaben A/ H/ I/ M/ O/ U/ V/ W/ X könnte man auch zum Drucken verwenden. Die Kinder haben das selber herausgefunden, als sie die Buchstaben in den Sand drückten.

Problem /Tätigkeiten: Wörter setzen, durchreiben: Die Kinder müssen mit der Zeit erkennen, dass jeder Buchstabe in **verschiedenen graphischen Ausformungen** (Schriftarten, Druck, Abwandlungen usw.) auftreten kann, wobei er innerhalb einer gewissen Bandbreite erkennbar bleiben muss. Er kann sich z.B. nur schwach abheben, verzerrt oder nur teilweise sichtbar sein. Beim Durchreiben erleben die Kinder die Gestaltwerdung in verschiedenen Phasen.

Bauanleitung: siehe (8)

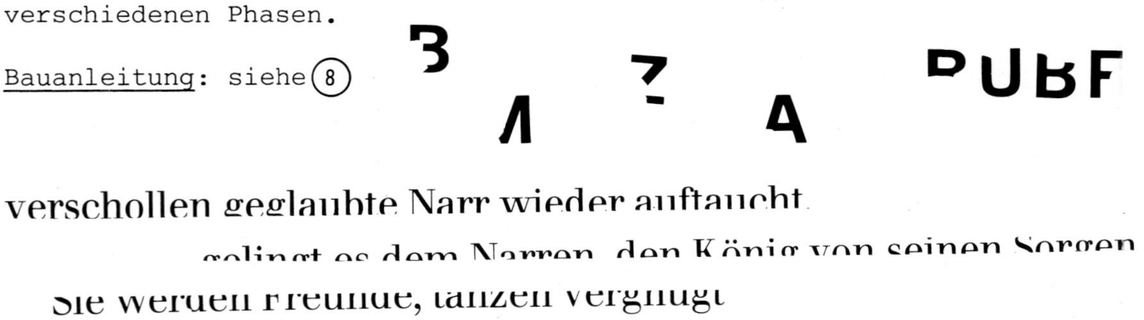

KINDERN MUSS VIEL ZEIT UND GELEGENHEIT ZUM PROBIEREN EINGERÄUMT WERDEN

SCHREIB-SANDKASTEN

(9)

Ein farbiges Blatt mit einem daraufgeschriebenen Buchstaben oder Wort kann zwischen den Kastenboden und eine Glasplatte geschoben werden. Durch leichtes Schütteln wird die Schrift vom Sand zugedeckt. Die Kinder können mit dem Finger den Buchstaben suchen und ihn mit dem Finger im Sand nachschreiben. Von Zeit zu Zeit werden andere Buchstaben oder Wörtchen eingelegt.

Immer wieder kam es vor, dass ein Kind in typischer Schülerhaltung laut ausrief: "Dä bschysst!" (d.h. Er betrügt.), weil ein Kamerad den Sand schnell zur Seite geschoben und den Buchstaben angeschaut hatte. Aber das war im Grunde genommen genau das Richtige. Der scheinbare Betrug veranlasste das Kind, blitzschnell auf hochkonzentrierte Weise die Form eines Buchstabens wahrzunehmen und sich einzuprägen. Unmittelbar darauf konnte es dann seine Wahrnehmung selber überprüfen.

HAND / SAND

☞ Das Beispiel zeigt, wie stark die Schule Gefahr läuft, etwas wirklichkeitsfern an den alten mit einem Ehrenkodex verbundenen Strategien festzuhalten, die völlig am natürlichen, effizienten Lernverhalten vorbeizielen.

Bauanleitung: siehe (9)

TAST-KASTEN

(10)

Bei diesem Gerät geht es darum, die Kinder die Form der Buchstaben auf verschiedenste Weise **tastend** erfahren und diese dann wieder nur tastend zu Wörtchen zusammensetzen zu lassen. Die Fotos zeigen zwei verschiedene Ausführungen.

Beim obigen Beispiel weisen die Buchstaben verschiedenste Strukturen auf. Die im Kästchen blind ertasteten Buchstaben werden darüber an der Wand befestigt, so dass nachher das ertastete Wort erscheint.
Beim unteren Beispiel (Chur) befinden sich ausgesägte Buchstaben im Kasten. Die Kinder suchen tastend die zu einem Wort gehörenden Buchstaben aus und legen diese auf das Brett im Kasten. Zur Kontrolle können sie den Kastendeckel öffnen.

Uebrigens müssen die Kinder die Buchstaben nicht nur ertasten, sondern zugleich ihre Lage im Raum richtig erfassen.

Wir lassen es bei dieser grundsätzlichen Beschreibung bewenden und verzichten auf eine Mass- und Baubeschreibung. Grösse, Art und Gestaltung soll der Phantasie der ErbauerInnen anheim gestellt bleiben.

BUCHSTABEN BUCHSTABEN-VERBINDUNG

DREHSPIELE

(11)

Die Kinder merken, dass der Mittelteil des Stabes gedreht werden kann (ck/ch/pf) und dass dadurch neue Wörtchen entstehen. Zu jedem Wort hat es als Lesehilfe ein Bildchen.

<u>Problem /Tätigkeiten</u>: Buchstabenverbindungen üben, Reimwörter, feststellen, drehen, erlesen, vergleichen.

<u>Material /Bauanleitung:</u>
- Holzwürfel von ca. 4 x 4 cm **
  von Stab absägen und durchbohren
- die äusseren beiden Würfel am Rundstab anleimen
- Wortanfänge und entsprechende Bildchen auf 1. und 3. Würfel anbringen. Auf beweglichen Teil nur einmal die entsprechende Buchstabenverbindung schreiben

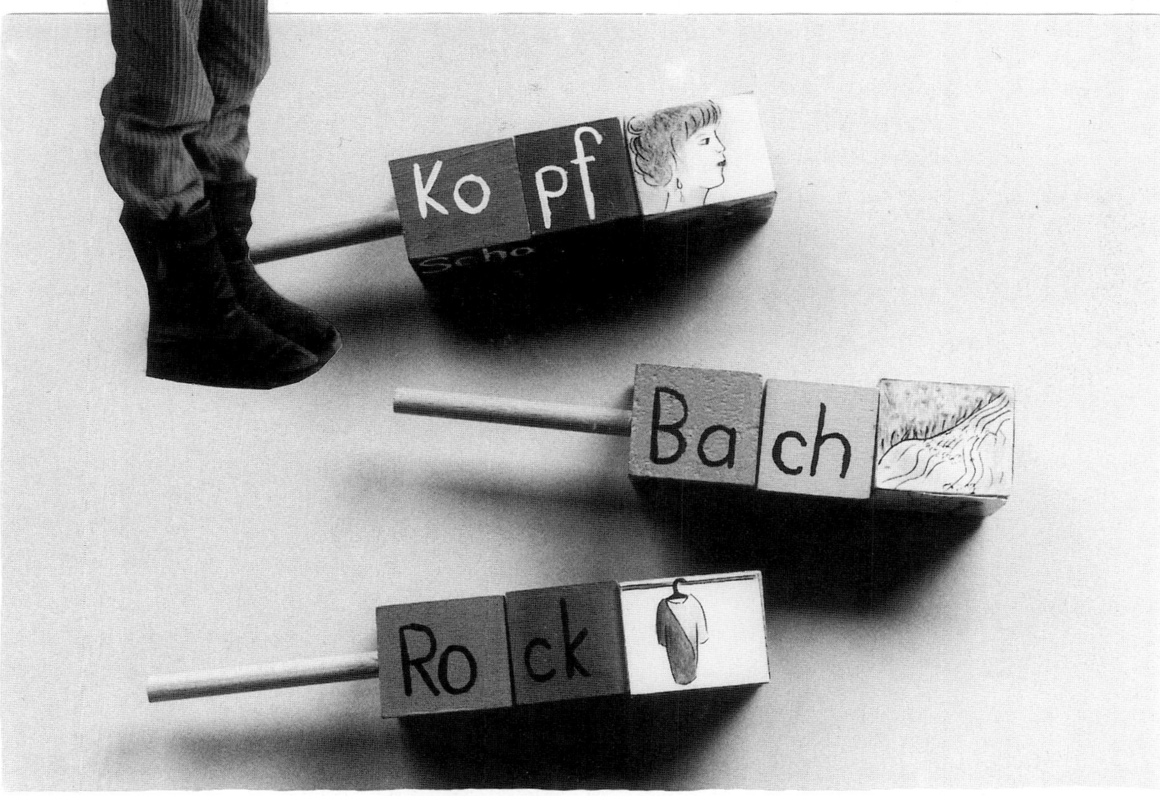

**WERDEN SIE SELBER KREATIV UND SUCHEN SIE NACH EIGENEN LÖSUNGEN.
DAS ERFINDEN UND SELBERHERSTELLEN VERSCHIEDENEN MATERIALS ERHÖHT IHRE DIDAKTISCHE KOMPETENZ.**

---

(12)

NG/ NK - LIFT

Wir konnten beobachten, dass die Kinder zuerst einfach mit dem Lift spielen, dann einzelne Wörter erlesen und erst später den Zusammenhang 'generalisieren'.

Der Lift ist auf beiden Seiten beschriftet und kann gedreht werden.

Problem /Tätigkeit:
Buchstabenverbindungen ng/nk üben, Morpheme erlesen, Wortinneres, Verwandtschaften (Reime), Zusammenhang erfassen.

Bauanleitung: siehe (12)

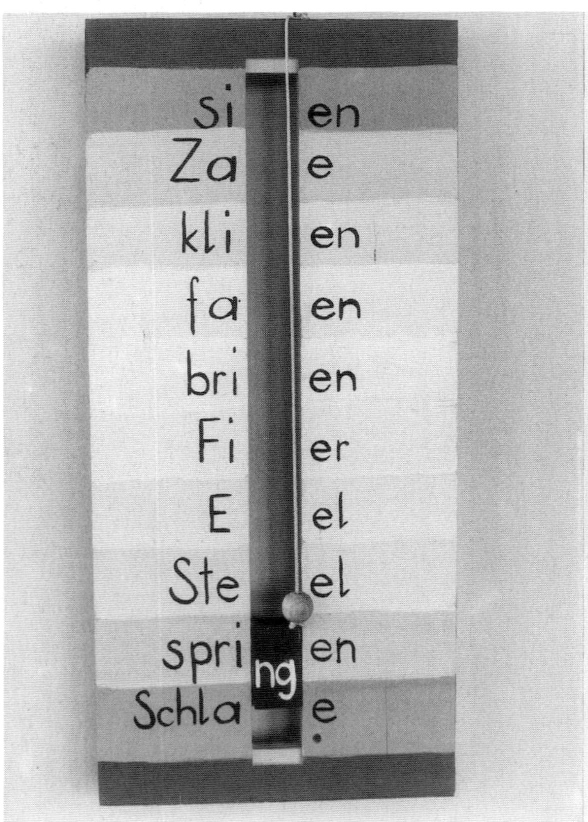

EILING

(13)

Ein gedrechseltes, auseinandernehmbares Holzei** mit der Buchstabenverbindung **Ei ei** aufgemalt, liegt auf einem Gestell. Im Ei ist ein kleines zweites Ei, das wie ein Männchen bemalt ist (Eiling). Die Kinder öffnen das Ei, finden das kleine lustige Eimännchen, das ihnen aber nichts sagt. Sie setzen das Ei wieder zusammen, drehen die beiden Hälften, bis **Ei** und **ei** wieder übereinstimmen.

Im Spielhaus entdecken die Kinder ein **eiförmiges Büchlein,** das die Geschichte 'vom Eiling' enthält.

LESEHEFTE, BÜCHER, LESESPIELE, STEMPELKASTEN USW. SOLLTEN ALS STETE VERLOCKUNG IM SCHULZIMMER SICHTBAR UND FREI ZUGÄNGLICH VORHANDEN SEIN.

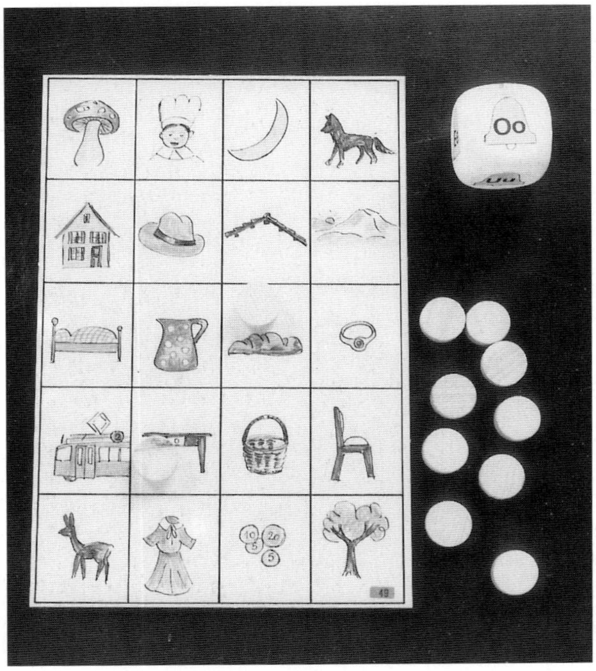

WORTGLOCKEN (14)

Die Kinder würfeln, suchen ein Wort (Bild), das den Vokal (Glocke) enthält, und legen einen Astknopf darauf.

Wenn mehrere Kinder mitspielen, erhält jedes Kind gleich viele Astknöpfe. Wer hat zuerst keine mehr?

Problem /Tätigkeiten: Vokale lesen (Würfel) und in vorgegebenen Wörtern (bzw. Bildern) heraushören, akustische Analyse.

Material /Bauanleitung:
- Grundplatte (dünnes Sperrholz) oder dicker Karton A/4)
- 20 Astholzknöpfe**
- 1 Blancowürfel** mit den aufgeklebten Glocken (Aa/ Ee/ Ii/ Oo/ Uu)
- Kopiervorlage (14) mit einsilbigen Wörtern (bzw. Bildern) bemalen, rückseitig mit doppelseitiger Selbstklebefolie, Oberseite mit Deckfolie überziehen, nachher auf Grundplatte aufziehen.

MATRIX-SPIEL (15)

Die Kinder legen die Bildkärtchen ins entsprechende Quadrat (Merkmale: Anlaut/ Vokal). Wenn mehrere Kinder zusammen spielen, erhält jedes Kind gleich viele Bildkärtchen. Diese werden umgekehrt auf den Tisch gelegt. Der Reihe nach darf jedes Kind eines aufdecken.

Problem / Tätigkeiten: Von Wörtchen (bzw. Bildchen) Anlaut bestimmen und den Vokal herauslösen. Bildchen auf Matrix ablegen.

Material/ Bauanleitung:
- 1 Grundplatte, dünnes Sperrholz oder dicker Karton
- 36 Kartontäfelchen für Bildchen
- Matrix auf Grundplatte aufzeichnen (7 x 7 Quadrätchen), beschriften (Anlaute und Vokale)
- Bogenoberseite mit Deckfolie, Rückseite mit doppelseitiger Selbstklebefolie überziehen, zerschneiden und aufziehen, Blanco-Lottokärtchen**
- Kopiervorlage (15) bemalen, Oberseite mit Deckfolie, Rückseite mit doppelseitiger Selbstklebefolie überziehen. Zerschneiden und auf Kärtchen aufziehen.

Kro ko dil
Fla min go
Pan zer nas horn
Schild kro te
HEXEN SVRU
Setz-maschine
A N W A
Hobel
Rosen
Hasen
Raben
V T
e r
k l
a o
o x
ORT
frech
traurig
Hexe
Die
LEBEN
Pitschi
Der Dieb im Hotel STERNEN
Rosen
Hasen
Hahn
Raben
Hummel
Buch
Mond
Hand
Wind
Bohnen
fahren
Wol ken
Pin sel
Kö nig
Blu me
Dra chen
Kat-ze
Mes ser
N
Schachtel
Schwarm
warm
arm

ORT
NEBEL

STERN

ZOO
Marktgasse
69
POST
Lesestadt
SPIELHAUS
KINO REX
HOTEL
CITY

MARTINA

SPIELHAUS
KINO REX
KASSE

SILBENSPIEL (16)

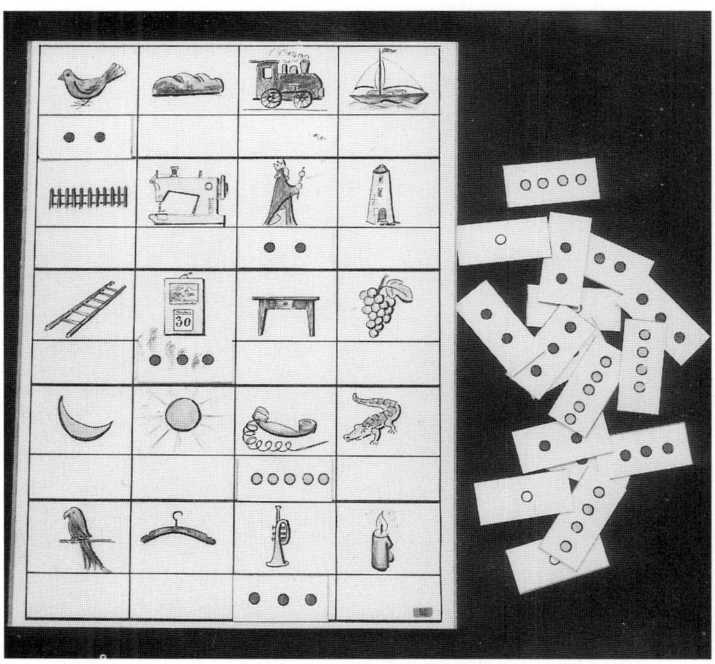

Die Kinder legen die **Silbenpunktkärtchen** (evt. auch nur Cuisenairestäbchen) zu den entsprechenden Bildchen. Wenn mehrere Kinder mitspielen, erhält jedes Kind gleich viele Kärtchen. Diese werden umgekehrt auf den Tisch gelegt. Der Reihe nach darf jedes Kind eines aufdecken und zu einem Bild legen, das gleich viele Silben enthält. Dazu sagt es das Wort und klatscht die Silben.

<u>Problem/ Tätigkeiten</u>:
Wörtchen (akustisch) in Silben zerlegen und klatschen. Bewusstmachen der Silben, Wortrhythmus.

<u>Material/ Bauanleitung</u>:
- Grundplatte, dünnes Sperrholz oder dicker Karton A/3
- 20 Kartonkärtchen mit Silbenpunkten
- Kopiervorlagen (Bildchen) auf A/3 vergrössern, bemalen, Punkte entsprechend mit Cuisenairefarben; <u>Kopiervorlage</u> 16
- Bogenoberseite mit Deckfolie, Rückseite mit doppelseitiger Selbstklebefolie überziehen, zerschneiden und aufziehen

17

SPIEGEL UND MOTTIERTAFELN **

An einer Hausinnenwand hängt ein Spiegel. Daneben befinden sich eine Reihe Buchstaben- und Mottiertafeln. Die Kinder können über die Buchstaben eines vorgegebenen Wortes die entsprechenden Lautbilder (Mottiertafeln) legen, oder umgekehrt, unter einer Reihe von Mottiertafeln die entsprechenden Buchstaben befestigen und herausfinden, was für ein Wort gesprochen wird.

Problem / Tätigkeiten: Bewusst werden der Lautung (Mundstellung), sprechen, beobachten, Laute erkennen und zuordnen, Wörter in Laute zerlegen und umgekehrt.

Material:
- 1 Spiegel (Rahmen lustig bemalen)
- auf Karten aufgezogene Mottiertafeln, evt. selber etwas verkleinern
- auf Karton aufgezogene Buchstaben

BUCHSTABEN FUNKTIONEN

"Worte kann man drehen",

hat Hans Manz * sein humorvoll-hintergründiges Sprachbuch für Kinder betitelt. Er zeigt darin, wie man Worte beim Wort nehmen soll.

Auch wir nehmen das Wort beim Wort, aber nicht nur auf dem Papier. Wir lassen es nicht damit bewenden, sondern nehmen **Wörter** wirklich **in die Hand** und **drehen** sie. Was dabei entsteht, ist verblüffend. Probieren Sie es!

WÖRTER KANN MAN DREHEN 18

Sie müssen sich vorstellen, dass man die unteren beiden Würfel drehen kann. Schreiben Sie auf, wieviele Wörter Sie so bilden können!

Einige Beispiele dazu: Bild, Bube, Wald, Wahn, Hohn, Huhn, Wild, Wind, Land, Hund, usw. usw.

Sie werden mit Leichtigkeit mehr als 20 Wörter finden.

Material /Bauanleitung:
- quadratischer Buchenholzstab**, 12 x 3 x 3 cm
- Rundholzstab 10 mm Ø
- Buchenholzstab in 3 x 3 cm einteilen, durchbohren und die beiden oberen Würfel absägen.
- Würfelseiten gemäss Zeichnung mit Buchstaben beschriften
- obersten Würfel an Stäbchen festleimen
- unter dem untersten Würfel ein Löchlein bohren und gegen das Abrutschen mit einem Stift sichern

Die Wörter (bzw. Buchstaben) können **horizontal** oder **vertikal** geschrieben werden.

WORTFÄCHER (19)

Die drei Buchstaben können wie bei einem Fächer übereinander geschoben werden. Dadurch entstehen folgende Wörter: TOR ORT ROT . In den Gucklöchern erscheinen zu den Wörtchen die entsprechenden Bilder.

Problem /Tätigkeiten: Die Kinder erleben, dass durch den Austausch dieser drei Buchstaben verschiedene Wörter entstehen, und dass das graphische Zeichen nicht einfach wie bei den **Memorier-Wörtern** (z.B. **A** - **A**pfel) auf einen Gegenstand und dessen Anlaut **fixiert** ist.

Dies alles könnte man Kindern erklären. Hier aber erleben sie es und formulieren sie die Zusammenhänge im Sinne des **'Entdeckenden Lernens'**.

Bauanleitung: siehe (19)

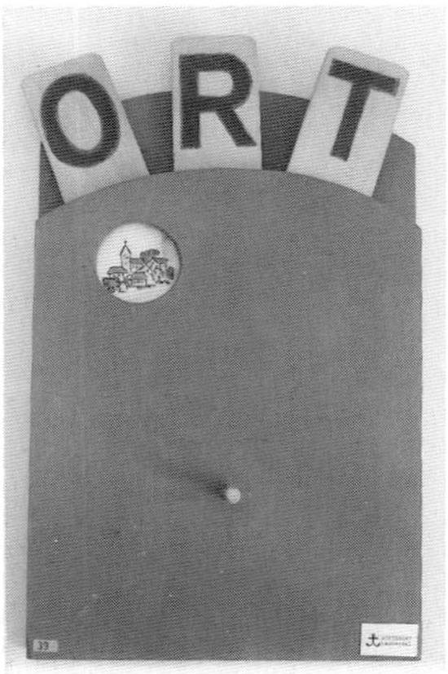

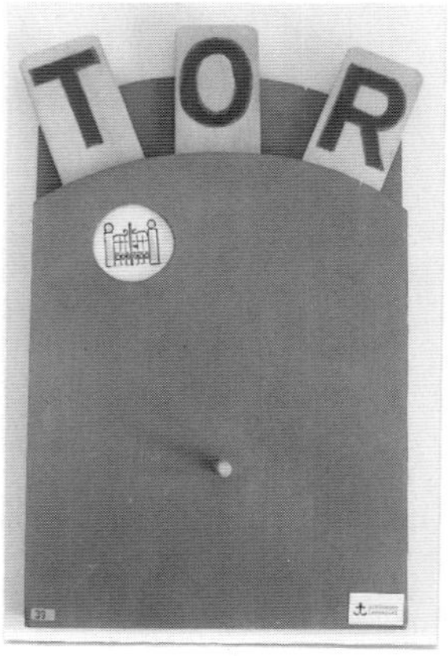

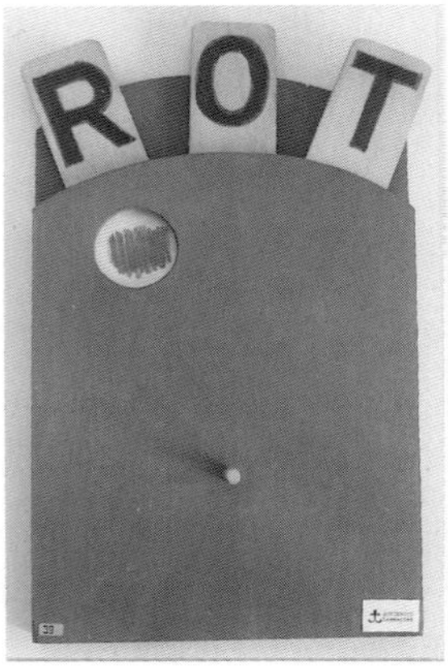

WENDEBUCHSTABEN (20)

R A S E N

↑H O B E L

Dieses Gerät ermöglicht allerlei Einsichten ins Wortinnere. Beim Drehen der einzelnen Buchstaben entstehen immer wieder neue Wörter. Die Kinder beobachten, was passiert. Sie versuchen, die neu entstehenden Wörter zu lesen oder neue zu bilden. Die möglichen Wörter (mit Bildchen versehen) stehen auf dem wegnehmbaren Blatt.

Die Drehbuchstaben können ausgetauscht oder durch andere ersetzt werden, was neue Wortkombinationen ermöglicht.

Bauanleitung: siehe (20)

(21)

ZAUBERTAFEL

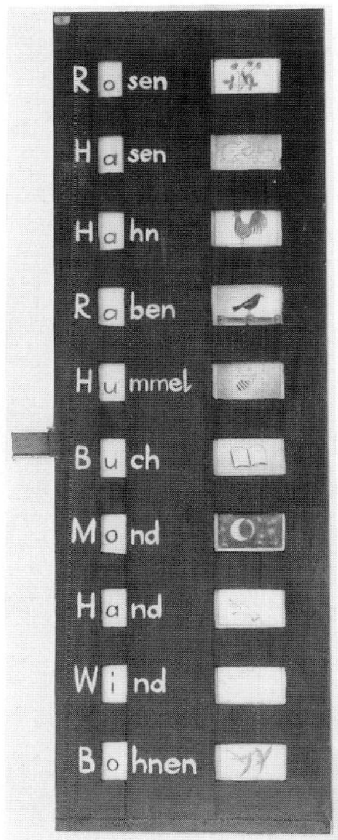

Die Zaubertafel besteht aus einer mit einem Schieber versehenen Wörter-/Bildertafel. Am Griff kann der Schieber hinaufgeschoben werden. Dadurch verändern sich sämtliche **Stammvokale**, und es ergeben sich neue Wörter. Zugleich erscheinen in den Fenstern auch die dazugehörenden Bildchen.

Es gibt Kinder, die zuerst nur die Veränderung bei einzelnen Wörtchen wahrnehmen und den Gesamtzusammenhang noch nicht erfassen. Andere vermögen die Veränderung zu überschauen, zu **generalisieren** und auch selber auszuformulieren. Sie entdecken **'handelnd'** einen **gesetzmässigen** Zusammenhang: **Buchstaben können die Bedeutung eines Wortes verändern!**

Bauanleitung: siehe (21)

Kopiervorlage: siehe (21)

LASSEN SIE DEN KINDERN DIE FREUDE DES SELBER-ENTDECKENS

GREIFEN SIE NICHT ZU FRÜH MIT ERKLÄRUNGEN VOR

SETZMASCHINE

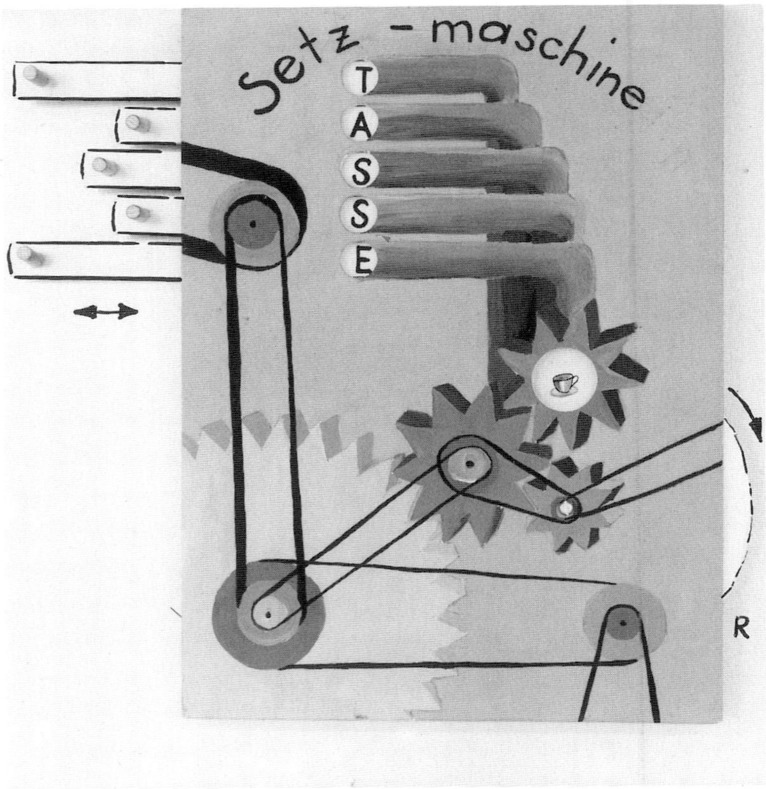

Wenn die Kinder die Radscheibe (R) drehen, erscheint im runden Fenster ein Bildchen. Das Wort dazu muss mit den Schiebebuchstaben gesetzt werden. Dabei erfahren die Kinder:

- dass mit wenigen Buchstaben verschiedene Wörter geschrieben werden können.
- dass z.B. bei den Wörtern TANNE / TASSE nur die beiden Doppellaute verändert werden müssen.
- dass Wörter auch mit nur **GROSSBUCHSTABEN** geschrieben werden können.
- dass Wörter auch **vertikal** geschrieben werden können.

Bauanleitung: siehe (22)

Kopiervorlage: siehe ❷❷

H	T	W	F	R
A	O	U	E	I
S	G	D	R	N
E	S	I	N	T
N	R	T	O	E

Beschriftung der Schieber

WORT STRUKTUR / SILBEN

ES VERSTECKEN SICH ABER NICHT NUR BUCHSTABEN IN WÖRTERN, SONDERN

GANZE W Ö R T E R !

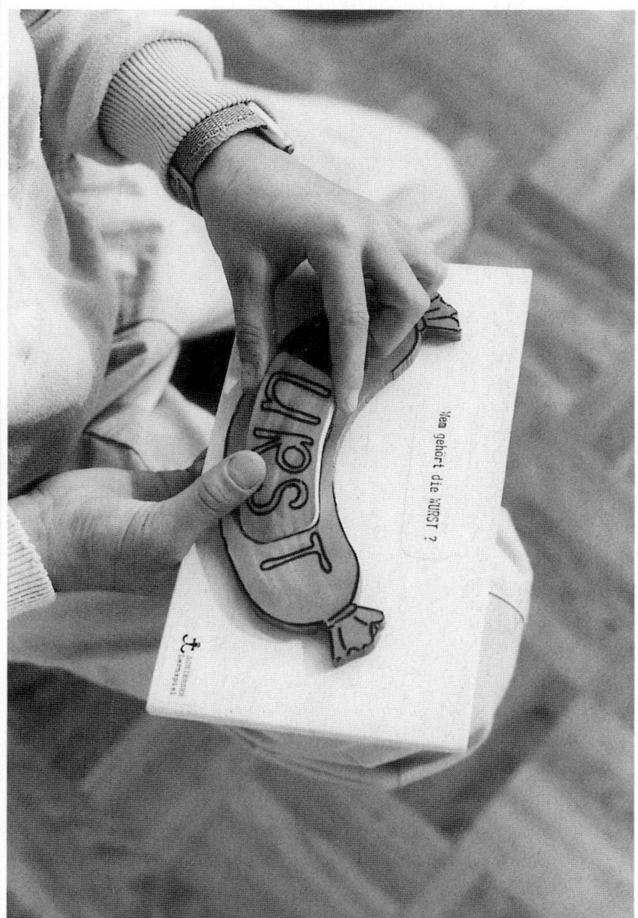

DAS SIND SPIELE, DIE IM EIGENTLICHEN SINNE

AUF DER HAND LIEGEN

EINLEGEWÖRTER

23

Dazu braucht es keine besondere Erklärung. Der Zusammenhang liegt **'auf der Hand'**. Das gleiche ist auch zu sagen von den Schachtel- und Wendewörtern. (siehe (24) (25))

Kopiervorlage mit Bauanleitung: siehe 23

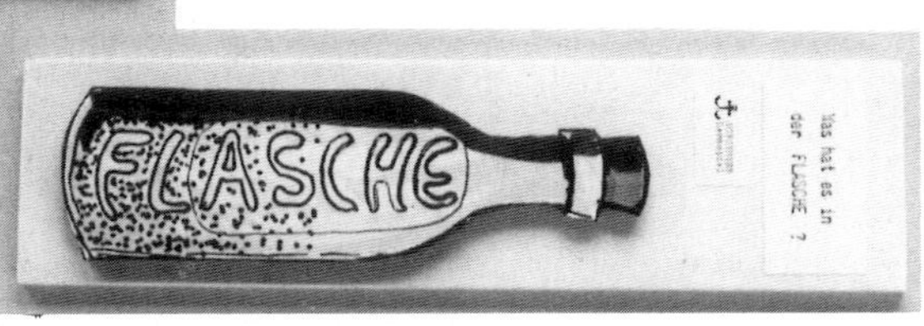

Wem gehört die W(URS)T? **Was hat es in der FL(ASCHE)?**
Wovon handelt der B(ERICH)T? **Wer hat keine F(LÜGE)L?**

Das sind recht unterhaltsame, als reine Sprachspiele für Erstklässler aber anspruchsvolle Spielereien. Als **Dreh-, Einlege-, Wende-, Schiebe-** oder **Schachtelwörter** sind sie unmittelbar verständlich und **einsehbar,** werden sie im wahrsten Sinne des Wortes ein 'Kinderspiel'.

SCHACHTELWÖRTER

24

Die Herstellung (am einfachsten aus Sperrholz oder dickem Karton) ist aus den Bildern ersichtlich und muss nicht detailliert beschrieben werden.

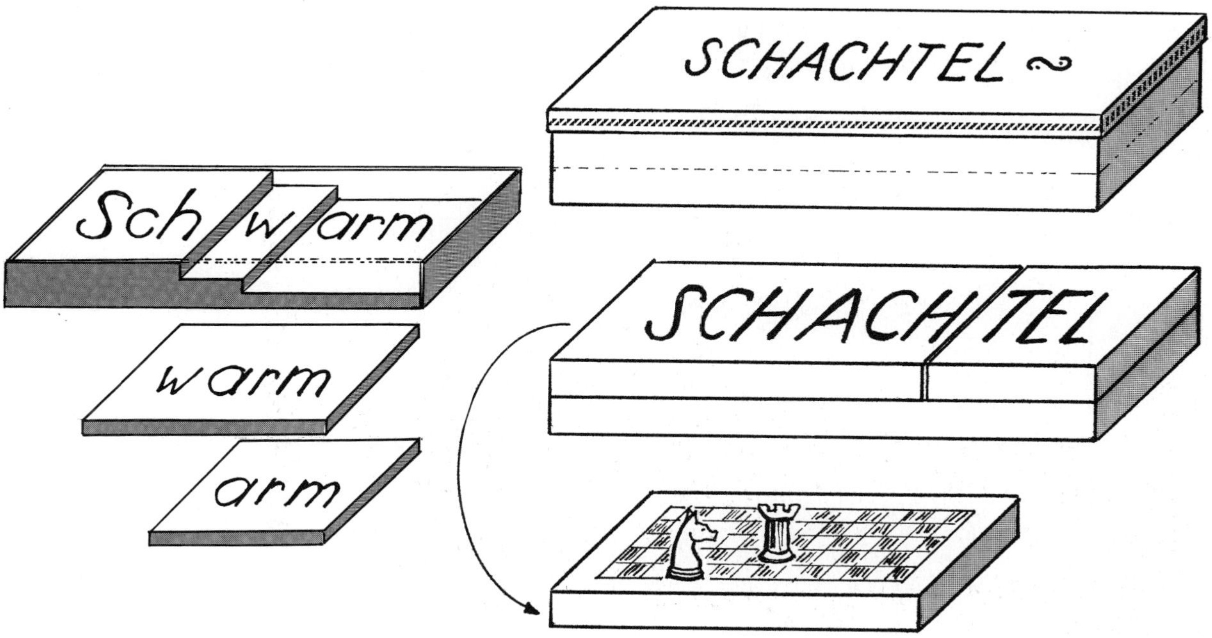

WENDEWÖRTER

25

Solche 'Wendewörter' lassen sich sehr einfach herstellen, als Scharniere können starke Klebstreifen dienen. Masse ca. 3 x 15 cm.

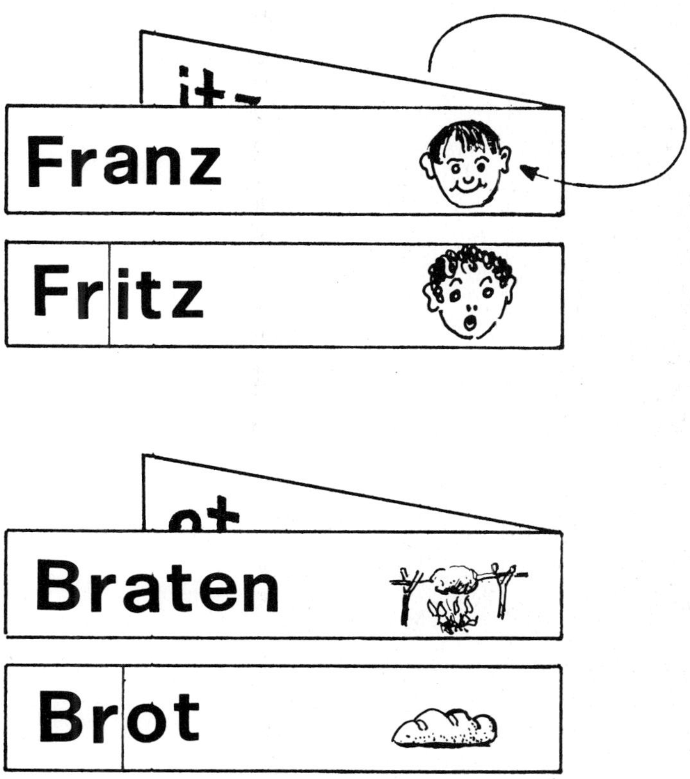

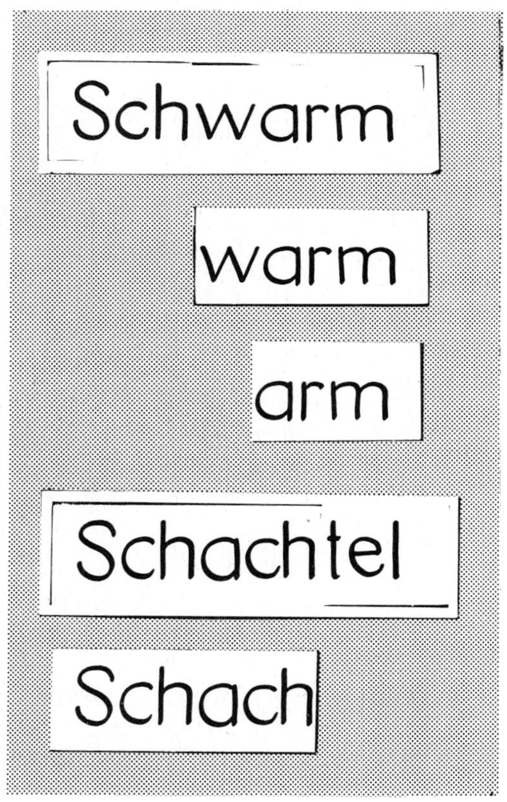

BIBABO-SPIELAUTOMAT

(26)

(SILBENVERBINDUNGEN)

Die Kinder können die sich im Kasten befindlichen doppelseitig beschrifteten **Silbentäfelchen** selber in die Fächer einfüllen.

Das Spiel kann verschiedenartig eingesetzt werden:
- Es werden nur in zwei Fächer Einzelbuchstaben od. Silben eingefüllt.
- Es werden Silben in drei Fächer eingefüllt.
- Im 3. Fach werden schwierige Endsilben (gelbe Täfelchen) eingefüllt.

Wenn die Kinder auf einen der roten Knöpfe drücken, fällt ein Silbentäfelchen ins Kästchen. Dadurch entstehen laufend neue Silbenkombinationen in unzähligen Varianten. Zugegeben, das ist eine BIBABO-Maschine! Die sich beständig verändernden Kombinationen erzeugen aber eine gewisse Spannung und strahlen eine erstaunliche Anziehungskraft auf die Kinder aus. (Nonsens und ab und zu Wörtchen).

Die Silbenkombinationen können erschwert werden, wenn farbige Zwischen- und Endsilben in die entsprechend gefärbten Fächer eingefüllt werden.

Werden nur einzelne Buchstaben eingefüllt (z.B. K O R), ergeben sich manchmal Wortanfänge: Korb, Korn usw.

Probleme /Tätigkeiten: Uebung der formalen Lesefertigkeit, Artikulation, Kombination usw.

Bauanleitung: siehe (26)

Material:
- 15 Silbentäfelchen oder mehr (Masse siehe Bauanleitung)
- Täfelchen mit den untenstehenden Silben beschriften und mit Deckfolie überziehen.

Die Täfelchen werden beidseitig mit Silben beschriftet und reichen so für folgende 30 gut kombinier- und lesbare Silben:

Einzel-Vokale	Konsonanten u. Vokale	zwei Konsonanten mit Vokal	Zwischen- u. Endsilben, diese müssten mit farbiger Deckfolie überzogen und das letzte Fach mit gleicher Farbe markiert werden
a/e/i	bu/da/fi/ge	bre/bla/dri	
usw.	ha/ku/le/mi	fla/flo/kro	
	no/pa/ro/su	gru/gli/kra	
	ti/va/we/zu	pri/plu/tra	lb (Kalb) cht/chst
		sto/spi	ld (Geld, Gold)
			ng/nd (Mond) nk/ns/nz

Eine andere Silbenreihe liesse sich mit Vokalen als Anlaut zusammenstellen.

WÖRTER RÜCKWÄRTS LESEN 27

Von sich aus werden Kinder kaum auf die Idee kommen, Wörter rückwärts zu lesen. Das ist genau genommen horizontal auch nicht möglich (nur vertikal), da die Buchstaben auf die falsche Seite schauen.

Wenn die Kinder aber an diesem Gerät die Buchstaben um 180 Grad drehen, erscheint auf der Rückseite das Wort in der **Umkehrung**: LEBEN / NEBEL, REGEN / NEGER.

Die Herstellung eines solchen Apparätchens sollte keine allzugrossen Schwierigkeiten bereiten. Man beschriftet die Buchstabentäfelchen beidseitig (REGEN, daraus wird nach der Drehung NEGER; LEBEN -- NEBEL). Doch sollten die Wörter auf jeder Seite verschieden gross und -farbig geschrieben werden, damit kein verwirrendes Durcheinander entsteht.

SILBEN-ZUSAMMENSETZSPIEL (28)

Dazu ist keine Erklärung nötig. Die Herstellung stellt keine grossen Probleme.

Material / Bauanleitung: - 2 Sperrholzplatten ca. 6 mm dick, Grösse 23 x 32 cm
- Bild- und Worttäfelchen mit Laubsäge aussägen
- Bildchen (Kopiervorlage: siehe (28)) ausmalen, mit Deckfolie überziehen und aufkleben
- Worttäfelchen beschriften und mit Laubsäge **mit markanten** Schnitten zweiteilen

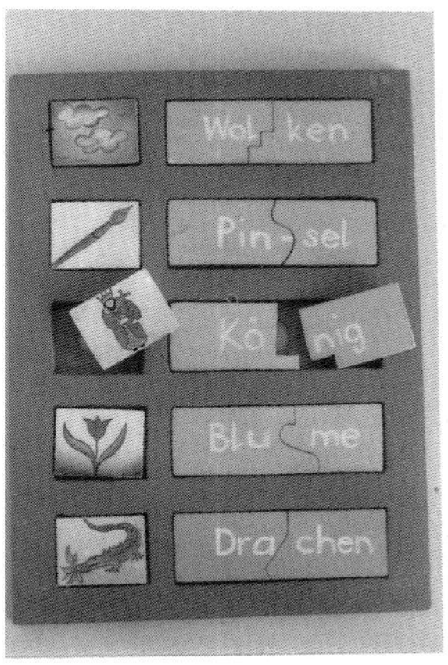

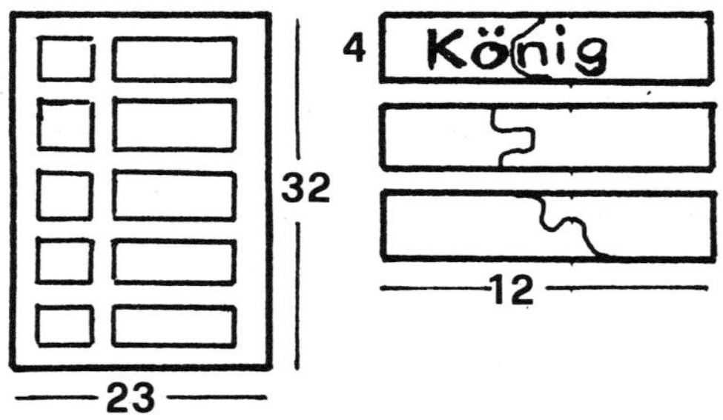

ZOOTIERE (SILBENZUSAMMENSETZSPIEL) (29)

Ein solches Spiel kann analog auch mit anderen Tieren oder Gegenständen hergestellt werden. Den einzelnen Puzzleteilen sind **Silben** zugeordnet.

Material /Bauanleitung: Die Kopiervorlagen (siehe (29)) werden auf das richtige Format vergrössert und auf Sperrholzplatten (6 mm) übertragen, dann bemalt und beschriftet.

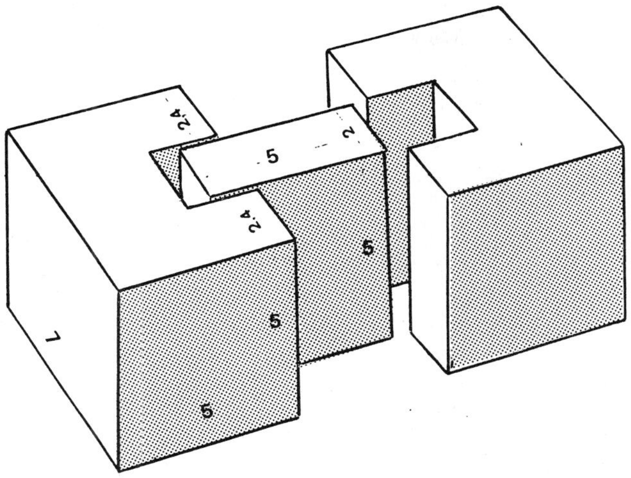

STECKBLÖCKE (SIGNALGRUPPEN) 30

Die Signalgruppen-Blöcke können mit den entsprechenden Klötzen zu Wörtern zusammengesetzt werden. Richtig integriert, stimmt die Farbe mit der Farbe auf der Rückseite der Blöcke und Klötze überein. Die Kinder können sich auf diese Weise selber kontrollieren, oder aber die Farbe als Suchhilfe benützen.

Problem /Tätigkeiten: Umgang mit Signalgruppen, suchen, kombinieren, erlesen, Zusammenhang erkennen, kontrollieren.

Material / Bauanleitung:

- gemäss Abbildung aus Profilstäben Blöcke und dazu entsprechende Klötze herstellen
- zwei zusammengehörende Blöcke werden jeweils gleich gefärbt und beschriftet
- alle Signalklötze werden mit der gleichen Farbe (ihre Rückseite mit der entsprechenden Klotzfarbe) bemalt und beschriftet

ZAUBERWÜRFEL (31)

Die Buchstaben- und Silbenwürfel ergeben in den verschiedenen Kombinationen diverse Nomen. Die Kinder würfeln, lesen das entstandene Wort und legen ins entsprechende Bildkästchen einen Holzknopf.

Die Lösung kann auf folgende zwei Arten gefunden werden:

- Die Kinder vergleichen das auf den Würfeln entstandene Wort mit den Wörtern in den Kästchen und erschliessen anhand der Bilder deren Bedeutung.
- Die Kinder erlesen das Wort und suchen das entsprechende Kästchen.

Problem /Tätigkeiten: Wörter aufbauen, Reimwörter; erkennen, dass gleiche Elemente in verschiedenen Wörtern vorkommen; würfeln, vergleichen, zuordnen.

Material / Bauanleitung:
- Sperrholzgrundplatte (31 x 31 cm)
- Fächlein aus dünnen Leisten zusammenleimen (5 x 4,5, cm)
- 2 Blancowürfel**
- 24 Astholzknöpfe** (ca. 2,3 cm Ø)
- Bilder anmalen und in Fächlein einkleben. Kopiervorlage: siehe 31
- Masse:

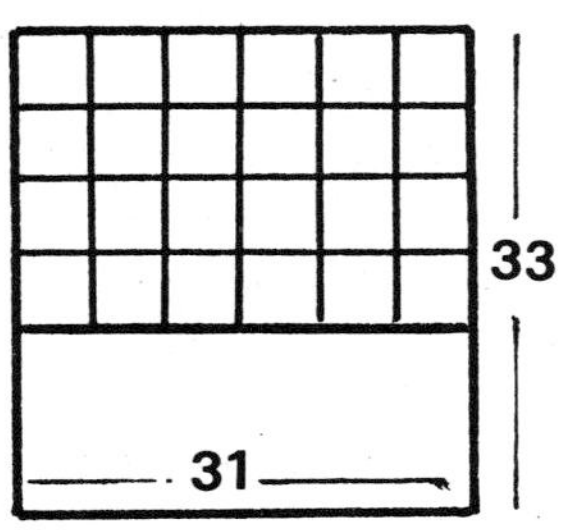

- Würfelbeschriftung:

1. Würfel	2. Würfel
H	ohn
R	und
L	auch
S	and
M	eute
B	auer

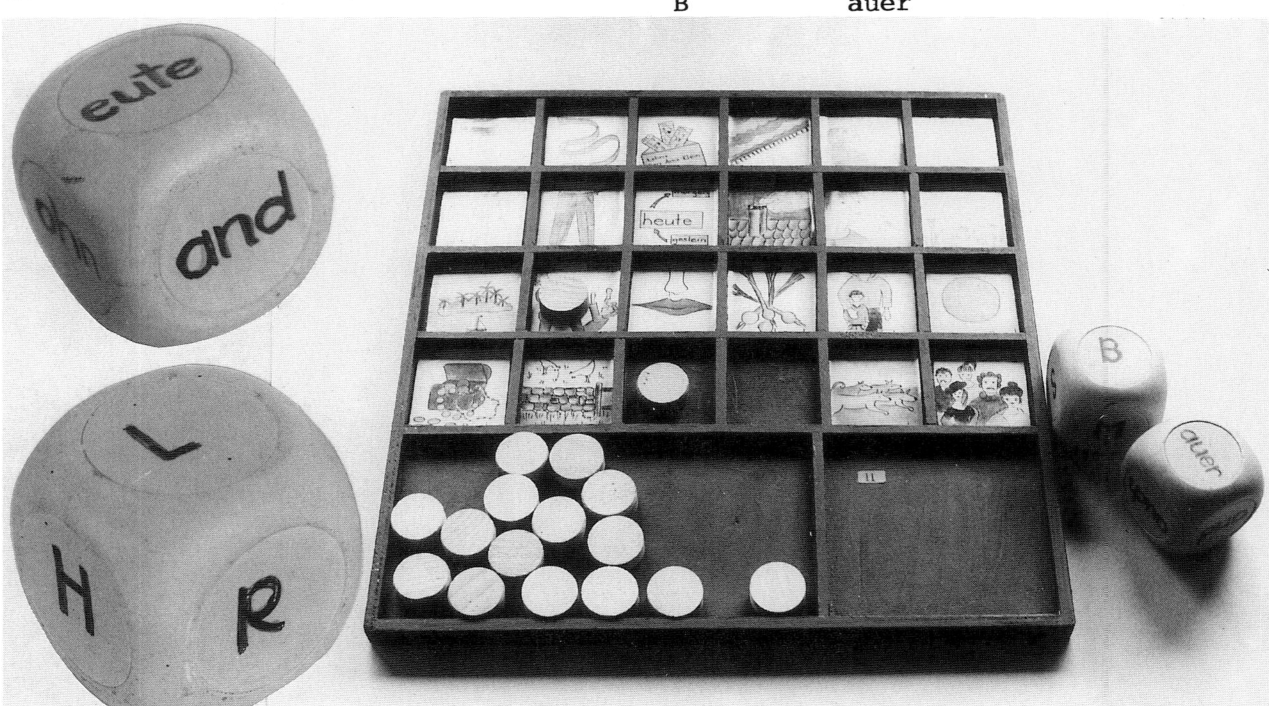

STECK- UND LEGESPIEL

32

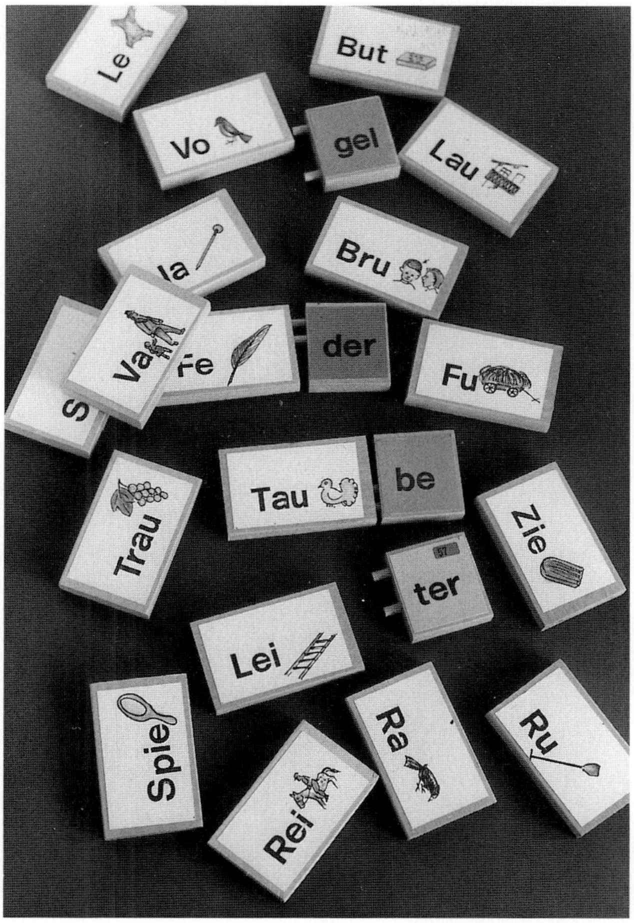

Die Kinder können die angefangenen Wörtchen auf den Holztäfelchen ergänzen, indem sie die Endsilben suchen und die beiden Teile zusammenfügen. Dabei erleben sie, dass es verschiedene Wörter mit gleichen Endsilben gibt (diese sind mit entsprechenden Farben markiert). Bildchen dienen als Lesehilfe.

Statt Holztäfelchen können auch nur Blanco-Dominokärtchen** verwendet werden. Bei der Spielform mit mehreren Kindern braucht es zusätzlich einen Würfel mit den entsprechenden Silbenfarben.
Spielregel: Die Kinder legen die verteilten Kärtchen vor sich hin und würfeln. Haben sie ein Kärtchen, das zu der entsprechenden Silbe (Farbe) gehört, dürfen sie es abstossen.

Material / Bauanleitung:
- 20 Holztäfelchen à 7 x 5,5 cm, 4 Endungstäfelchen à 4,5 x 5,5
- anstelle der Holztäfelchen können auch einfach Blanco-Dominokärtchen** verwendet werden
- 1 Blanco-Würfel**, die Seiten werden mit den entsprechenden 4 Farben der Endsilben versehen, zwei Flächen als Joker
- Kopiervorlage (siehe 32) bemalen, mit Deckfolie überziehen und auf Kärtchen oder Täfelchen kleben

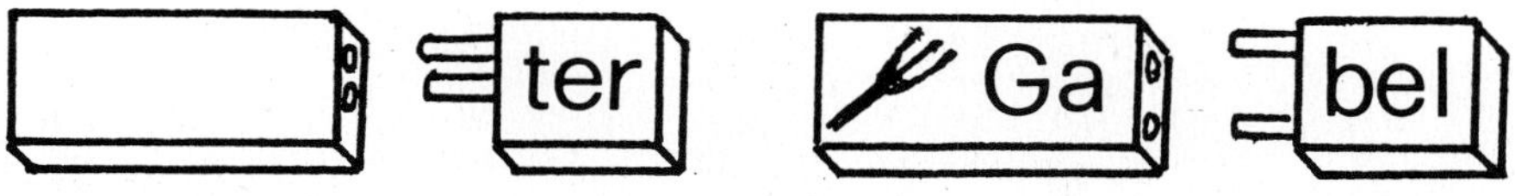

DER WEG ZUR ENTDECKUNG DER INNEREN, GEISTIGEN WELT
FÜHRT ÜBER DIE ÄUSSERE, SINNLICHE WAHRNEHMUNG.

STECKKASTEN I / II

(33) (34)

Bei beiden Geräten (S/I u. S/II) spielen die Kinder zuerst mit den Täfelchen und probieren aus, welches wo hinein passt. Sie entdecken, dass diese in drei Gruppen eingeteilt werden können. Sie erleben also primär ein von der Sprache unabhängiges Ordnungsprinzip, wobei dieses bei S/I nicht einsehbar ist. Bei S/II können die Täfelchen nach überprüfbaren Merkmalen (FORM, GRÖSSE und DICKE) geordnet und sortiert werden.

Analog den Merkmalblöcken in der Neuen Mathematik operieren die Kinder hier in einem **'funktionalen Vorfeld'**. Dort im pränumerischen, hier gewissermassen im präverbalen Bereich.

Erst in der Folge erkennen die Kinder auch den sprachlichen Bezug (d.h. das sprachliche Prinzip), nach dem die Täfelchen geordnet sind:

- Bei S/I steht das Ordnungsprinzip in Verbindung mit einer **Zeichen-Laut-Beziehung**, im Sinne einer einfachen Regel: 'Am Anfang eines Wortes werden St, Sp wie Scht, bzw. Schp gesprochen; oder Schreibweise umgekehrt.' Zur Lesehilfe gibt es auf jedem Täfelchen ein entsprechendes Bildchen.
- Bei S/II erfolgt die Zuordnung (auf **semantischer** Ebene) nach den Endungen: sam, lich, ig.

Bauanleitung: zu beiden Kästen (siehe (33) (34))

STECKKASTEN II

St
Sch
Sp
lange
eer
uhl
ern
raube
arqel
eck

SPIELHAUS
KINO REX
KASSE

DREHSCHEIBE (ZUSAMMENGESETZE NOMEN)

(35)

Dieses Drehspiel wird auf der Rückwand der Filmdrehscheibe angebracht. (siehe PROTOTYP S. 168/169, wo auch die Bauanleitung zu finden ist.)

Beim Drehen der Filmscheibe erscheinen im Fenster verschiedene Bildchen und die dazugehörenden Wörter. Zusammen ergeben sich so fortlaufend **zusammengesetzte Nomen:**
Wiesen-Blumen-Garten-Haus-Dach-Ziegel-Stein-Bock-Leiter-Spiel-Auto-Rad.
Die zusammengesetzen Nomen erscheinen mit den dazugehörenden Bildern. Die einzelnen Nomen befinden sich auch im Kästchen (siehe Prototyp).

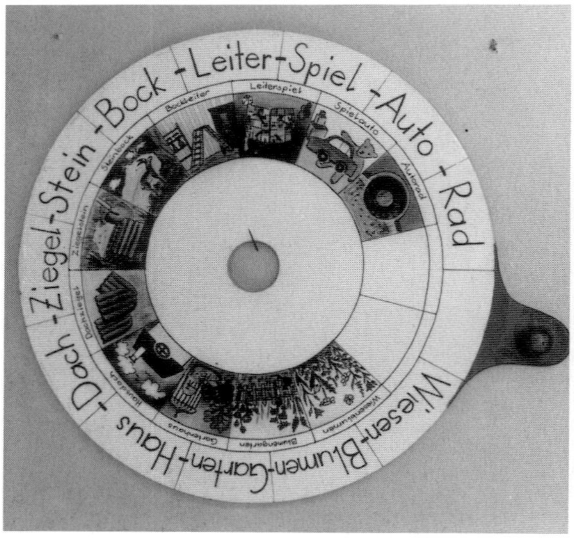

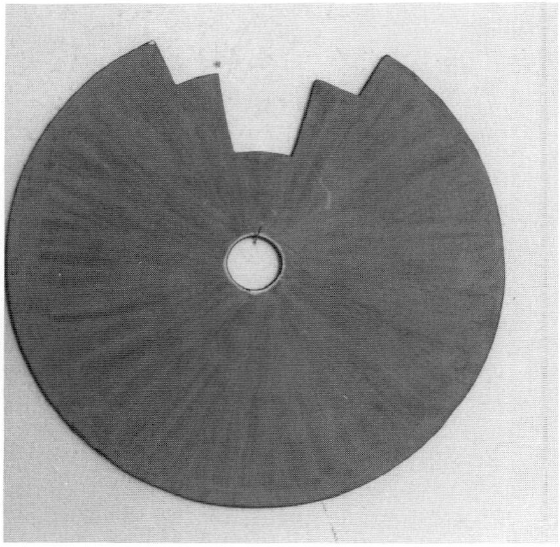

ZWEI SPIELZEUGE ZU 'FAHREN'

EINACHSER

(36)

Beim Einachser erfährt das **Verb 'fahren'** durch die Vorsilben (nach, zu, auf, hin, ab, vor, ein, über) eine ständige **Sinnveränderung.**

Auf dem Seitenrad entstehen mit **'Fahr-'** zusammengesetzte Nomen: **Fahrrad/** Fahrplan/ Fahrzeug/ Fahrausweis/ Fahrgestell/ Fahrer.

Bauanleitung: siehe (36)

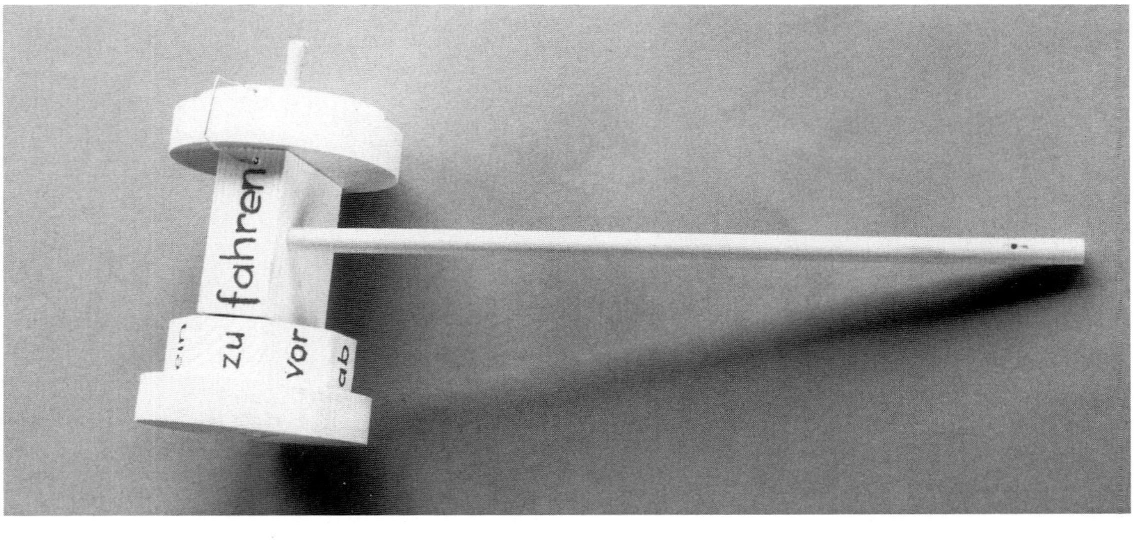

VIERACHSER

Beim Vierachser ergeben sich Dinge, die fahren: TRAX/ TRAM/ LOKI/ VELO TAXI/ AUTO/ BAHN/ TÖFF.

Die einfache Bauweise ist aus dem Bild ersichtlich.

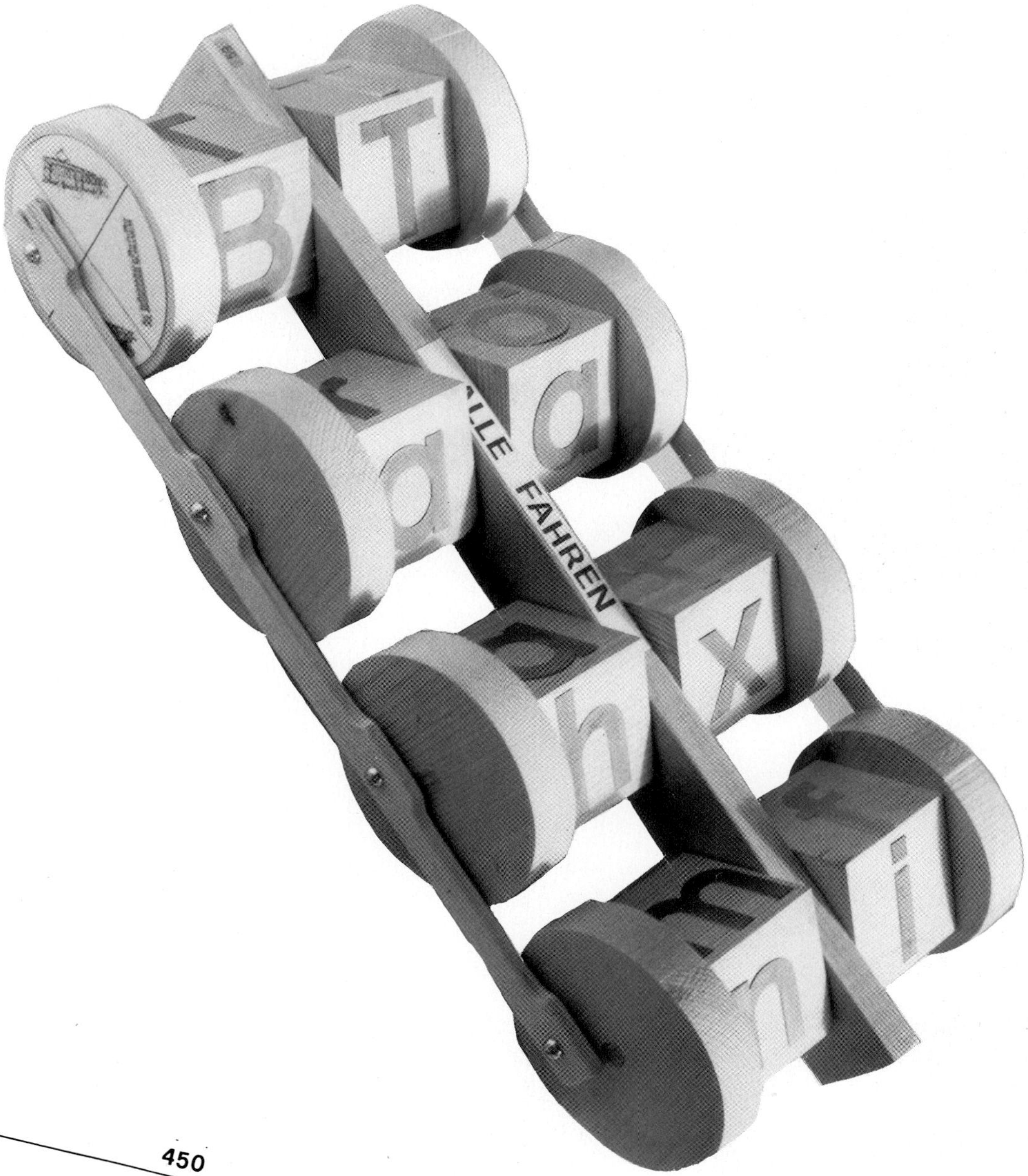

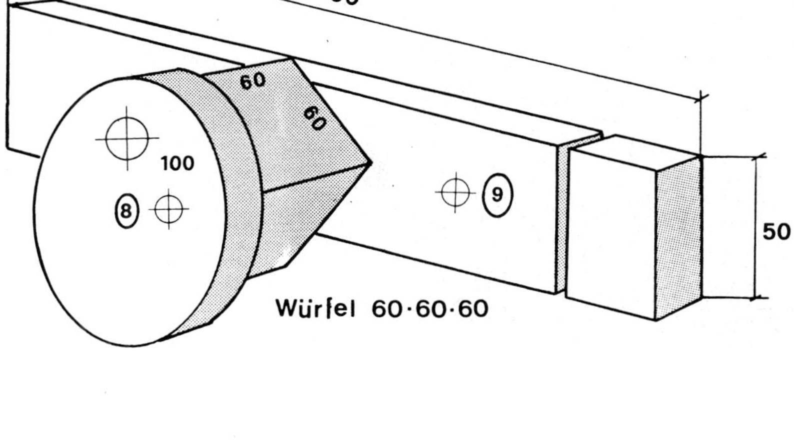

WORTAUF- UND ABBAUSPIEL

KASPERTHEATER

Im **Spielhaus** befindet sich neben den **Kasperlifiguren** auch eine Tafel mit Namenschiebern und kleinen Bildern der Spielfiguren. Die Kinder können die Schieber herausziehen oder hineinschieben. Dadurch werden die Namen der Figuren auf- oder abgebaut. Die dazugehörenden Bilder können aufgedeckt werden und ermöglichen den Kindern zu kontrollieren, ob sie die Namen richtig gelesen haben.

Eine detaillierte <u>Bauanleitung</u> erübrigt sich, da die Schieber ähnlich wie bei der Setzmaschine konstruiert werden können. Die Figurenbilder werden mit einem beweglichen Deckel zu- oder aufgedeckt.

FARBENSPIEL

39

Die Kinder können die farbigen Ansteckkugeln (kleine Ballone) entweder zum entsprechenden Artwort (blau, rot, violett usw.) stecken und nachher auf der Rückseite nachsehen, ob sie alle richtig zugeordnet haben. Oder aber, sie stecken die Kugeln auf der anderen Seite ein und versuchen anschliessend, die Farbennamen zu lesen.

<u>Material / Bauanleitung</u>:

- Sperrholzgrundplatte (8 mm dick) 35 x 51 cm
- mit Klavierband an Innenhauswand befestigen
- Holzperlen** Ø 3 cm, 4 cm lange Rundstäbchen** einleimen und bemalen
- beide Plattenseiten nach Belieben gestalten und bemalen, dabei darauf achten, dass die Wörtchen gleichmässig verteilt sind

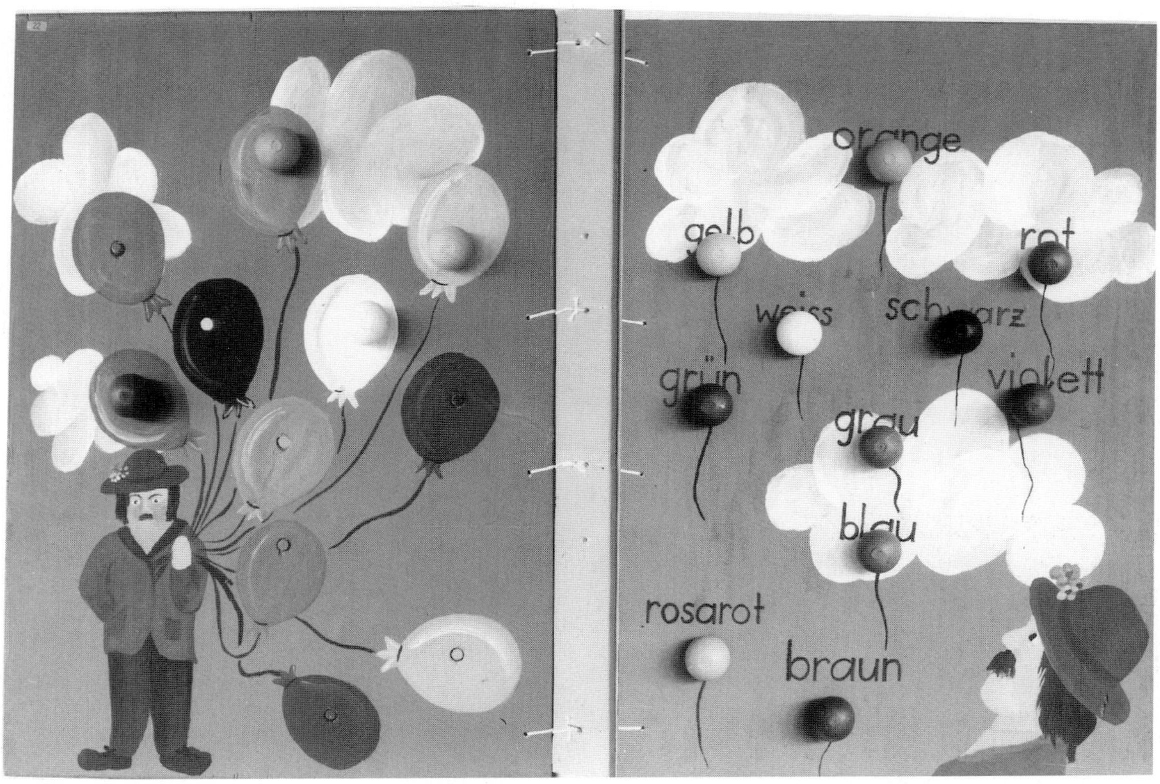

LERNEN OHNE LEISTUNG GIBT ES NICHT, ES KOMMT ABER DARAUF AN, UNTER WELCHEN UMSTÄNDEN SIE ERBRACHT WERDEN MUSS.

WORT / SATZ GRAMMATIK: ERSTE EINSICHTEN

Ganz am Rande sei vermerkt, dass erste Einsichten in grammatische Zusammenhänge den Kindern eine förderliche Hilfe beim Lesenlernen sein können. Obwohl die Sprache für Erstklässler selten ein Gegenstand ist, über den sie reflektieren, können einfache grammatische Zusammenhänge auf 'begreifbare' Weise dargestellt werden, die es ihnen ermöglicht, diese 'handelnd' zu erleben und zu erkennen.

Beispiele:
- Artikel siehe (40) (41)
- Wortarten
- Zusammengesetzte Nomen siehe (35)
- Einzahl-Mehrzahl siehe (42)
- Vorsilben /Verbenveränderung siehe (36)
- Gross- /Kleinbuchstaben, bzw. -schreibweise
- Verkleinerungsformen
- Satzaufbau /Umstellung der Wörter siehe (43)

usw.

DER/ DIE/ DAS - STEMPEL (40)

Es liegen die drei Artikel-Stempel** und ein Stempelkissen auf, ferner mit Bildern versehene Vervielfältigungen.

Die Kinder dürfen nun zu den Bildern die entsprechenden **Artikel** stempeln.

DER/ DIE/ DAS - LEGEWAND

(41)

Hier handelt es sich um das gleiche Problem wie beim Stempelspiel, aber um eine andere Darbietungsvariante.

Wie aus nebenstehendem Bild ersichtlich ist, müssen die Bildertäfelchen der entsprechenden Artikel-Kolonne zugeordnet werden.

Material /Bauanleitung:
- die Kopiervorlage siehe 41
  bemalen, mit Deckfolie überziehen, in Bildchen zerschneiden und auf Holztäfelchen leimen
- in alle Täfelchen ein Loch zum Aufhängen bohren

SCHIEBER

(42)

Wenn der Schieber mit dem Stab hin- und herbewegt wird, verändern sich die Wörter und Bilder in den Fenstern.

Kuh - Kühe / Vogel - Vögel / Zahn - Zähne / Baum - Bäume

Auf der Stirnseite des Schiebers erscheinen in runden Fensterchen bei den Mehrzahlformen die entsprechenden Umlaute: **ü ö ä äu .**

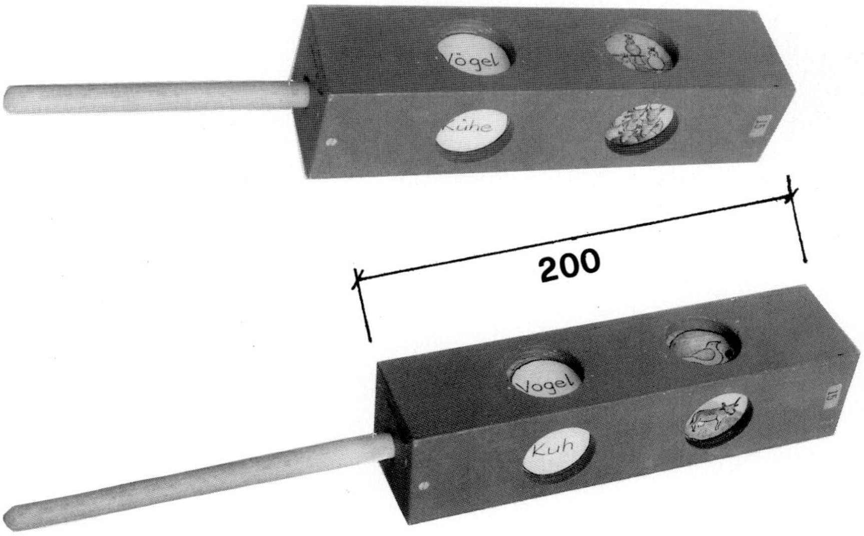

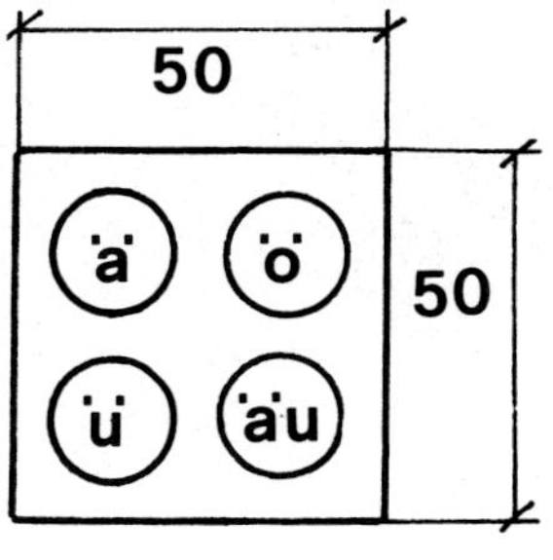

WORTBLÖCKE (43)

Die Wortblöcke (Wortarten in den **Farben nach Glinz**) können gedreht und beliebig zusammengesetzt werden, so dass verschiedene Sätzchen (auch Unsinnsätzchen) entstehen: Satzbau verändern, Umstellproben, neue Sinnzusammenhänge herstellen, Fragestellung usw.

<u>Material / Bauanleitung</u>:
- quadratische Holzlatte (ca. 4 x 4 cm), davon Wortblöcke absägen
- Blöcke nach Wortarten einfärben und beschriften (4 Sätzchen)

WÖRTER- ODER SATZSCHLANGE (44)

Die mit einem Gummizug versehene **kaum lesbare Wörterschlange** kann so geknickt oder gestreckt werden, dass ihre Segmente (Wörter) **einzeln hervortreten,** und so den Kindern das Entziffern ermöglichen.

<u>Bauanleitung</u>: siehe (44)

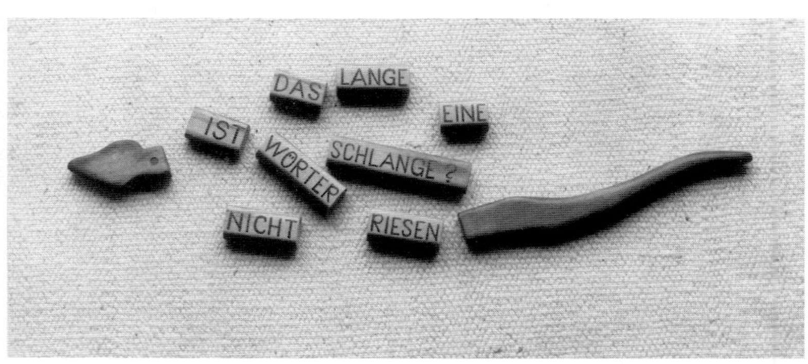

Hansheinrich Rütimann

LESEFIBEL FÜR ERWACHSENE

Einleitung

Im Laufe der Zeit sind schon unzählige Lesefibeln für Kinder verfasst worden. Warum eigentlich - meines Wissens - noch nie eine für Erwachsene? Die Frage, wie eine solche beschaffen sein müsste, hat mich nicht mehr losgelassen.

Ich versuchte mich zu erinnern, wie ich lesen gelernt, mir dieses Können angeeignet hatte. Ich stellte fest, dass meine Erinnerungen unscharf und spärlich sind, erstaunlich rar, wenn ich bedenke, zu welcher Fertigkeit ich es auf diesem Gebiet, im Vergleich zum Klavierspielen etwa, gebracht habe.

Lesen ist mehr als eine blosse Fertigkeit. Lesen ist - wie die Beherrschung eines Musikinstrumentes - eine **Kunst**. Neben dem Sprechen wohl die verbreitetste. Was das bedeutet, muss man sich einmal vergegenwärtigen!

Sprechen lernt man, ehe man eine Ahnung davon hat, was Sprache ist. Das Lesenkönnen hingegen fällt einem nicht selbstverständlich zu. Weshalb eigentlich nicht?

Ich erinnere mich an meine erste Schulzeit. Etwas vom ersten, was wir lernen mussten, war still sitzen. Durften wir einmal ans Pult treten, wo die Lehrerin einige Gegenstände zum Betrachten hingelegt hatte, dann nur mit verschränkten Armen oder mit den Händen auf dem Rücken. «Mit den Augen schauen, nicht mit den Händen», hat sie uns gelehrt.

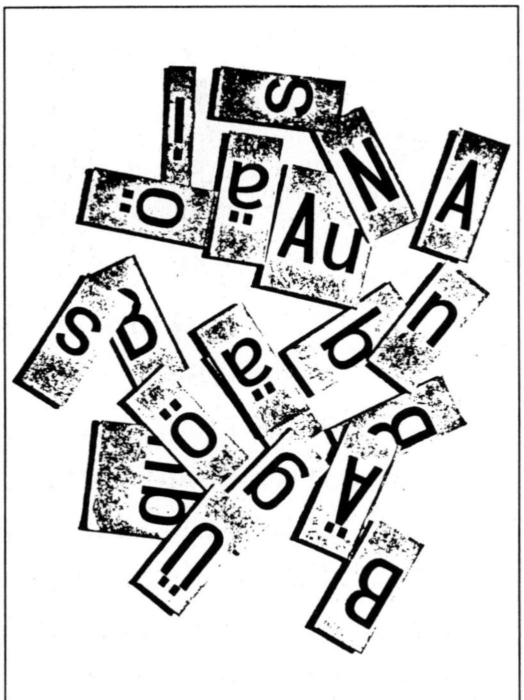

Zum Lesen brauchten wir damals keine Hände. Allerhöchstens den Zeigefinger, um den Buchstaben eines Wortes entlang zu fahren. Das andere bewältigten wir mit **Kopf, Herz** und **Mund.**

Darauf war die Lehrerin immerhin bedacht, dass auch das Herz dabei war. Auch beim Lesenlernen.

Die **Hand** kam erst später hinzu, beim Übermalen der Buchstaben z.B., welche sie uns ins Heft vorgeschrieben hatte, oder nach der Schule, wenn es galt, die unzähligen Buchstabentäfelchen wieder alphabetisch im Setzkasten zu ordnen, den ich Unglücklicher aus Unachtsamkeit von der Bank gestossen hatte.

Doch das Ungemach war vergessen, sobald die Lehrerin ein neues Fibelblatt austeilte. Da ging mir jedesmal eine neue Welt auf. Und was die Lehrerin nicht alles darüber zu erzählen wusste!

Ausser der Fibel, der Wandtafel, dem hinterhältigen Setzkasten und dem stetig wachsenden Buchstaben-Bilderfries an der Zimmerwand kann ich mich an keine anderen Lesehilfsmittel erinnern. Begriffe wie kognitiv, emotional oder psychomotorisch existierten nicht im didaktischen Vokabular meiner Lehrerin. Dennoch hatte sie es verstanden, unsere Psyche zu bewegen - und wie!

Zu Hause allerdings, wenn es dann galt, den Sinn der schwarzen verwirrenden Zeichenreihen zu 'entziffern' (zu re- und dekodieren), war aller Zauber verflogen. Da tastete ich mich traumwandlerisch den Buchstabenreihen, Wörtern und Sätzchen entlang, stolperte, nach einem Sinn suchend, über kaum aussprechbare Silben und wartete darauf, dass etwas vom Wunderbaren, das ich in der Schule erlebt hatte, sich mir wieder offenbarte und die Bilder, in die ich mich versenkt hatte, ihr Geheimnis erneut preisgäben. Doch mein Bemühen war meistens erfolglos, strapazierte hingegen die Geduld meiner Mutter so stark, dass sie an der Begabung ihres Sohnes Zweifel hegte. Meistens erbarmte sie sich und las mir den Text so lange vor, bis ich ihn auswendig nachsprechen konnte. Heute weiss ich, dass sie es mit schlechtem Gewissen getan hatte.

Wie und mit wessen Hilfe ich es schliesslich schaffte, mich im Buchstabenlabyrinth zurecht und gar einen Sinn darin zu finden, ist mir heute noch nicht ganz klar. Ausser bei der privaten Lektüre im stillen Kämmerlein, machte ich in der folgenden Schulzeit wenig positive Leseerfahrungen.

Elsi komm heim!
Hans komm heim!
Lisi komm heim!
Ade Elsi! Ade Hans!

Lesen lernten wir mit der Lesefibel "Komm lies" von Emilie Schäppi, wobei ich mich allerdings mehr an die Illustrationen von Hans Witzig als an die Texte erinnere.

Komm Hanni,
wir lesen!
Re ra ri ru ro,
wir sind beide froh.
Rit ret rat rot rut,
Erstklässler lesen gut.
Heidi, heida, hei didel dum,
Wir legen eine Seite um.

Eine Fibel ist ein kleines Leselernbuch, wenn möglich auf kindertümliche Weise bunt bebildert. Und seit der 'Entdeckung des Kindes' darf sie auch unterhaltsam gestaltet sein, auf dass sich Lernen lustbetont und auf spielerische Weise vollziehe. Ja, in Anbetracht der neuesten Erkenntnisse der sogenannten Suggestopädie gehörte eigentlich auch ein musikalischer Sound - und zwar ein klassischer - dazu. Der liesse sich zum Beispiel leicht mittels eines jener elektronischen Musikapparätchen, die Glückwunschtelegramme zum Klingen bringen, verwirklichen, so dass jedes Mal beim Umblättern eine entsprechende Melodie erklänge. Die Methode ist nicht neu. Ich kenne einen Bauern, der hat vor Jahren schon in seinem Stall einen Radioapparat installiert. Nicht zum eigenen Hörvergnügen, sondern weil die Kühe, musikalisch stimuliert, mehr Milch produzieren. Der Begriff 'Effiziente Leistungssteigerung im Lernbereich' tönt auch in den Ohren vieler Schulgewaltiger und Eltern wie Musik.

Glücklicher Bruder Girlitz

Glücklicher
Bruder Girlitz
danke Gott
für dein
unbeschwertes
Gemüt
Wohlgeborgen
im runden Ei
träumst du
mit Liebe
umsorgt
dem Vogelleben
entgegen
musst nicht
singen können
bevor du
piepsen
kannst

Hh.R.

Leider haben wir in der vorliegenden kleinen 'Fibel für Erwachsene' aus Kostengründen auf diese Neuheit verzichten müssen. Dennoch hoffe ich, es sei mir gelungen, eine ansprechende, vor allem aber lehrreiche Schrift zu verfassen. Möge sie eine gute Aufnahme finden und zum persönlichen ergötzlichen Genuss der Leserinnen und Leser, vor allem aber zum Nutzen der ihnen anvertrauten Kinder beitragen.

Berner Fibel

Lassen wir nun aber die Betroffenen, nämlich

die Buchstaben,

um die es schliesslich geht, **selber** zu Wort kommen.

1. Teil

Der blühende Weissdorn
war mein erstes Alphabet

René Char

1. TEIL

Liebe Erwachsene,

Wir vier Vertreter der Gattung der **Buchstaben** haben es übernommen, Sie in die Wunderwelt der Schrift einzuführen und Ihnen die darin verborgenen Geheimnisse zu enthüllen.

Dürfen wir uns Ihnen gleich vorstellen? Schade, dass wir es nicht 'klingend' tun können. Wir hätten es sonst mit unserer häufig von Kinderchören gesungenen **ABC-Internationalen** getan, welche von Kindern früher oder später - je nach Methode - gelernt und meistens auch mit Inbrunst zum besten gegeben wird. Warum es ausgerechnet ein Marschlied ist, werden Sie bald selber herausfinden.

Da uns nun einmal die akustische Präsentation versagt bleibt, stellen wir uns auf die Weise vor, zu der wir schliesslich erschaffen worden sind - nämlich **schriftlich**.
Und damit Sie es gleich wissen, was es mit diesem 'uns' für eine Bewandtnis hat, wer Sie folglich durch diese Fibel begleiten wird, stellen wir uns Ihnen mit höflichem Knicks (oder Knix oder Kniggs?) gleich vor:

Und hier präsentieren wir Ihnen gleich noch unsere Visitenkarten:

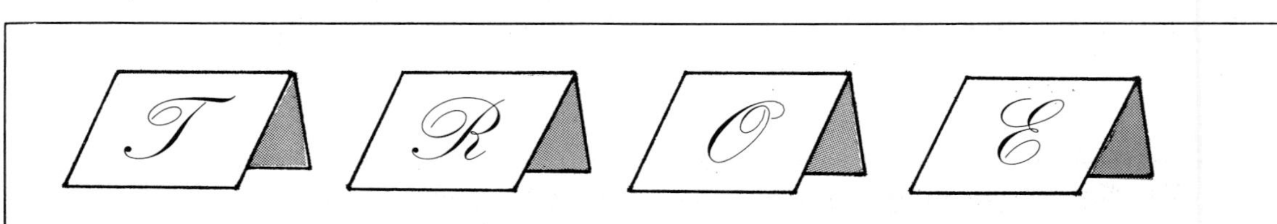

Aber bitte, **sprechen** Sie unsere Namen auch **richtig** aus:

Te eR O E

Denn unter diesem Namen figurieren wir seit Jahrhunderten in aller Leute Mund, auch in den Fibeln. Zugegeben, die korrekte Aussprache unseres Namens hat immer wieder zu Schwierigkeiten geführt und Verwirrungen gestiftet. Es besteht hier nämlich ein ähnliches Problem wie bei Madame Beau, deren Namen man **Beau** schreibt, aber ganz einfach '**Bo**' ausspricht. Wohlgemerkt, mit einem weichen B, um peinliche Verwechslungen zu vermeiden! Nur liegt hier der Fall umgekehrt vor: Unser Name wird ganz einfach **T** bzw. **R** geschrieben, aber ausgesprochen wird er **Te** bzw. **eR**.
Und desgleichen werden die meisten Konsonanten links oder rechts von Vokalen flankiert oder kommen breitspurig Arm in Arm mit anderen Artgenossen daher spaziert, wie Ypsilon, Zett und Jot. Das hat man sich schnell einmal gemerkt, zumal es, wie Sie selber festgestellt haben dürften, löbliche Ausnahmen gibt, die geschrieben und gesprochen gleich bleiben: z.B.

A E I O

Mehr Anstoss, als die Aussprache, erregt, dass wir ein **Doppelleben** führen und dabei eine mehr oder weniger gut erkennbare zweite Gestalt (Kleinbuchstaben) annehmen.

Oo Ee Tt Rr

Soviel Extravaganz aber überschreitet die Toleranzgrenze braver Bürger. Da **konforme Wesen** weniger Schwierigkeiten verursachen und diese leichter zu manipulieren sind, hat man uns in Angleichung an den sogenannten «Normalbürger» zu

Normallauten

zu vereinheitlichen versucht. So nennt man uns Konsonanten nur noch

Tt Rr und nicht mehr **Te (te) und eR (er)**

Aber lassen Sie sich nicht täuschen! Wir wissen unsere Individualität dennoch zu wahren. Wie, verraten wir Ihnen später.

Ueberhaupt sind wir (zu Ihnen im Vertrauen gesagt) **subversive** Wesen und verstehen es, uns zu verkleiden bis fast zur Unkenntlichkeit. Ja, manchmal erkennen uns nur noch Eingeweihte:

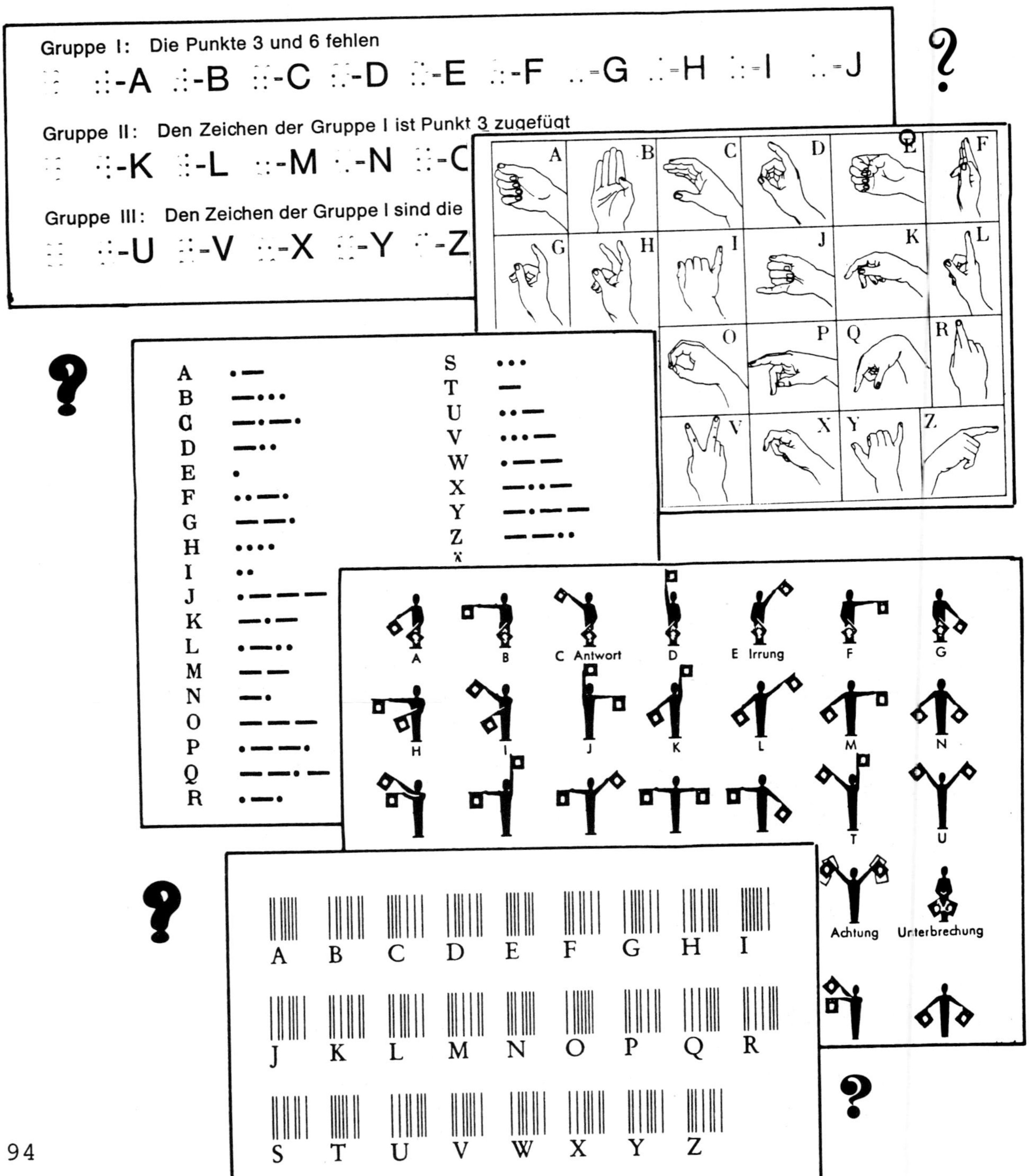

Und wenn es sein muss, tauchen wir sogar ganz unter. Mehr davon verraten wir Ihnen später (siehe Seite 26).

Dass wir ein Doppelleben führen, ist vielen ein derartiger Dorn im Auge, dass sich eine ganze Lobby mit dem schönen Namen 'Bund für vereinfachte Rechtschreibung' gegen uns verschworen hat. Doch vorläufig muss man diese unsere Eigenart - gern oder ungern - noch in Kauf nehmen, wenn man nicht unheilvollen Irrtümern aufsitzen will. Man ist sich noch nicht ganz im klaren, wie man folgende Wörter ohne unsere Eigen- bzw. Unart unterscheiden könnte.

Feige - feige   arm - Arm

Wie man dieses Dilemma umschiffen kann? Man schreibe die Wörter einfach **GROSS**! Wobei allerdings das Problem wiederum nicht in jedem Fall gelöst werden kann.

Wie unlogisch die Menschen nämlich mit dieser unserer Eigenart (Gross/Klein-Schreibung) umspringen, zeigt sich, wenn sie von 'grossen' und 'kleinen' Buchstaben sprechen, z.B.:

F*f*

Diesem eben festgestellten, unscharfen Denkvermögen der Menschen, das sich im Umgang mit uns Buchstaben immer wieder zeigt, werden wir an anderer Stelle wieder begegnen. Ist es da nicht 'logisch', dass Kinder, die oft noch unverdorben logisch denken, nicht mehr ganz zu folgen vermögen und verwirrt werden? Zu der uns aufgezwungenen Konformität gehört auch die **Disziplin**, vor allem das **Strammstehen**. Wenn wir uns in Reih und Glied stellen müssen, dann immer von

links nach rechts !

Immer nach rechts orientiert, das gehört zu unserer Konformität.
Das heisst, wenn wir uns nicht gerade als Fassadenkletterer betätigen, z.B. am ☞

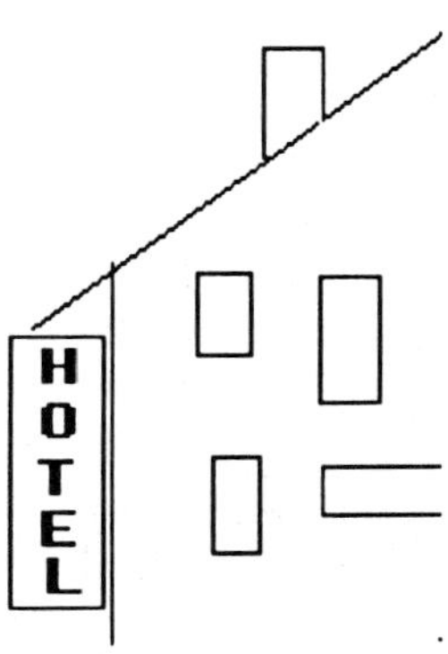

Wir sagen es Ihnen bei vorgehaltener Hand: Auch das ist wieder ein solch subversiver Charakterzug von uns: Von uns aus gesehen, richten wir uns natürlich stets nach links aus!

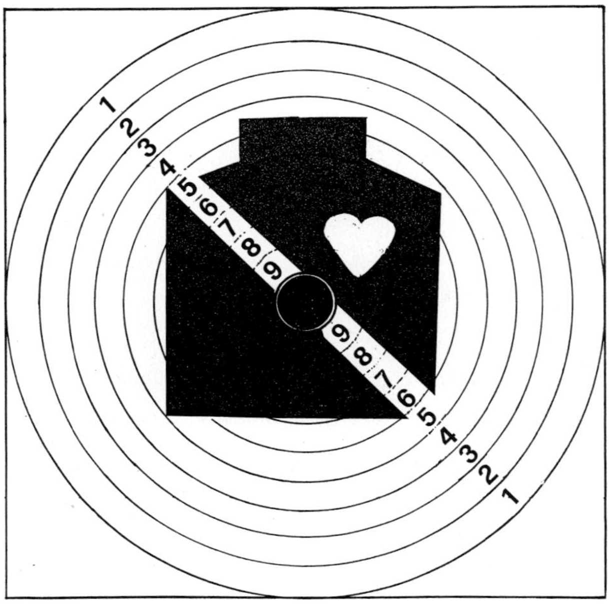

Passt es nicht auch zum Strammstehen, dass man die mit **Tornistern** ausgerüsteten Schulanfänger **ABC-Schützen** nennt, aber keine **Zahlen-Schützen** kennt? Ebenso bezeichnend scheint uns, dass man im Land der Schützen im Rechenunterricht meist nur die Volltreffer (20 richtig: Note 6), im Sprachunterricht hingegen meistens die geschossenen Böcke (zum Beispiel im Diktat: 3 Fehler = eine Note Abzug) zählt und bewertet.

Vielleicht haben Sie unterdessen auch herausgefunden, dass wir, gezwungenermassen, nicht nur ein etwas zwielichtiges Doppelleben führen, sondern dass unser Wesen, zu einer Art von Schizophrenie neigend, **gespalten** ist, aus einem

Graphem
und einem
Phonem

besteht, banal ausgedrückt, aus einem

Buchstaben
und einem
Laut.

Diese Veranlagung ist wahrscheinlich auf eine **Gen - Manipulation** zurückzuführen, der man uns in der Frühzeit unserer Entwicklung unterzogen hat. Damals wurde unser ganzheitliches als

Hieroglyphen

S K
S K

Die Sol-da-ten zie-hen in den Krieg.

Habt ihr
Ku-geln für die Ge-weh-re?
Ku-geln für die Ka-no-nen?
Habt ihr
Ka-no-nen und Ge-weh-re?
Sä-bel und Spies-se?
Ros-se und Wa-gen?
Sil-ber und Gold für den Sold?

aus: Basler Fibel, 1917

oder **Ideogramm** bekanntes Wesen **gespalten** und zu **abstrakten Elementen** mutiert. Dies in der Absicht, uns als **Elementarteilchen** zu neuen Begriffen zusammenfügen zu können. Ein Prozess, der unter dem Namen

Synthese

bekannt geworden und in die Geschichte der Leselernmethodik eingegangen ist.

Ein geistiger Vorgang, der in neuerer Zeit eine Wiederholung im materiellen Bereich erfahren hat. Doch die Menschen haben sich geirrt, als sie glaubten, uns nun völlig im Griff zu haben. Damals haben sie nicht gewusst, dass durch die Spaltung neue, zum Teil **schwer steuerbare Kräfte** (Energien) frei werden. Auch davon später!

Dem gegenüber können wir heute eine entgegengesetzte Entwicklung beobachten. Eine immer zahlreicher werdende neue Art von Hieroglyphen, **Piktogramme**, verdrängen Buchstaben und Wörter; namentlich im babylonischen Sprachenwirrwarr der Airports und Highways, City-Zentren usw.

DAS ENDE DER KUNST

Du darfst nicht, sagte die eule zum auerhahn,
du darfst nicht die sonne besingen
Die sonne ist nicht wichtig

Der auerhahn nahm
die sonne aus seinem gedicht

Du bist ein künstler,
sagte die eule zum auerhahn

Und es war schön finster

Reiner Kunze

Piktogramme, unter Eingeweihten keine Neuigkeit:

Bedeutung der Zeichen:

1 Gefährlich, Hände weg
2 Hier wohnt Polizei
3 Grobe, unfreundliche Leute
4 Achtung, bissiger Hund
5 Prügel-Gefahr
6 Leute rufen Polizei
7 Hier gibt es nichts
8 Für Arbeiten gibt es etwas
9 Fromm tun lohn sich
10 Ruhig aufdringlich werden
11 Krank spielen lohnt sich
12 Abhauen
13 Hier gibt es Nachtlager
14 Hier gibt es Essen
15 Hier gibt es Geld

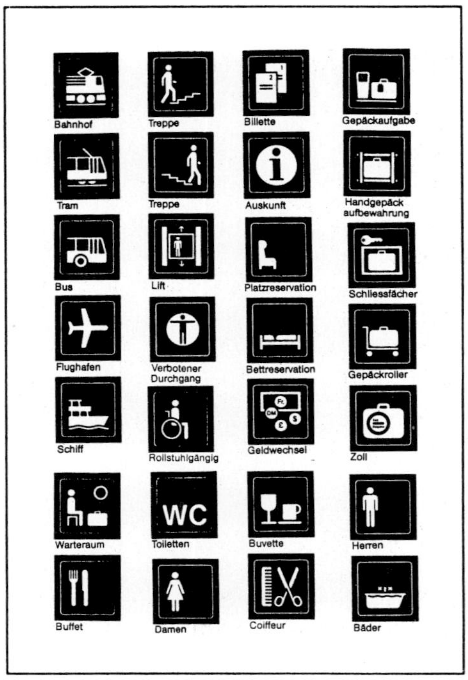

Für uns hatte diese Aufspaltung unserer Ganzheit in Teile verhängnisvolle Folgen:

Laute und Buchstaben haben jeglichen Sinn eingebüsst, die Schriftzeichen (übrigens völlig willkürliche Schöpfungen) **sind zu abstrakten, inhaltlosen Lautträgern degradiert worden.**

Noch schlimmer, man hat uns dadurch gleichzeitig neutralisiert. Verständlich, dass wir ein

Neutrum

geworden sind, und man deshalb - nota bene - sagt:

das «R», das «O», das «T», das «E».

Damit nicht genug. Man hat uns auch noch in den bekannten **Reim** eingepackt, damit wir **einprägsamer für das Gedächtnis** seien. Jeder Buchstabe hat den ihm zugewiesenen Platz erhalten. Warum dem **N** ausgerechnet der **13.** zuteil geworden ist, weiss niemand, ist aber auch von keinerlei Bedeutung. Das zum Trost derer, deren Name mit diesem Buchstaben beginnt.

Den Sinn für Effizienz kann man den Menschen wirklich nicht absprechen. Mit einem aus uns gereimten Sprüchlein haben sie nämlich noch ein

Ordnungssystem

gemacht, das ihnen tatsächlich ermöglicht, alles, aber auch alles: Pflanzen, Tiere, Städte, Länder, ja selbst die Menschen in ein übersichtliches, kontrollierbares System einzuordnen.
Dass es jedoch niemandem einfalle, Wörter, z.B. das Wort «Buchstaben» danach zu ordnen! Das ergäbe ein

Buchstaben-Anagramm

Bachstuben
Stubenbach
Stubbachen
Stuchbaben
Stachbuben
Basbuchten
Stabbuchen
Busenbacht
Stubbanech
Bantusbech
Bachbetbus
usw.
??????????
Möglichkeiten

Dank des Computers heute kein Problem mehr herzustellen.

a B b c e h n s t u - Chaos,

oder aber ein Anagramm, das Ihnen jetzt schon eine Ahnung von unserem kaum beschreibbaren Wesen zu vermitteln vermag.

Und noch etwas. Ein Hut bleibt ein Hut, man mag ihn noch so wenden und drehen.

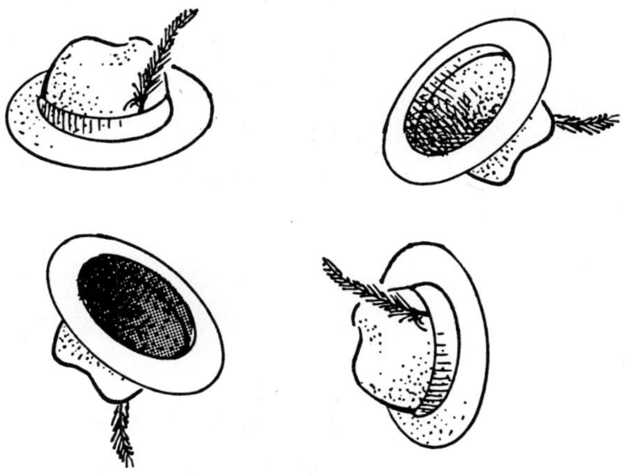

Auf der **graphemischen** Ebene ist dies verhältnismässig leicht einsehbar, schwieriger ist es auf der **phonemischen**.

Aber das ist kein Hut mehr!!

H n t

Denn da verschmelzen wir Buchstaben zu **komplexen** Wortklängen, zu - wenn Sie wollen - Akkorden, die das noch ungeübte Ohr nur schwer in die entsprechenden Intervalle, und dies erst noch in der richtigen zeitlichen Abfolge, zerlegen kann. Kinder empfinden sie als in sich ruhende Klanggebilde, bei denen das zeitliche Nebeneinander aufgehoben ist, und fassen sie **simultan** auf.

T O M

Unvergesslich bleibt uns der herrliche Vorfrühlingsabend. Bei einbrechender Dunkelheit standen wir am Fenster. Meine Frau trug unseren Erstgeborenen auf dem Arm. Zusammen beobachteten wir, wie der Vollmond am Horizont langsam riesengross aus den Tannenwipfeln in den Abendhimmel aufstieg.

Von der wunderbaren Erscheinung und vom Leuchten in den Augen des Kindes gleichermassen berührt, sprachen wir kein Wort.

Als der Mond endlich als grosse Kugel am Himmel schwebte, sprach der Kleine staunend, gleichsam aus der Tiefe seines Herzens heraus: «TOM».

Er sprach das Wort zwei-, dreimal wie beschwörend mit einem weichen T und mit klingendem OM.

An den folgenden Tagen wollte er seinen TOM wieder sehen. Wir fanden die aus einer einmaligen Stimmung herausgewachsene Sprachschöpfung unseres Kleinen drollig und dem Erlebnis völlig angemessen, und sprachen nun mehr auch nur noch vom Mond als vom TOM, mit weichem T und klingendem OM (om mani padme hum!).

Erst viele Jahre später, als unser Ältester in der ersten Klasse das ABC lernte und beim Lesen manchmal die Buchstaben verwechselte, wurde mir der Zusammenhang klar:

Die drollige Sprachschöpfung entpuppte sich als eine Laut-Inversion (genauer als die Inversion eines komplexen Klanges), wie man das in der Fachsprache nennt.

Dennoch vermochte diese Einsicht dem schönen Erlebnis keinen Abbruch zu tun. Noch heute, wenn der Mond gross und rund aufgeht, weiss ich ihn mit keinem schöneren Namen zu begrüssen als mit «unser lieber Tom».

Ob Kinder den Klang eines Wortes als Wohlklang oder eher als unangenehm empfinden, hängt mehr von seiner Bedeutung als von seiner effektiven Klanggestalt ab. Wozu das bei Kindern führen kann, zeigt das Beispiel vom «**Mond**». Oder folgende ebenfalls wahre Begebenheit:

Da hat ein kleiner Knirps, wenn er gefragt wurde, wie er heisse, stets geantwortet: Botais! Schliesslich ist ihm dieser allen unerklärliche Name geblieben, weil man ihn als originell und zu dem Kleinen passend empfunden hat. Seine Mutter kam dem Rätsel erst auf die Spur, als sie in einem Brief den Namen schrieb und ihn schriftlich vor sich sah.

Haben Sie, liebe Leserin, lieber Leser, in der Zwischenzeit seinen Namen herausgefunden? **Tobias**

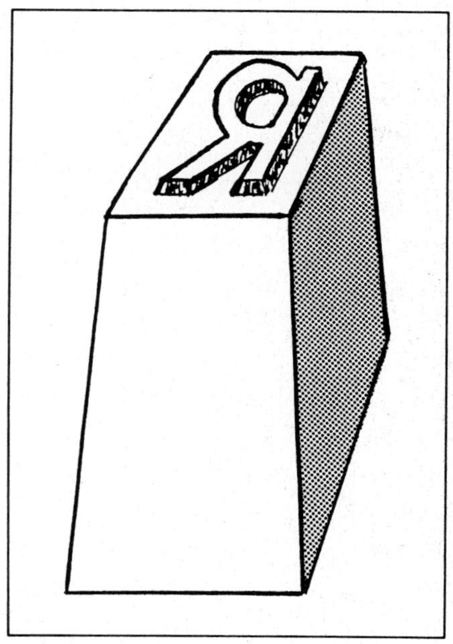

Was wir Ihnen eben erzählt haben, gehört eigentlich noch gar nicht hierher, sondern bereits zum Thema, das wir im 2. Teil unserer Fibel behandeln werden.

Einen weiteren verhängnisvollen Anschlag auf unsere Person hat **Johannes Gutenberg** verübt. Er, der in uns gewissermassen das **Negativ** entdeckte, hat uns endgültig zu spiegelverkehrten manipulierbaren **Typen**, austausch- und umkehrbaren, gemacht. Indem er unser **Inneres** nach aussen gekehrt hat, sind wir - aus Holz geschnitzt oder aus Blei gegossen - zu

Lettern

geworden. Das heisst, auf ein einheitliches Mass zugeschnittene Einzelwesen, die sich nach Belieben zusammensetzen lassen. Dennoch konnte er nicht verhindern, dass einzelne Buchstaben zwei Laute wiedergeben (X - gs / z - ts).

Retuschierbar ist
alles
Nur
das negativ nicht
in uns

Reiner Kunze

Und nicht genug damit, Johannes Gutenberg hat gleichzeitig auch noch den **Druckfehlerteufel** aus der Taufe gehoben. Die Strafe für diese ruchlose Tat blieb nicht aus, findet ihren Ausdruck in einer Sprachschwäche, wissenschaftlich **Legasthenie** benannt, an der das ganze Menschengeschlecht zunehmend leidet.

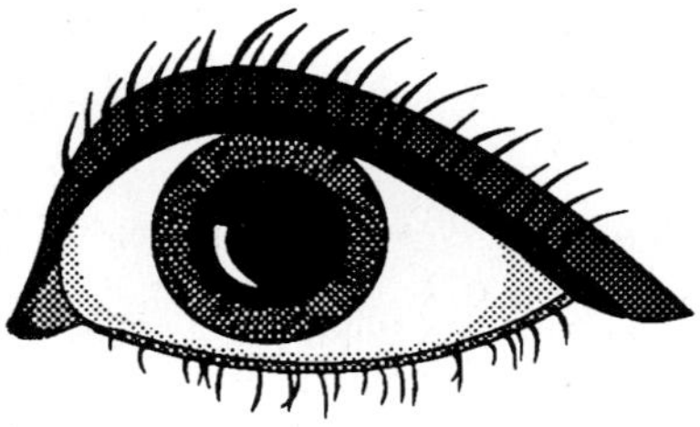

Graphem
Schriftzeichen
Buchstaben

Phonem
Laut

E e

E e

DER ESEL
Sein Sprachschatz zählt nur zwei Vokale
Drum ist sein Anfang sein Finale

M. Kaléko

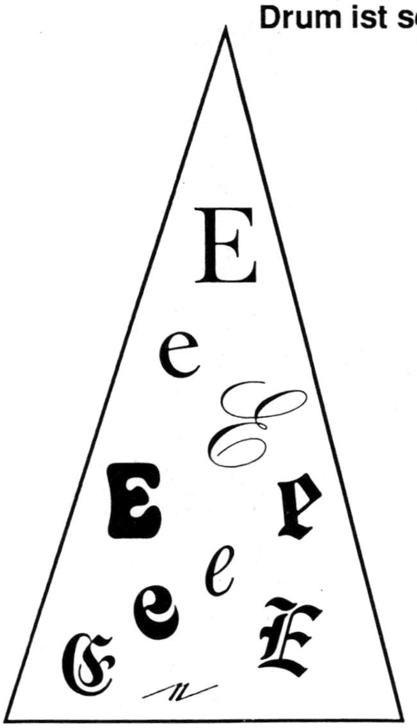

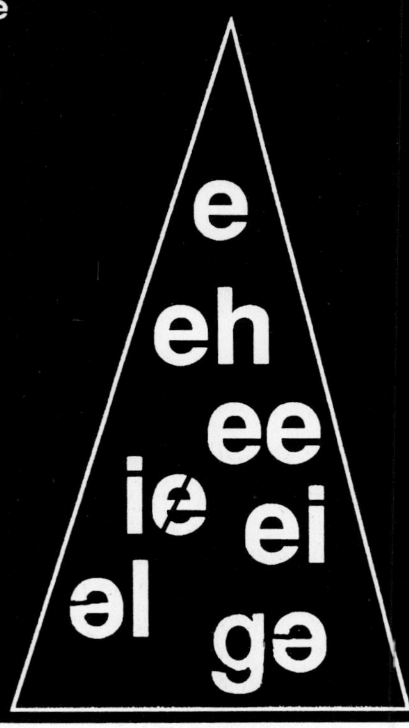

Ist es da verwunderlich, dass Kinder, die noch gewohnt sind, **ganzheitlich** zu erleben, wenig mit solch **sinnleeren und abstrakten Fragmenten** anzufangen wissen?

Ihnen versucht man deshalb, mit allerlei Listen unser **ambivalentes** Wesen verständlich zu machen.

LehrerInnen bieten alle ihre Phantasie auf, um uns mit den Kindern als 'lebendige, liebenswerte' Geschöpfe zu befreunden. Sei es mit allerlei Geschichtchen und lehrreichen Versen, oder dass sie uns - oh, Ironie des Schicksals! - einen Sinn unterschieben, der ihnen Spass machen soll oder sie sogar erschaudern lässt:

Mmm ist das fein!
Uuu ist das kalt!
(ein kalter Buchstabe!)
Aaa staunt das Kind.
Iii kichert die listige Hexe.

Sie setzen uns eine Maske auf und machen uns zu scheinbaren Sinnträgern. Zugegeben, Kinder haben an einem solchen Karneval der Buchstaben ihren Spass. Weniger Freude - unter Umständen grosse Schwierigkeiten - bereitet ihnen dann allerdings die Demaskierung.

Denn was ist nun an der lieben Mutter kalt? Und worüber mag der Apfel staunen oder der Pinsel kichern?

Andere geben uns einen **Zunamen** (Lautbezeichnung) und schreiben uns damit ganz bestimmte Charakterzüge zu, die wir gar nicht aufweisen.

L ist der Laller
R der Roller
S der Summer
B der Brummer (vielleicht eine Buchstabenhummel!)
F der Feger (der Donnersfeger mit seinem grossen Kleinbuchstaben!)

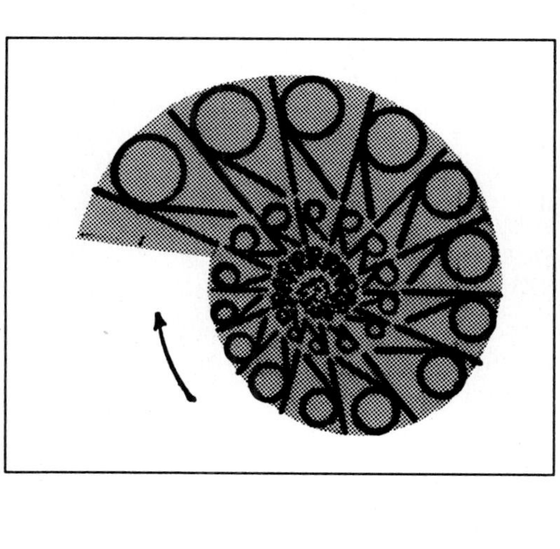

Und wie sollen uns die Kinder gar an der Gestalt erkennen und sich diese einprägen? Da hilft nach Johann Heinrich Pestalozzi nur die **Anschauung**!

Seht, wie sich der Roller einrollt oder sich wie ein Rad dreht!

Zum Glück gibt es das 'Vogel-V'! Kein anderer Buchstabe lässt sich so einfach bildlich darstellen. Doch wenn der **V**ater mit dem **F**ederwisch den Staub vom **F**enster **f**egt, **v**erfliegt auch bald die Illusion, und der **V**ogel muss **F**edern lassen.

Am unverfänglichsten ist wohl noch der wachsende

Lernfries

an der Schulzimmerwand:
(Der Gedanke, einen Laut an ein geschriebenes Bild zu ketten, reicht übrigens weit in die Anfänge der Schrift zurück.)

Vokale können auch mit symbolischen Armbewegungen «eurhythmisch» oder mit Lautgebärden nachgezeichnet werden. Dadurch soll sich die richtige Form von selber ergeben, da sie in ihrer Klangnatur vorgegeben sei.

Oder man kann sich die Vokale als Glocken vorstellen und ihnen gleich noch **Farben** zuordnen. Probieren Sie es aus! Ordnen Sie die Farben: Gelb, Rot, Violett, Blau, Orange den Vokalglocken zu. Die ganze Farbenlehre ist in den Vokalen vertreten, schliesslich spricht man ja von **Klangfarben**.

Nun müssen Sie die Glocken nur noch zum Klingen bringen! Ein **Kinderspiel**: Die **Konsonanten** sind die Hämmerchen, mit denen man daran schlägt: K aaaa...., oder ist es umgekehrt, und die **Vokale** bringen die Konsonanten zum Klingen:
O mm....?

Wunderbar, wie das tönt!

Hört euch diesen Satz an:

Nachts war Barbaras Haar ganz schwarz.

Ja sogar gegessen werden wir. Mit grossem Erfolg: z.B. das ‘B’, das zuerst aus Teig geformt, im Ofen gebacken und schliesslich mit Genuss verzerrt und verzehrt wird. Eine Sammlung solch phantasievoller Versuche würde Bände füllen.

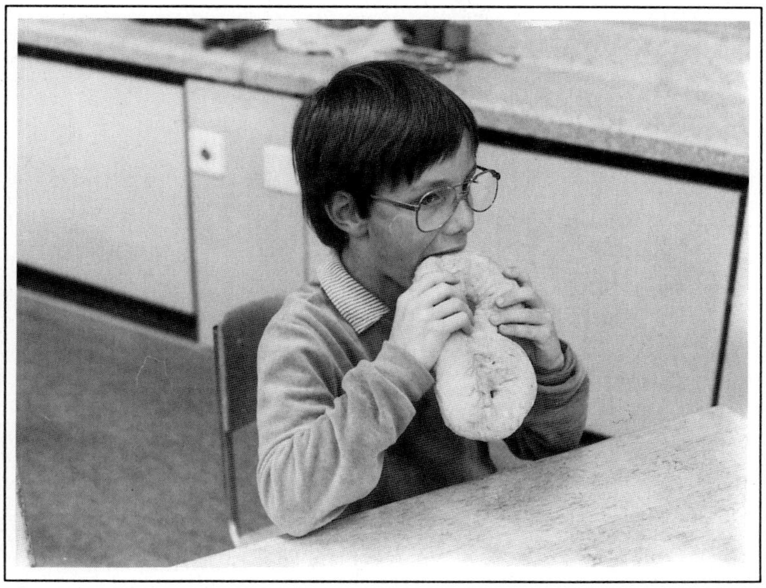

Das Fräulein malte auf die Wandtafel ein O und sagte, das sei ein Ei, ein Osterei, liebe Kinder, von dem man die Spitze abgeschlagen habe, um es essen zu können. Aber dann sagte sie plötzlich, es sei kein Ei, sondern ein O, und wir mussten alle zusammen O sagen. Ich liess mir aber nichts vormachen, denn wenn auch die Spitze ab ist, dann bleibt es immer noch ein Ei, und deshalb sagte ich: «Ei!» «Nein, O!» sagte das Fräulein. «Ei», sagte ich. Die Kinder lachten, und das war fein. Das Fräulein sagte, es sehe nur aus wie ein Ei, es sei aber wirklich ein O. «Ein Ei!» sagte ich und stampfte mit dem Fuss, denn ich konnte nicht leiden, wenn die Erwachsenen lügen. Da holte mich das Fräulein aus der Bank und stellte mich vor die Klasse in die Ecke.

**Alexander Spoerl
(Memoiren eines mittelmässigen Schülers)**

Wer nun aber meint, er wisse, was es mit uns Buchstaben auf sich hat, fällt einem Irrtum zum Opfer. Davor möchten wir Sie warnen. Was Sie bis jetzt über uns erfahren haben, ermöglicht Ihnen erst eine vordergründige Teilerkenntnis, die letztlich nur das Sichtbare und Hörbare betrifft. Diese beiden Bereiche machen aber nur den kleinen quantitativen Teil unseres Wesens aus.

Das Kennen der Buchstaben ist im Vergleich zu dem, was wir Ihnen im folgenden Kapitel verraten werden, ein geringes Problem und kann selbst Kindern - wie bewiesen - ohne allzu grosse Schwierigkeiten spielerisch beigebracht werden. Überzeugen Sie sich davon selber in den «Kinder-Lesefibeln», wie reichlich und wohlschmeckend darin die diesbezügliche Kost in leicht verdaulichen Portionen didaktisch aufgetischt wird.

Gar einmalig schmeckt das ABC in der obligaten **Buchstabensuppe** auf der Schulreise.

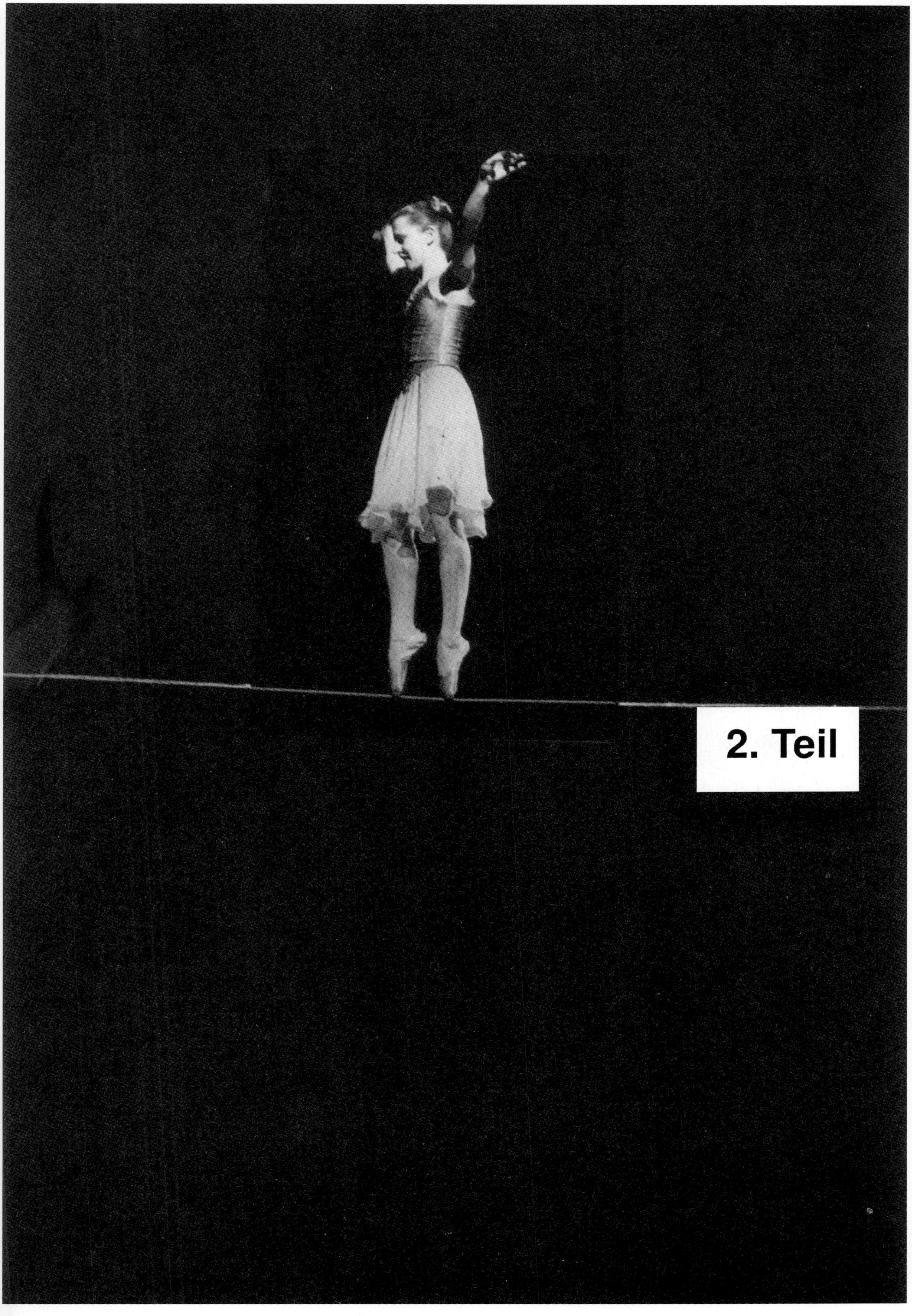

2. Teil

2. Teil

Was wir Ihnen bis jetzt von uns erzählt haben, betrifft die mehr harmlose Eigenart unseres Wesens. Falls Sie uns jedoch noch besser kennenlernen wollen, müssen Sie einen hohen Sprung hinauf auf eine

zweite Abstraktionsebene

vollziehen. Sie haben richtig gehört: Abstraktionsebene! Was man sich darunter vorstellen soll? Eben - Abstraktion = **nichts**.

Aus diesem Grund ist vielleicht folgender Vergleich anschaulicher und verständlicher.

Stellen Sie sich vor, Sie seien ein(e) Seiltänzer(in) und müssten sich von einem ungefährlich über den Boden gespannten Seil, auf dem Sie balancieren gelernt haben, auf das **«hohe Seil»** schwingen. Das natürlich nur in Gedanken.

Auf dem 'hohen Seil' sind wir nämlich nicht mehr die Ihnen bekannten Einzelwesen, sondern kaum mehr fassbare, nun **inhalts**schwere **Neuschöpfungen**. Am besten vergleichbar mit dem **Wind**.

Sie kennen sicher die verfängliche Kinderfrage: Wo ist der Wind, wenn er nicht weht? Es wird Ihnen nicht leicht fallen, darauf eine klärende Antwort zu geben. Ähnlich wie mit dem Wind verhält es sich mit uns Buchstaben auf dem «hohen Seil». Hier ist nicht mehr unser äusseres **Wesen** von vorrangiger Bedeutung, also das Zeichen und der Laut, sondern unser

Wehen und das, was es **bewirkt**, das heisst
unsere **Funktion**.

Nach all den geschilderten Prozeduren, die wir durchstehen mussten, ist uns nämlich - gleichsam als Destillat - nur noch ein **Funktionswert** geblieben.

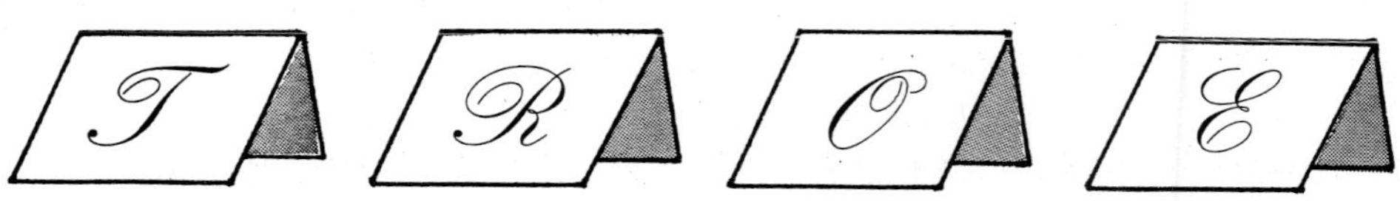

Erinnern Sie sich
noch an uns?

T O E R

Zusammengesetzt nehmen wir jetzt den Namen einer Person an, sogar den **Rufnamen:** **Reto**
Es entsteht ein **Wort**. Haben Sie uns entdeckt?

und hier

O	R	T	E
R	O	T	E
T	O	R	E
R	E	T	O

Muss man da im Hinblick auf das Gesagte nicht nachdenklich werden? Was hat das "O" mit RETO zu tun? Was der Roller "R" mit TORE, ORTE mit ROTE, und O mit Ooo wie schön?

Man sagt auch, dass wir Buchstaben jedem Wort sein eigenes Gesicht mit einer ausgeprägten Physiognomie gäben. Denn ein Wort ist tatsächlich nicht einfach eine Summe von austauschbaren Buchstaben. Wozu das fantasiebegabte Pädagogen verführen kann, zeigt nebenstehendes Beispiel:

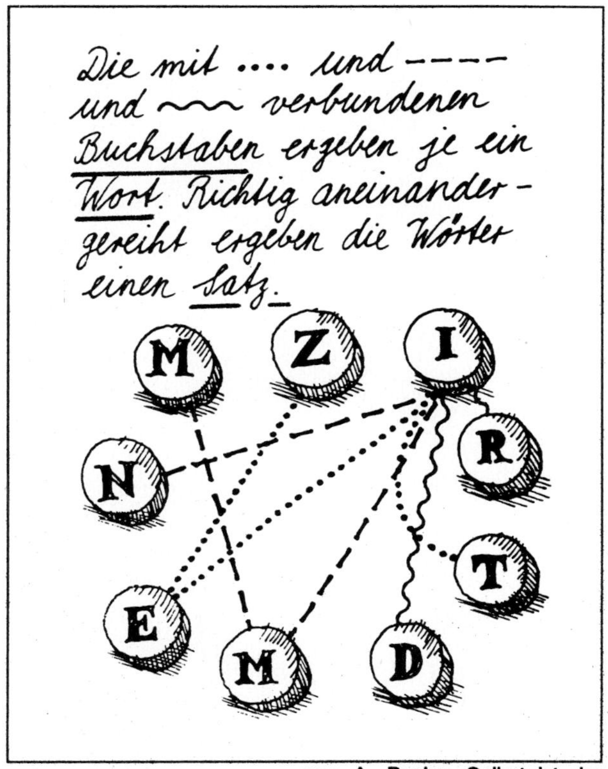

aus: A. Beeler, Selbst ist der Schüler

Würde man Buchstaben gar beim angestammten Namen nennen, könnten Sie sich kürzer fassen und einfach BAT anstelle von BeATe schreiben. Versuchen Sie es selber:

KKO oder MA oder ...

Und aus Anfangsbuchstaben von Wörtern entstehen neue Wörter: Aus **V**erband **O**stschweizerischer **L**andwirtschaftlicher **G**enossenschaften wird die Bezeichnung VOLG, die man auch als Wort VOLG ausspricht. Doch aufgepasst!
Wohl wird auch aus **S**chweiz. **B**undes**b**ahnen SBB, doch ausgesprochen heisst es: eSBeBe (Essbébé).

Erinnern Sie sich noch daran, wie lange Sie gebraucht haben, bis Sie als Kind diesen gedanklichen Sprung aufs «**hohe Seil**» geschafft hatten, und an Ihre ersten Balancierversuche darauf? Eine grossartige Leistung, auf die Sie heute noch stolz sein dürfen! Nun bewegen Sie sich darauf wie ein wahrer Seiltänzer, nur ab und zu geraten Sie einmal aus dem Gleichgewicht, treten kaum merklich mit dem einen Fuss schnell nach unten auf das niedrige

Seil und fangen sich gleich wieder auf. Etwa so:

Frisch wehte Maimor-
genodem durch die beste-
hende Öffnung, während
er am Fernsehen dem Autoren-
nen zuschaute.

Wie manchmal sind Sie nach unten getreten, haben gar laut gelesen und hingehört, was es mit diesen «Genodem» und «Autoren» auf sich habe? Ähnliches kann einem auch bei Texten passieren:

> «Seine Dichtungen waren nicht von Dauer,
> denn als Stoff verwendete er
> nur Kautschuk minderer Qualität.»
>
> (.....)

Kehren wir nun wieder zu uns Buchstaben zurück! Bei der sukzessiven Aneinanderreihung von Buchstaben wird unsere komplexe Lautgestalt erst richtig offenbar, erfahren wir eine zusätzliche Dimension, die uns zum Träger eines bestimmten Inhalts macht. Eines Inhalts, der in keinerlei Zusammenhang mit unserem sinnlich wahrnehmbaren Einzelwesen steht.

Und welches Wort ist länger?

Damenfahrrad
oder
Zug ?

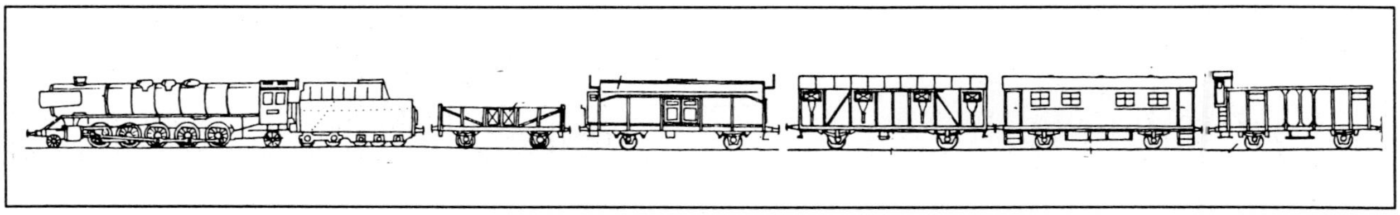

Diese unsere Fähigkeit, **sinnverwandelnden** Einfluss nehmen zu können, ist in einem **umfassenderen** Sinn Wirklichkeit als unsere einzelne, sinnlich wahrnehmbare Zeichen-Laut-Gestalt. Denn Wirklichkeit ist das, was wirkt. Und darin zeigt sich nun unsere verwandelnde Kraft, die uns durch die seinerzeitige Spaltung zu eigen geworden ist.

Verschieden kombiniert, bedeuten wir denn immer wieder Neues.

PALME AMPEL LAMPE

Das heisst, dass uns sogar eine Art von Stellenwert eigen ist. Wieso, das ist kaum zu

eruieren,
ruinieren,
urinieren,

ermöglicht Ihnen aber, dass Sie eine komplexe Sprache mit nur **26 Zeichen**, wie sie das deutsche Alphabet aufweist, zu schreiben vermögen.

Nicht ohne Grund schreibt man uns magische Kräfte zu, die wir Menschen guten Willens gerne zufliessen lassen. Kaum ein Liebespaar, das nicht auf irgend eine Weise mit uns seinen Bund besiegelt: Vereinigt im **Symbol** und mit **Buchstaben.** Dass wir hingegen immer wieder grauenhaft missbraucht wurden und werden, können wir leider - auch heute - nicht verhindern..

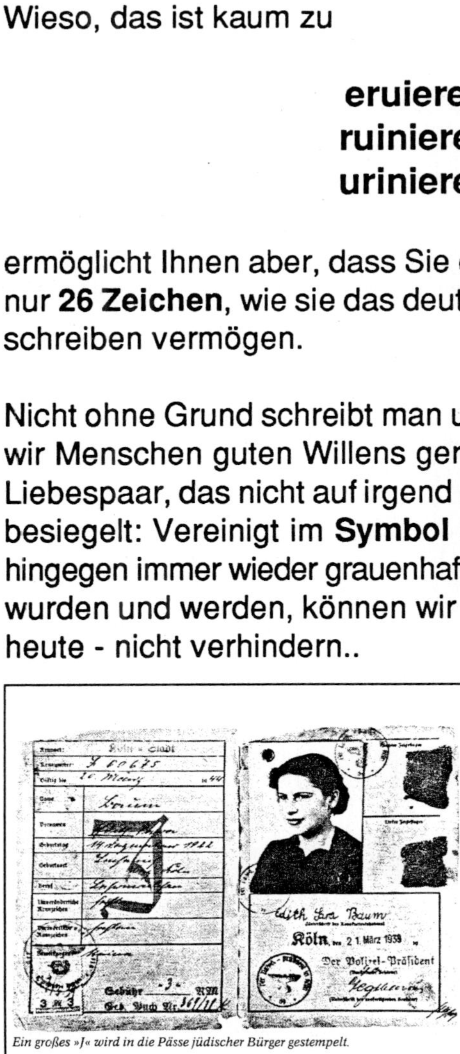

Ein großes »J« wird in die Pässe jüdischer Bürger gestempelt.

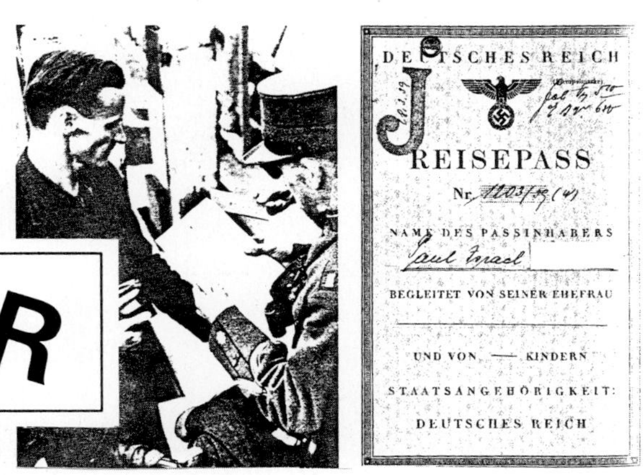

Man hat uns - wie bereits erwähnt - wohl zu gefügigen Einzelwesen, zu konformen Typen gemacht. Doch die **Freiheit des Windes**, nämlich zu **wehen, wo und wie** wir wollen, haben wir uns bewahrt und lassen wir uns nicht rauben. Diese Freiheit **verhindert**, dass die **Sprache erstarren kann**!

Und als harmlose Rache treiben wir allerlei verwirrende Possen, irrlichtern wir in der Sprache herum, so dass selbst Sprachgelehrte sich vor Verlegenheit in die Haare greifen.

So spielen wir zum Beispiel Verstecken bei **Härchen** und kommen wieder zum Vorschein im **Haar**, oder bei **Roheit - Roh-heit.**

Oder wir verstummen wie im **Schuh** und tönen vernehmlich wieder als «H» in den **Schuhen.**

Andere bleiben, obschon sichtbar, hartnäckig verschwiegen:

Wi(e)se, zi(eh)t.

Während andere tönen, ohne dass man sie sieht:

Stube S(ch)tube, Stern S(ch)tern

Und was vermögen wir erst, wenn wir

den Kopf eines Wortes verändern:
MEISE REISE
WEIN BEIN

einen anderen verdrängen und an seine Stelle treten:
Gold Geld
Anfang Anhang

uns dazwischen drängen:
HAS HAUS HANS

unsere komische Figur kosmetisch behandeln:
KOSMETISCH KOMISCH

uns wegschleichen:
Rauschen Rauchen

nach links blinzeln:
LEBEN NEBEL
REGEN NEGER

uns blockweise zusammensetzen
FEUER WEHR - FEUERWEHR
TAUBEN HAUS - TAUBENHAUS

Solche Spielchen aber sind harmlos im Vergleich zu dem, was wir uns lautlich (phonemisch) leisten. Da klingt das 'e' in einem Wort gleich **dreimal** anders:

gegeben!!

Oder es schlüpft einfach in einen anderen hinein:

Häns'l Gart'n

besonderen Schabernack (man nennt ihn gelehrt: **Ambiguität**) erlauben wir uns, indem wir Zeichen und Laute gegenseitig vertauschen:

FUCHS - (Fux) VASE - (Wase)
DACHS - (Dax) FERTIG - (fertich)
KNICKS - (Kniggs / Knix)

Lesen Sie, bitte, einmal laut und deutlich:

Hauch-Hilfe-Hose-Huhn
Ruth-Rad-Reh-Rose

Haben Sie etwas von unseren **konsonantischen Verwandlungskünsten**, man nennt das «einschmelzen», gespürt?

Verflixt wird es gar bei **Quitte**. Wie tönt er eigentlich, dieser fremdartige, schillernde Laut?

Quitte- (Kuitte - Kwitte - Kuwitte)

Das betrifft die Lautung. Noch einmal anders verhält es sich bei der Bedeutung: Da fragte kürzlich ein Kollege beim Aufzählen von Wörtchen mit 'Qu': «Weiss jemand, was **Qualle** bedeutet?» Worauf der aufgeweckte Hansli antwortete: «Das ist wahrscheinlich die Vergangenheitsform von Quelle.»

Und was sagen Sie zu:

Seite und Saite
Laib und Leib

oder noch besser zu:

Ruf und Ruf
Star und Star

und zu:

Der Ruf des Stars und **Der Ruf des Stars?**

Der an Star erblindete Star sieht keine Stare mehr.

Es verstecken sich übrigens nicht nur Buchstaben in Wörtern, sondern auch ganze **Wörter**!

Wem gehört die **WURST?**
Was hat es in der **FLASCHE?**
Wo **WINSELT** der Hund?
Was liegt auf dem **STUBENTISCH**?
Was hat keine **FLÜGEL**?
Und wer wischt die **BROSAMEN** zusammen

Und zu guter Letzt:

Wer leuchtet in der FIN**STERN**IS?

Dürfen wir Sie, so nebenbei, noch auf eine weitere Eigenart von uns aufmerksam machen? Unser ambivalentes Wesen widerspiegelt sich besonders auffällig in den **verschiedenen Sprachen**. Wohl erhielten und behalten wir im westeuropäischen Sprachraum unsere **graphemische Gestalt**, doch **phonemisch** sind wir da zum Teil nicht mehr zu erkennen. (Erinnern Sie sich noch an Madame Beau?) Und dennoch können wir **in ganz verschiedener Zusammensetzung das Gleiche bedeuten.**

an unsere
werte Kundschaft:

Wegen MONTAGEN sind unsere
Monteure an MONTAGEN
nicht im Haus!

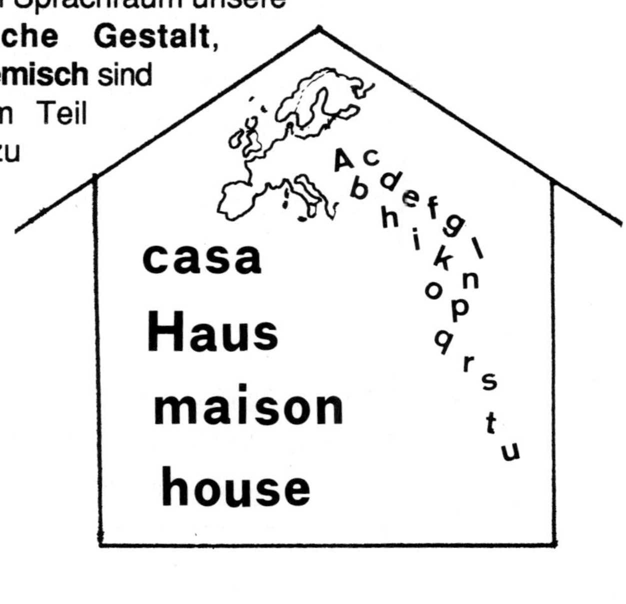

Auch hier trügt der Schein! Unsere äussere Erscheinung (graphemische Gestalt) ist, worauf wir Sie bereits auf Seite 16 aufmerksam gemacht haben, ebenfalls **nicht konstant**.

Es kommt vor, dass wir in verschiedenen Sprachen, in denen wir als **Phonem** gleich tönen, eine **graphemisch** völlig voneinander **verschiedene Gestalt** (eau - o) aufweisen, die im einzelnen sogar eine eigene Entwicklungsgeschichte hat.

Extreme , oft kaum entzifferbare Ausformungen erfahren wir in vielen individuellen **Handschriften.**

Oder aber, uns wird eine von der jeweiligen Sprache abhängige Besonderheit zuteil. So ist zum Beispiel das "W" in der deutschen Sprache zum eigentlichen **Fragebuchstaben** geworden. Oder etwa nicht?

wer, was, wie, wo, wann, wem, welcher, warum, wozu, wieso, wieviel, wohin, wessen, weshalb, wodurch usw.

Nein, das Ihnen vertraute Zeichensystem ist kein natürliches, allen anderen überlegenes System. Es beruht auf reiner Willkür und Zufälligkeit. Es ist - ähnlich wie in der Mathematik das Zehnersystem - die zur Selbstverständlichkeit gewordene **Variante** unendlich vieler Möglichkeiten.

Das trifft übrigens auch für jede Sprache zu, die sich in uns manifestiert.

Wir Buchstaben sind Zeichen, setzen Zeichen und sind selber lebendiges Gleichnis

𝔓 𝔭 P p

A b c d e f g
Die **Prüfung** macht viel' Kopfweh
H i k l m n o
Wär sie aus, wie wär ich froh.

aus: Grosses ABC- Büchlein

Es darf Sie deshalb nicht erstaunen, wenn wir uns über alle Versuche, uns völlig zu beherrschen, mokieren, sind diese doch unabdingbar zum Scheitern verurteilt. Je enger jemand das Netz um uns zusammenzuziehen versucht, desto stärker verstrickt er sich selber darin und ist in seinem Denken und Erkennen eingeengt und gefangen. Er ist letztlich der Gefangene, nicht wir. Mehr dazu im dritten Teil.

Es gäbe noch unzählige Beispiele, die zeigen, wie wir die Leute verwirren. Aber auch Beispiele, die belegen, dass es Menschen gibt, die an unseren Spielchen ihren Spass finden, sie sogar passioniert betreiben.

Dürfen wir Sie zu einem davon einladen? Sie können dabei gleich unter Beweis stellen, was Sie bei der Lektüre dieser Fibel gelernt haben. Da Ihnen darin beinahe alle Begriffe begegnet sind, sollte Ihnen die Lösung (S. 32) nicht allzu schwer fallen.

KREUZWORTRÄTSEL

waagrecht

1. Einfachster selbst., sprachlicher Bedeutungsträger 2. Ein gut und schnell gelungener Text, 3. Erwachter Same, 4. Erhöhter Schanktisch, 5. Einzelbuchstabe zum Drucken, 6. Fremdwort für Buchstabe, 7. Abkürzung von Oberseminar, 8.ABC, 9. Feldtier, 10. Fluss im Kanton Bern, 11. Es gibt kleine und .... Buchstaben, 12. Sollte ein Lehrer immer bewahren, 13. Wortteil, 14. Erste Zahl, 15. Männlicher Vorname, 16. Erstlesebuch, 17. Dehnung eines Vokals, 18. Sollten immer im Zentrum des Unterrichts stehen, 19. Silbe, 20. Das "Wehen" der Buchstaben (Mehrzahl), 21. lat. "keines von beiden" (Geschlecht), 22. Das äussere Gehirn, 23. Lautgruppe mit einem Vokal, 24. Teil des Baumes, 25. Unersättlich, 26. Gegenteil von neu, 27. 3. Pers. Sing. von scheinen, 28. Bezeichnung für einen Gegenstand, 29. Letzter Buchstabe im ABC, 30. Selbstlaut, 31. Synonym für klingen, 32. Wortart, 33. Kleinste selbständige Einheit der Rede, 34. Eigenart der sprachlichen Ausdrucksweise, 35. Ungebunden.

KREUZWORT-RÄTSEL

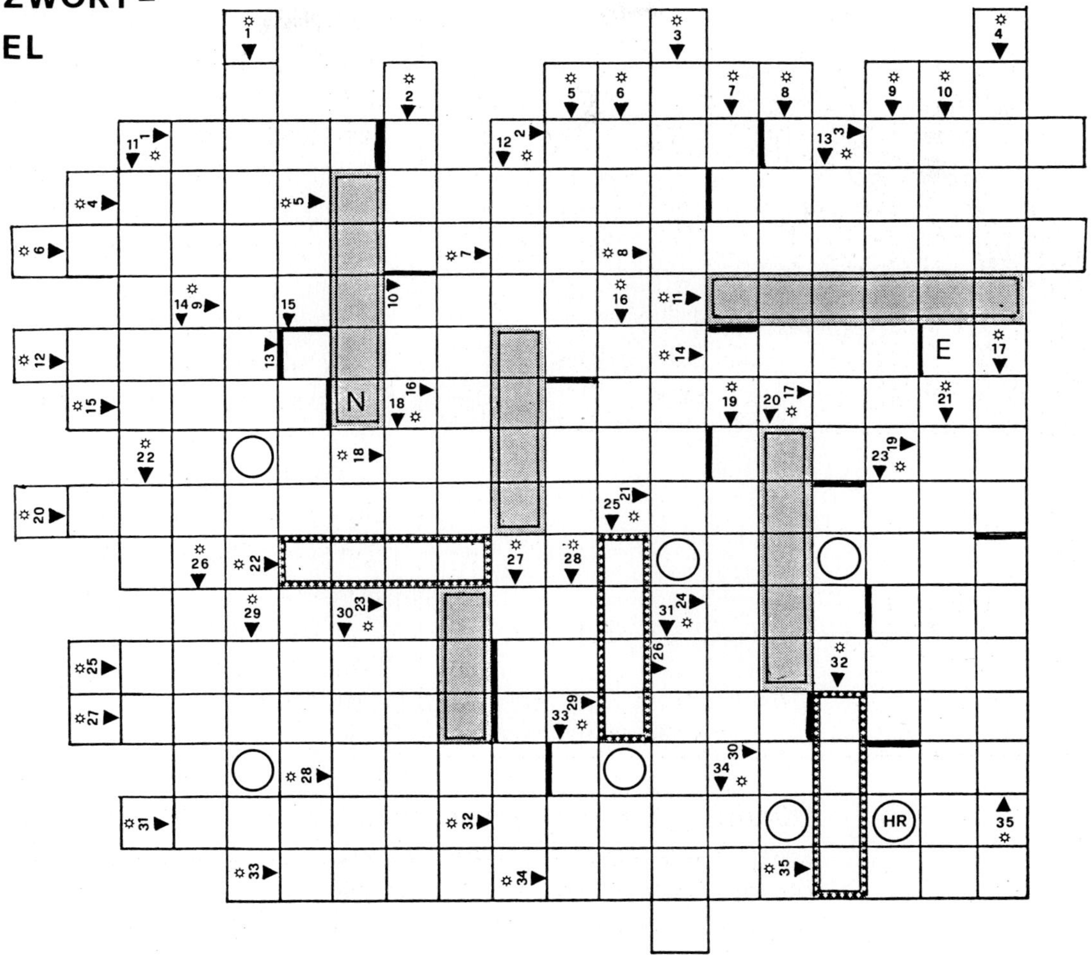

senkrecht

1. Kleinste Bedeutungseinheit, 2. Abkürzung für Seminar, 3. Mädchenname, 4. ital. Geldeinheit, 5. Art sich zu geben und zu benehmen, 6. Vorsilbe (auf den Anfang hinweisend), 7. Teil eines Rades, 8. Mittelmeerinsel, 9. Abteilung in der Schule, 10. Hülsenfrucht, 11. Verlobte, 12. Anderer Name für Mond, 13. Andere Bezeichnung für Laut, 14. Was ein Kind nicht erträgt, 15. Wortaufbau, 16. Getränk, 17. Endung, 18. Anderes Wort für Mitlaut, 19. Wertvoller Gedankenreichtum, 20. Höchstes Können, 21. Einzelnes Schriftzeichen, 22. Präfix, 23. Zeichen der ältesten german. Schrift, 25. Wichtiges Organ, 26. Lesen ist ...., 27. Sollte man Kinder bei jeder Gelegenheit, 28. Kanton, 29. Kanton, 30. Textstellenbezeichnung, 31. Grosses Epos Vergils (?? = Ae) 32. Ohne ihn lernt niemand lesen, 33. Anfangs- oder Schlussilbe, 34. Hohheitszeichen, 35. Nebel aufwärts gelesen.

Auflösung des Kreuzworträtsels

LÖSUNG

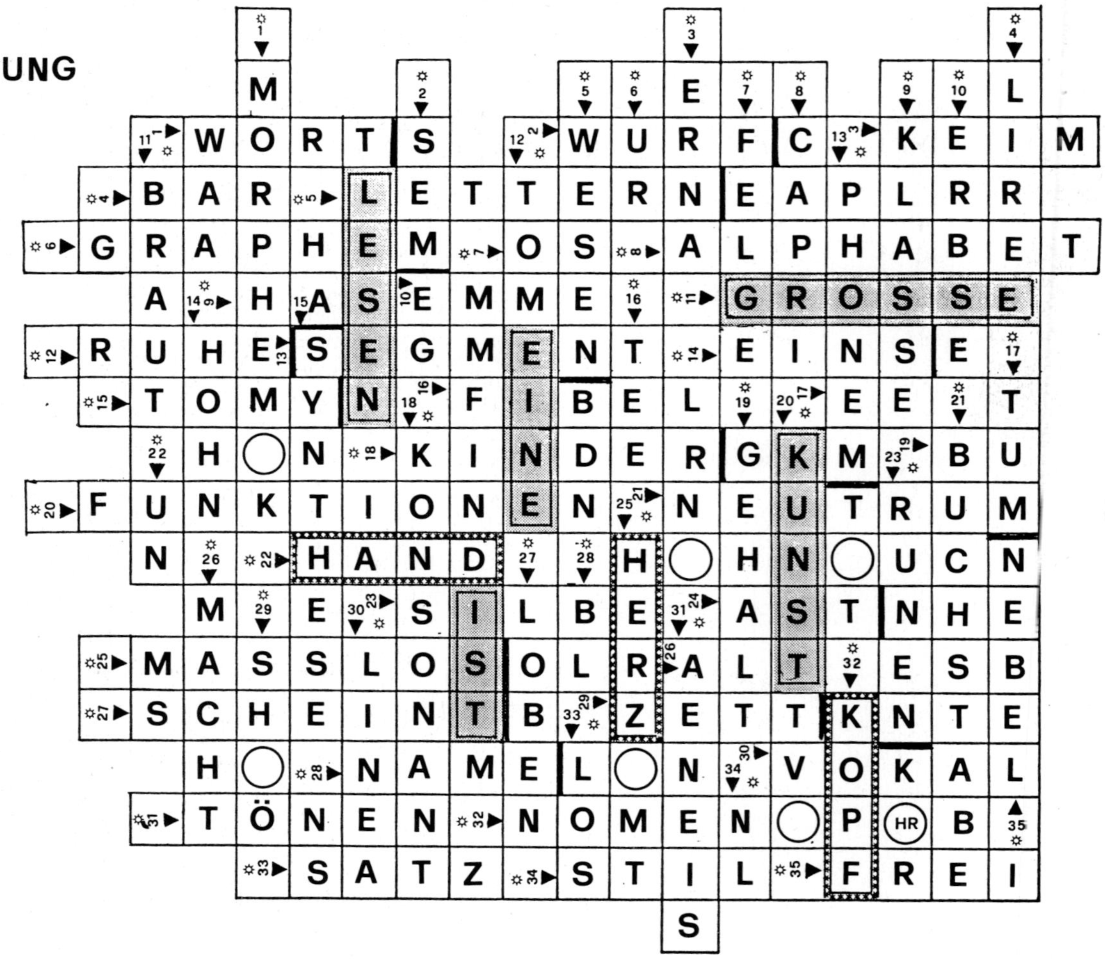

3. Teil

3. Teil

Wir machen Ihnen wirklich nichts vor. Wir sind in Wahrheit Verwandlungskünstler, ja eigentliche Zauberer. Denn wir sind dafür besorgt, dass selbst die **Wörter**, von denen im vorangegangenen 2. Teil die Rede war, und in denen wir als **Elemente** wirken, **keine unveränderbaren Grössen** bleiben. Nein, sogar ihnen vermögen wir, nochmals **neue Dimensionen** zu erschliessen. Wir machen sie zu **Symbolen von Symbolen** !

Denn auf dem 'hohen Seil' wachsen uns Flügel, so dass wir uns Vögeln gleich schwerelos, uns jedem Zugriff entziehend, in die Luft, in

metaphorische Höhen

schwingen können, wo wir 'buchstäblich' die grösstmögliche Freiheit geniessen. Sie glauben es nicht? Dann wollen wir es Ihnen gleich beweisen:

FUND IM SCHNEE

eine feder hat mein bruder verloren
der rabe
drei tropfen blut hat mein vater vergossen
der räuber
ein blatt ist in den schnee gefallen
vom machandelbaum
einen feinen schuh von meiner braut
einen brief vom herrn kannitverstan
einen stein einen ring einen haufen stroh
wo sie der krieg begraben hat
das ist lang her

zerreiss den brief
zerreiss den schuh
schreib mit der feder auf das blatt:
weisser stein
schwarzes stroh
rote spur
ach wie gut dass ich nicht weiss
wie meine braut mein land mein haus
wie mein bruder
wie ich heiss

Hans Magnus Enzensberger

Oder zeigen wir es an Beispielen, die auch Kindern verständlich sind:

Was meinen Sie, wer hat es bequemer: der Tee oder der Kaffee?

Natürlich der Kaffe: Er darf sich setzen, während der Tee ziehen muss!

WAS IST WARM UND WAS IST KALT?
Warm ist:
Ein Blick, der deine Angst schmilzt,
ein Wort, das deinen Zorn erweicht,
eine Bewegung, die deine Verstockung löst,

Kalt ist:
Ein Blick, der dir das Wort abschneidet,
ein Wort, das dein Lachen einfriert,
eine Bewegung, die dich erstarren lässt.

Hans Manz

Dass schon Erstklässler Spass an ersten Gehversuchen auf dem mehr als doppelbödigen Sprachparkett finden, zeigt folgendes Gespräch zweier Knaben, das sie in der Lesestadt führten:

P: Du Florian,kennst Du schon alle Buchstaben?
F: Nein,einen kenne ich noch nicht.
P: Welchen?
F: Den, den du auch noch nicht kennst.
P: So sag mir, wie er heisst, damit ich sehen kann, ob es der Gleiche ist.
F (lachend): Ich glaube, dann wissen wir beide, wie der Buchstabe heisst, den wir beide noch nicht kennen!

Oder was sagen Sie dazu, dass Herr Müller ein Kaufmann und Herr Kaufmann ein Schneider ist, und dass im Zwergenland klein gross und wenig viel ist?

Solch harmloser Schabernack ist auch für Kinder unterhaltsam und ihnen ohne weiteres zugänglich. Ja, sie, die noch wenig in Sprach- und Denkformen festgefahren und unserem Wesen in vielen Teilen noch recht ähnlich sind, sind sehr empfänglich für das **Geheimnisvolle** und **Wunderbare**. Ihnen bereitet weder das «**Hinkelbeinchen**» im Märchen von den sieben Raben, noch das «**knuper, knuper, kneischen**», das aus dem Hexenhäuschen an ihre Ohren dringt, das geringste Problem.

Anzählreime

Arolle
Barolle
Guggusse
Hussusse.

Ellerli
Sellerli
Sigerli
Sa
Ribedi
Rabedi
Knoll.

Ellerli sellerli siderli sa,
Ribedi räbedi knoll,
Uf der obere Tüfelsbrugg
Stot es Männdli halb verruckt.
Eis zwei drei
Und du bisch frei.

Schwerer begreiflich wäre Kindern, was wir Ihnen vorhin mit dem 'hohen Seil' und den 'wachsenden Flügeln' zugemutet haben. Ist Ihnen auf solchen Höhenflügen beim Herunterschauen auf den abstrakten Zeichenwirrwarr nicht manchmal fast etwas schwindlig geworden?

Es kann Ihnen wohl kaum entgangen sein, dass wir Sie mit den im Text eingestreuten Gedichten immer wieder zu solchen Höhenflügen eingeladen haben. Dies mit der Absicht, Sie stets unseren **Wirkcharakter** spüren zu lassen, aber auch um der Gefahr zu entrinnen, dass uns die Flügel gestutzt werden könnten, und wir wie Batteriehühner, zu einem armseligen Buchstabendasein verurteilt, schändlich ausgenützt dahin vegetieren müssten, eingesperrt ins engmaschige Begriffsgitter der Macher. Nein, einsperren lassen wir uns auf keinen Fall!

Frage nicht
Gedichte sind zerbrechlich
hauchdünn
kristallene Gebilde
mit Diamantenschliff
in dessen Bilderspur
sich zauberhaft
die Glut des Wortes
bricht

Koste daraus
Nektar aus tausend Wunderblüten
doch bring zuvor
den Glockenton
zum Klingen

Befrage die Worte
die harten Geschosse
im Kugellauf der Sprache
nach Formen und Sinn
Über Kimme und Korn
ins Schwarze gezielt
treffen Gedanken
ins Lebendige
verletzender als Blei

Gedichte
gefährliche Waffen
gefürchtet und bekämpft
von allen
die über Kanonen
verfügen

Hh.R.

Da es weit über das Ziel dieser Fibel hinausschösse, wollten wir der Verlockung nachgeben, uns weiter mit diesem unerschöpflichen Thema zu befassen, lassen wir es mit folgenden, uns nochmals neue und weite Perspektiven öffnenden Hinweisen bewenden:

Von uns Dienern - aber nicht Knechten - des Wortes und von unseren unbeschränkten Möglichkeiten profitieren nämlich sowohl die **Wissenschaften** als auch die **Künste**.

So hat man uns in den Dienst der **Mathematik** eingespannt, als ruchbar geworden war, dass wir - von jedem Zahlenwert unabhängig - uns sogar zum Formulieren mathematischer Gesetze eignen.

a + b = c usw.

Elysäische Freuden gar wurden uns zuteil, als wir, in die wunderbaren Gefilde der **Kunst** entrückt, der **Musik** unser musikalisches Alphabet für ihre Tonsprache leihen durften.

Und als allen voran **Paul Klee** unseren unerschöpflichen ästhetischen Reichtum auch für die **Malerei** zu nutzen wusste, war uns der Weltruhm auch in dieser Kunstsparte gesichert.

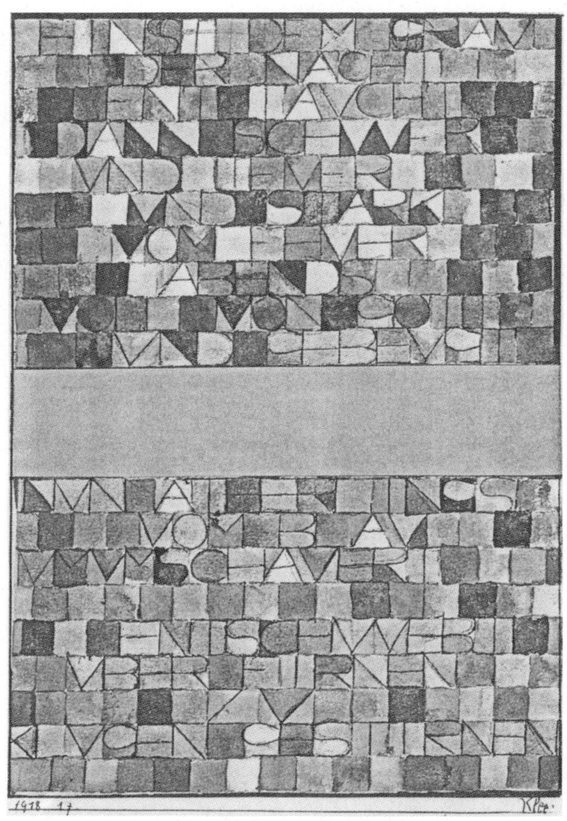

VERFRÜHUNG

Verfrühung ist
eine von
intellektueller
Ungeduld und
Leistungsdenken
gezeugte Frucht
Lesenlernen vor
dem Wurzelschlagen
in der Sprache
abstraktes Denken
vor erlebnishafter
Einsicht und
Erfahrung
Zerreden
des Zeugungsaktes
bevor die erste
Liebesahnung keimt
sind erzwungenes
Blühen
an nicht entwickelten
Zweigen
deren zarter Wuchs
unter dem Gewicht
der angetriebenen
Monsterfrüchte
zerbricht

Hh. R.

Erinnerst du dich?

Damals hat uns der Weissdorn noch einmal geblüht.

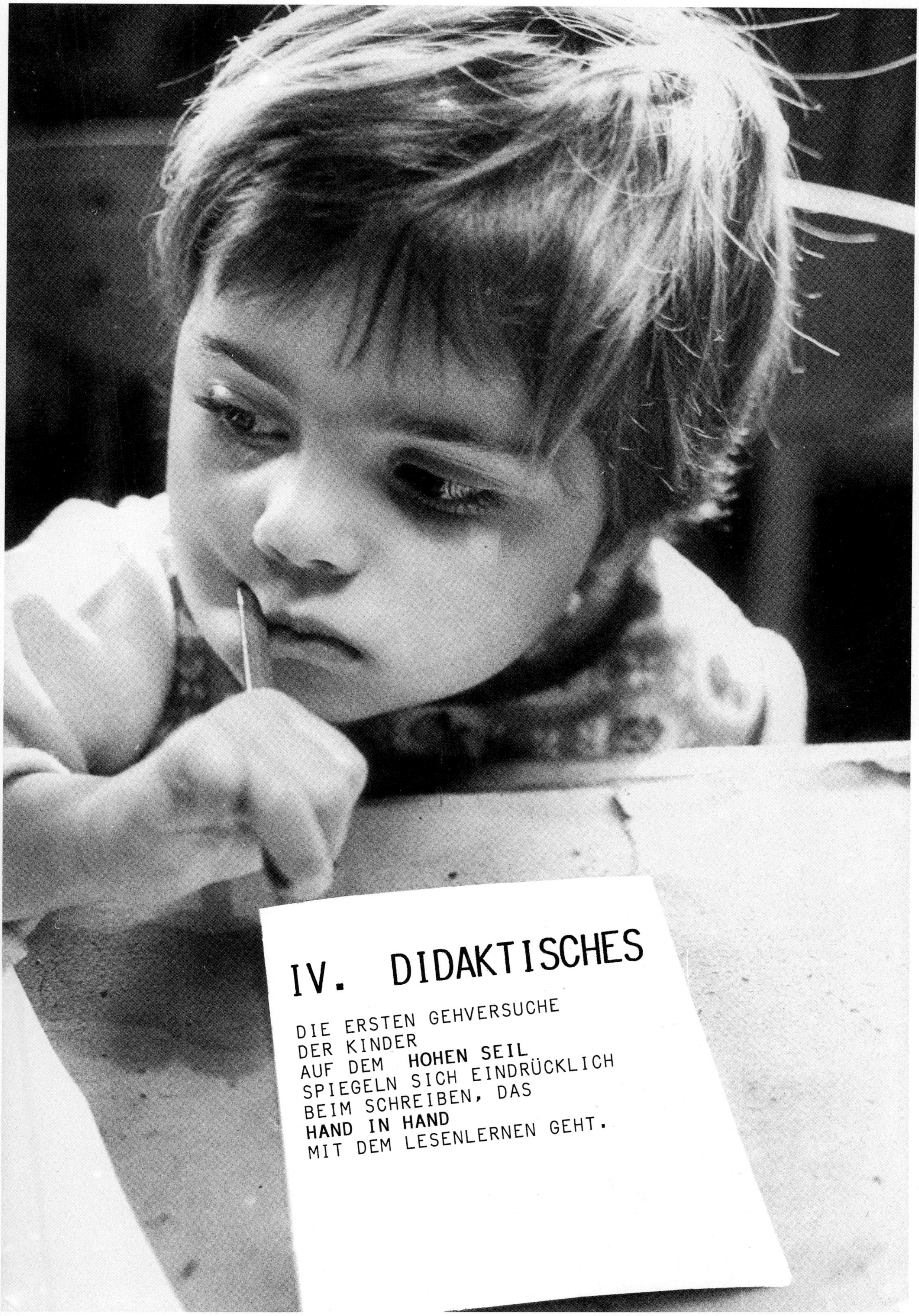
IV. DIDAKTISCHES
DIE ERSTEN GEHVERSUCHE
DER KINDER
AUF DEM **HOHEN SEIL**
SPIEGELN SICH EINDRÜCKLICH
BEIM SCHREIBEN, DAS
HAND IN HAND
MIT DEM LESENLERNEN GEHT.

IV. DIDAKTISCHES

Liebe Leserin, lieber Leser,

Gerne wüsste ich jetzt, wie mein Versuch angekommen ist, Ihnen mit der LESEFIBEL FÜR ERWACHSENE bewusst zu machen, wieviele Hürden die Kinder beim Lesenlernen letztlich überwinden müssen. Es versteht sich von selbst, dass die vorliegende Fibel Kindern beim Lesenlernen keine Hilfe anbieten will und kann. Die darin aufgezeigten Zusammenhänge können ihnen nicht auf diese Weise verbal bewusst gemacht werden. Und doch müssen sie mit all diesen Problemen irgendwie zu Rande kommen. Und wirklich, sie schaffen es, zu unserer Erleichterung und zu unserem Erstaunen, auch immer wieder. Manchmal auf unerklärliche Weise.

"Das zeigen Erfahrungen aller Leselehrer, die in dem kontinuierlichen Lernprozess 'Sprünge' beobachten können, die lerntheoretisch allein nicht zu erklären sind." *(Sirch)*

Liegt es da nicht nahe zu vermuten, dass die Kinder auf dem Weg zum Lesenlernen oft über weite Strecken sich selber überlassen und auf ihren Spürsinn (und den der Eltern) angewiesen bleiben? So stellt G. Bethlehem fest:

"Unabhängig vom vorgegebenen Methodenkonzept haben letztlich die Kinder immer die unverzichtbare Korrelation der analytischen und synthetischen Akte beim Lesenlernen (Aktualgenese) leisten müssen. ... Die Kinder mussten selbst die umgreifende Praktik leisten ." ...

Von wenigen Ausnahmen abgesehen (nach einer Untersuchung aus dem Jahr 1967 können knapp 5% der Schulanfänger bereits lesen), lernen die meisten Kinder in der Schule lesen. Dabei müssen alle, einem Lehrmittel folgend, ungeachtet ihres jeweiligen individuellen Entwicklungsstandes und Leistungsvermögens - mehr oder weniger zur gleichen Zeit - dasselbe lernen. Das kann dazu führen, dass ihre Leistungen sehr unterschiedlich ausfallen und dass Kinder über- oder auch unterfordert werden.

Lesenlernen ist ein sehr komplizierter und komplexer Prozess. Er stellt nicht nur an die Kinder, sondern auch an die LehrerInnen hohe Ansprüche. Lesenlehren muss unter Berücksichtigung lernpsychologischer und theoretischer Erkenntnisse und gemachter Erfahrungen für eine Klasse organisiert werden.

> *Es ist das Dilemma, in welchem der Unterrichtende ständig steht, der Widerstreit zwischen einem Unterricht, der methodisch sorgfältig geplant ist, von einem Gedanken zum andern logisch fortschreitend und der Spontaneität und Unmittelbarkeit des Gelegenheitsunterrichts, der ganz von der aktuellen Situation und vom Interesse des Schülers ausgeht und der Intuition von Schüler und Lehrer weiten Raum gewährt.*
>
> *E. Bauer, SLZ 36/77*

Es ist unumgänglich, dass der Unterricht geplant und bis zu einem gewissen Grad systematisch und logisch aufgebaut wird, er darf aber nicht 'verplant' werden.

Neuere Leselehrgänge (z.B. der ILZ) sind von **curricularen** Merkmalen geprägt und führen die Kinder anhand klar gegliederter Lerneinheiten in fester systematischer Abfolge in die komplexe Welt der geschriebenen Sprache ein.

Es wurde bereits darauf hingewiesen, dass viele Kinder bereits vor dem Schuleintritt oder ausserhalb des Schulunterrichts erstaunliche Lern- und Leseleistungen selbständig erbringen (denken wir nur an den **Spracherwerb!**), besonders wenn ihre Umgebung entsprechende Leseanstösse vermittelt.

Der Anreiz (die Motivation) zu solchem meist zufälligem und unsystematischem Lernen wird vorwiegend durch Gegenstände oder konkrete Situationen (Bilderbücher, Anschriften, Reklametexte usw.) ausgelöst. Die Kinder werden von etwas

' e r - **griffen** '

oder wollen etwas

' **er/be - greifen** ' .

NICHT BERÜHREN !

Begreiflich,
dass wer so spricht,
nicht begreift,
dass nur begreifen kann,
- wer von einer Sache
ergriffen -
nach dieser greift,
um sich so davon einen
Begriff zu machen.

Das Unbegreifliche
hingegen
ergreift uns
unvermeid- und
unbegreifbar

Hh. R.

Solche von den Kindern selbständig erbrachte Lernleistungen sind ausserordentlich wertvoll. Sie lenken das Interesse der Kinder auf andere ähnliche Schriftbilder. Haben sie gar einmal entdeckt, dass Buchstaben und Wörter ihnen den Zugang zu neuen Informationen und ganzen Welten öffnen, ist der Boden für die Leselernbereitschaft zubereitet.

Die **Schrift** begegnet den Kindern in verschiedenartigster Ausformung, doch sie begegnet ihnen - und sei es auch nur in einzelnen Zeichen - stets als **komplexes Gebilde.** Das Wort USEGO zum Beispiel oder die Abkürzungen SBB / WC sind Träger eines **bestimmten Inhalts.** Bei solchen zeichenhaften Sinnträgern (z.B. Reklamen) steht denn auch für die Kinder der Sachzusammenhang im Vordergrund. Dass Wortbildern und Abkürzungen eine bestimmte Bedeutung zukommt, erfassen sie schnell einmal.

Auch entdecken sie bald, dass zwischen einigen Wörtern optische (oder sogar akustische) Uebereinstimmungen und Aehnlichkeiten bestehen (Zoo / Zürich, Anna / ABM).

Für solche strukturelle Zusammenhänge werden Kinder täglich sensibilisiert. Was ihnen vorenthalten bleibt und womit sie nicht oder nur selten in Berührung kommen, sind - **im formalen Bereich der Wortbildung** - Einsichten in die **funktionalen Zusammenhänge** und deren **Gesetzmässigkeiten.** Es ist denn auch dieser Bereich, in dem die Schwierigkeiten beim Lesenlernen liegen und dem in den folgenden Ausführungen unsere besondere Aufmerksamkeit gilt.

Wer nicht um die Verpuppung
und den dem Auge verborgenen
Gestaltwandel weiss,
begreift den Zusammenhang
zwischen einer Raupe und
einem Schmetterling nicht.

Initial der Schule von Corbie von 870

UCHSTABEN ALLEINE
SIND FARBLOSE GESTALTEN,
KÖNNEN IN GEMEINSCHAFT
SICH WIRKSAM NUR ENTFALTEN

ENTPUPPEN SICH
ALS WUNDERSAME WESEN,

DIE UNBEGREIFLICHEM
IN KLANG- UND RHYTHMUSREIHEN,
BILDLOSEM ZEICHENHAFT,
GEISTIGE KRAFT VERLEIHEN.

ZUGÄNGLICH DEM NUR,
DER VERSTEHT ZU LESEN.

DIE DREI EBENEN

In der Regel wird im Zusammenhang mit dem Lesenlernen in der gängigen Literatur auf **drei Ebenen** hingewiesen.

"Soweit Sprachvollzug Schriftsprache zum Gegenstand hat, sind daran - sprachwissenschaftlich gesehen - drei Schichten oder Ebenen des sprachlichen Zeichensystems beteiligt, die alle ihre eigene Bedeutung im Lesevorgang besitzen." (Pregel)

Für das Lesen ergibt sich in ihren verschieden benannten Darstellungsformen folgende Reihenfolge (wobei die Schriftebene als sekundäre Zeichenebene für das Kind das eigentlich **Neue** darstellt):

1. Schrift-/ Zeichen-/ Graphem-/ oder Symbol-Ebene	(optisch)	FIBEL 1. Teil
2. Laut-/ Klang-/ Phonem-Ebene	(auditiv)	
3. Bedeutungs-/ Sinn-Ebene	(semantisch)	FIBEL 2. Teil

Beim Lesen müssen die Kinder folglich, mit lesetechnischen (formalen) und inhaltlichen (semantischen) Problemen konfrontiert, zugleich auf drei Ebenen operieren. Sie müssen über ein Symbolverständnis verfügen, Buchstaben und Buchstabenverbindungen und deren Graphem-Phonem-Korrespondenzregeln kennen und andererseits Buchstabensequenzen und Morpheme richtig aussprechen (rekodieren) und dem entsprechenden Produkt (Wort) einen Sinn zuordnen (dekodieren), wobei letzterer meistens auch noch syntaktisch in einem Kontext eingebunden ist.

Eine reichlich komplizierte und komplexe Angelegenheit! Schauen wir uns diese drei Ebenen einmal etwas genauer an.

EBENE 1 UND 2 (OPTISCH/ AUDITIV)

Obschon, wie wir im 1. Teil der 'Lesefibel für Erwachsene' gesehen haben, die Zuordnung von Buchstabenzeichen und Laut, die beide keine eigentliche Sinnbedeutung, sondern nur Funktionswert haben, bereits grosse Anforderungen an das Abstraktionsvermögen der Kinder stellt, bedeutet dies eine verhältnismässig kleine Schwierigkeit.

Zur Formgewinnung und -festigung der Buchstaben und zur Einprägung deren lautlicher Entsprechungen fehlt es nicht an unzähligen, originellen Uebungsvorschlägen. (In diesem Zusammenhang sei auf die sehr wertvolle und anregende Sammlung von kindgemässen und **handlungsbetonten** Uebungsmöglichkeiten von Gertrud Meyer: Schuelmümpfeli I, Zytglogge Verlag Bern, aufmerksam gemacht). Ferner gibt es eine grosse Anzahl von käuflichen Lernspielen.

Von der Problematik der sogenannten Eselsbrücken - Fixierung der Buchstaben an disparate Vorstellungen - oder anderer fragwürdiger Umwege war bereits die Rede.

Im Rechnen können die Kinder über kleine Abstraktionsschritte von den Zahlen bis zu den Ziffern vordringen. (Gegenstände/ Abbilder/ graphische Zeichen/ Töne/ Farben usw. - Ziffern). Erleichternd wirkt sich dabei der Umstand aus, dass bei Zahlen zwischen ZEICHEN und INHALT eine enge Beziehung besteht. 1 bedeutet 1! und ist, nota bene, auf der ganzen Welt, **unabhängig von den verschiedenen Sprachen**, als eindeutiges Zeichen zu verstehen.

Zudem können Zahlen auf verschiedene Weise dargestellt und **'einsehbar'** gemacht werden. Zum Beispiel so:

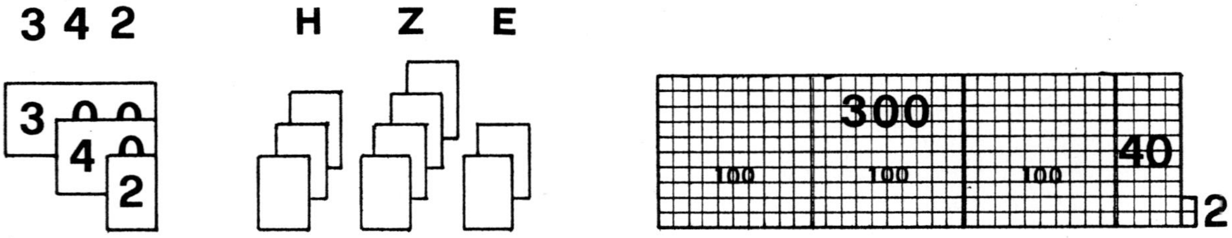

EBENE 3 (SEMANTISCH)

Was bei Zahlen, bzw. Ziffern, zutrifft, ist nicht anwendbar auf Buchstaben. Bei der Schrift besteht zwischen den Buchstaben, deren regelhafter Anwendung und dem Wortinhalt (Aussage) kein unmittelbarer, sondern ein durch Konventionen festgelegter Zusammenhang (Sinnbezug).

So kommt z.B. dem **A** im Wort Haus keine Sinnbedeutung zu, als Einzellaut hat **Aa** nur Funktionswert.

Die zu einem Wort zusammengesetzte Buchstaben- bzw. Lautreihe wird zum Träger einer völlig disparaten Sinnbedeutung. Diese Abstraktion müssen die Kinder bei Buchstaben - im Gegensatz zu den Zahlen - sozusagen

---

IN EINEM SCHRITT

---

bewältigen. Das ist ein **Faktum**, das auch durch alle die vielfältigen Versuche, die Kinder mittels der erwähnten Wort- und Bildhilfen und allerlei Geschichtchen, die zum Verständnis der Buchstaben führen sollen, nicht aus der Welt zu schaffen ist.

"Die Einheit des Schriftsystems in ihrer Zeichenhaftigkeit mit variablen semantischen Bedeutungen muss vom Kind erfasst werden." *(Pregel)*

Wie steht es nun aber mit der Vermittlung der **Einsicht** in diese funktionalen Zusammenhänge? (FIBEL 2. Teil) Mir will scheinen, dass man den Kindern in der Schule den Zugang zu den Einsichten noch zu sehr durch Erklärungen zu öffnen versucht und die Kinder immer wieder zu einseitig kognitiv und auf oft recht abstrakte Weise anspricht.

Strategien werden zu schnell vorgegeben, Funktionen und Beziehungsregeln beim Lesenlernen noch immer zu sehr **gelehrt** statt **e r l e r n t**, das heisst: sie werden vielfach **zu früh erklärt,** statt dass man die Kinder diese durch vielfältiges **Handeln** **e r f a h r e n** (erleben) und **entdecken, kennenlernen** und - soweit das sinnvoll und möglich ist - **b e n e n n e n** lässt.

Wissen in Können umsetzen bereitet vor allem in abstrakten Bereichen Erstklässlern noch grosse Schwierigkeiten. Leichter fällt es ihnen, 'handelnd' Dingen auf die Spur zu kommen.

> *"J. Piaget zeigte den Zusammenhang von Denken, Operieren und Handeln auf. In der konkreten Handlung werden schon vom Kleinkind erste Zweck-Mittel-Zusammenhänge realisiert und Vorstellungen überprüft."* *(Messmer)*

Hier, meine ich, liege das Problem, das ich anfangs als

VERSTECKTEN LERNVORGANG

---

bezeichnet habe. Ihm gilt in der LESESTADT unser starkes Interesse, weil ihm, wie mir scheint, zentrale Bedeutung zukommt.

LESENLERNEN HEUTE

Wo stehen wir heute? Nur weil ich Ihre Geduld nicht allzu stark strapazieren möchte, verzichte ich darauf, Ihnen einen geschichtlichen Abriss über die Entwicklung der Lesemethoden und -lehrmittel zuzumuten. Denn besonders die Analyse alter und neuer Fibeln und deren Vergleich wären spannend und in vielen Beziehungen aufschlussreich, wiederspiegeln doch sowohl deren Textinhalte und deren Textgestaltung als auch deren Illustrationen recht anschaulich das Umfeld der Kinder und die pädagogischen und didaktischen Intentionen der jeweiligen Epochen.

Einen sehr summarischen Ueberblick über die **Zielsetzungen im Laufe der Zeit** kann ich Ihnen aber nicht ersparen.

Seit schon bald dreihundert Jahren bemühen sich engagierte Lehrer um ein vertieftes Verständnis des Leselernprozesses und versuchen, mittels verschiedener Methoden und Hilfsmittel einen wirkungsvollen und kindgemässen Leseunterricht zu gestalten. Oft eilten die Einsichten dieser Männer ihrer Zeit weit voraus und wurden erst mit grosser zeitlicher Verspätung in die Praxis umgesetzt.

Alte, fragwürdige Methoden hielten sich hartnäckig - das soll auch heute noch vorkommen - und waren nur durch gesetzliche Vorschriften zu überwinden, und dieser Weg ist ja bekanntlich auch nicht der schnellste.

Zurückblickend ist man aber doch erstaunt, wie wenig dynamisch die Institution Schule war. (Und heute beileibe noch ist.)

Anfangs dieses Jahrhunderts hat sich, was die Fibeln betrifft, ein etwas kinderfreundlicherer Trend abzuzeichnen begonnen. Dies sicher auch dank der neuen drucktechnischen Errungenschaften (Farbdruck usw.). Die didaktischen Diskussionen kreisten aber meistens, wenn man die Fibeln durchgeht, um verhältnismässig unwesentliche Detailfragen, um Reihenfolge der Buchstaben, Schrift usw.(siehe FIBEL 1. Teil).

Mit der sogenannten Schulreform in den zwanziger und dreissiger Jahren verlagerte sich diese dann immer mehr auf Grundsätzliches. Die wissenschaftlichen Erkenntnisse der aufkommenden Entwicklungspsychologie brachten es zwangsläufig mit sich, dass methodische Details in den Hintergrund gerückt, das Kind dafür immer mehr in den Mittelpunkt des Interesses gestellt wurde. Beeinflusst durch die Ganzheitspsychologie, bewegte und erhitzte dann die Ihnen allen bekannte Thematik

---

SYNTHETISCHES ODER GANZHEITLICHES LESEVERFAHREN

---

die Gemüter.

Die zunehmend heftiger geführte Auseinandersetzung erreichte in den fünfziger und sechziger Jahren ihren Höhepunkt. Heute hat sich der Sturm gelegt. Es hat sich gezeigt, dass beide Verfahren Vor- und Nachteile aufweisen, dass die eine Methode mehr den einen Kindern, die andere mehr den anderen entgegenkommt. Da sich aber in einer Klasse sehr unterschiedlich veranlagte Kinder befinden, sucht man kompromissbereit nach neuen Verfahren.

Solche liegen bereits vor in Form der sogenannten

METHODENÜBERGREIFENDEN ODER METHODENINTEGRIERENDEN VERFAHREN,

---

und zwar - wie könnte es anders sein - in verschiedenen Ausprägungen. Auch der nicht ausrottbare Glaube an das Machbare flammt immer wieder da und dort darinnen auf.

DER LESELERNPROZESS UND SEIN UMFELD

Was bringen die neuen Leseverfahren und Lehrgänge, und was zeichnet sie aus?

Wir unterscheiden bei unserer kurzen Betrachtung die beiden folgenden Bereiche: 1. den Bereich, der den **Leseprozess** selber umfasst und 2. den, der das **Umfeld** betrifft, in dem sich Lesenlernen abspielt.

DER LESELERNPROZESS

Der Leselernprozess wird theoretisch sehr detailliert und differenziert dargestellt, was sich - vor allem in einer für Junglehrer fast erschreckenden Fülle neuer **Fachbegriffe** niedergeschlagen hat. (siehe Anhang: Begriffserklärungen)

Vermehrte Aufmerksamkeit wird auch dem 'Vorfeld' des Lesens geschenkt, d.h. den sogenannten **funktionalen Uebungen** (Zeichen verstehen, sich im Raum orientieren können usw.). Eine ähnliche Tendenz ist auch im Neuen Mathematikunterricht zu beobachten, dort sinnenfällig im 'pränumerischen Bereich' (Mengenlehre, logische Blöcke usw.). Dies als flüchtiger Hinweis auf einen Zusammenhang, auf den wir schon an anderer Stelle kurz hingewiesen haben. (siehe Seite 78)

Die Notwendigkeit, diesem 'Vorfeld' vermehrte Aufmerksamkeit zu schenken, liegt darin, dass der 'natürliche' Lebensraum den Kindern vielfach nur noch in sehr eingeschränktem Mass Gelegenheit zu funktionalen Uebungen und der damit verbundenen Entfaltungsmöglichkeit der Sinne bietet.

Das Auffälligste aber an den neuen Lehrgängen sind die aufwendigen und umfangreichen **Übungs-, Arbeitshefte** und **-blätter.**

Die sehr differenzierte Analyse des Leselernprozesses führte zu einem entsprechend vielseitigen Uebungsangebot.

Zusätzlich zur eigentlichen **Leselernfibel** werden deshalb in Form der genannten umfangreichen **Übungshefte** oder zahlreichen **Arbeitsblätter** z.B.: **ILZ** 155 Seiten; **LESESPIEGEL** 2 Arbeitshefte von total 110 Seiten angeboten.

Zur Absicherung des Lernerfolges und zur sinnvollen Handhabung der Uebungsunterlagen, vor allem wenn diese stark curricularen Charakter aufweisen, bedarf es auch eines mehr oder weniger ausführlichen **Lehrerkommentarbandes.** Dazu kommt meistens noch ein Textband **Weiterführendes Lesen.**

"Texte als Gegenstand des Lesens einerseits, gezielte Uebungen zur Lernsicherung andererseits machen es erforderlich, auch im materialen Angebot für den Lernprozess einen gebührenden Anteil von aufeinander bezogenen Texten und Uebungsfolgen aufzunehmen." *(Pregel)*

* * *

Wenden wir uns zuerst einmal den **Arbeitsheften** bzw. **Arbeitsblättern** zu. Da kann eine deutliche Gewichtsverschiebung von der Fibel zu den Arbeitsblättern festgestellt werden.

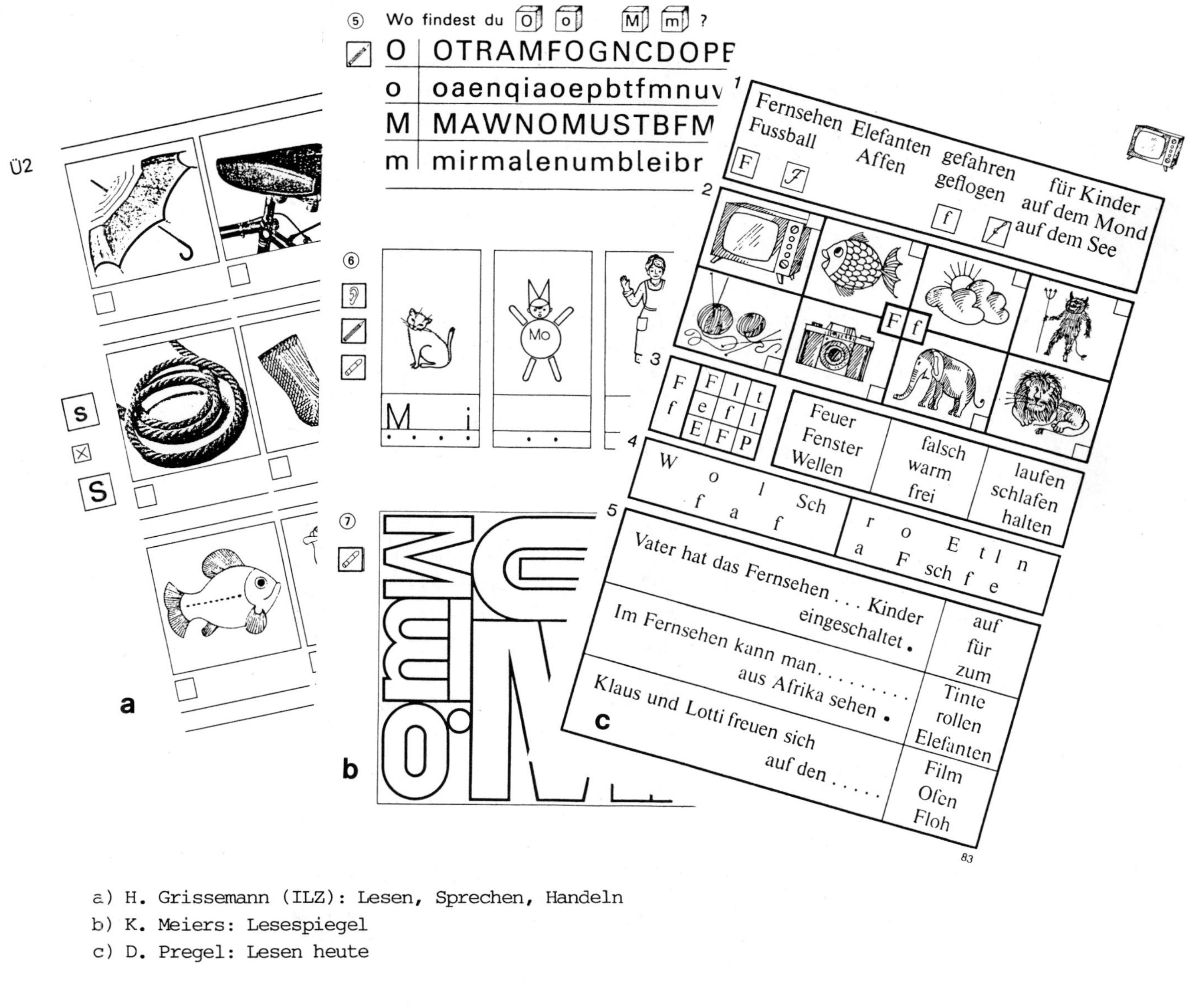

a) H. Grissemann (ILZ): Lesen, Sprechen, Handeln
b) K. Meiers: Lesespiegel
c) D. Pregel: Lesen heute

Ich möchte betonen, dass ich mit den folgenden Ausführungen den Wert der obigen Darstellungen **in keiner Weise herabmindern** oder in Frage stellen möchte. Tatsache ist, dass der Erstleseunterricht durch diese für die Klassen- und Einzelarbeit geeigneten Uebungsangebote bereichert worden ist und dass sie den Kindern ein neues Betätigungsfeld eröffnet haben. Die vielfach sehr ansprechend gestalteten Uebungsformen haben einen wichtigen Stellenwert. Sie dürfen aber, vor allem was ihre **Strategie** betrifft, nicht überschätzt werden.

Was müssen die Kinder tun?

- umfahren
- zuordnen
- ankreuzen
- durchstreichen
- an-, aus-, übermalen
- unterstreichen
- verbinden
- auswählen
- aus-, vertauschen
- ergänzen, hinzufügen
- nachfahren
- ordnen
- einsetzen
- einkreisen

usw. usw.

Wie werden die Kinder angeleitet?

Zuerst durch **einführende Erklärungen.**

Später durch **nonverbale Arbeitsanweisungen,** sogenannte

PIKTOGRAMME

Die reichhaltige Palette verschiedenartiger Tätigkeiten könnte den Eindruck erwecken, dass die Kinder auf mannigfache Weise zu selbständiger Aufgabenlösung angeregt würden.

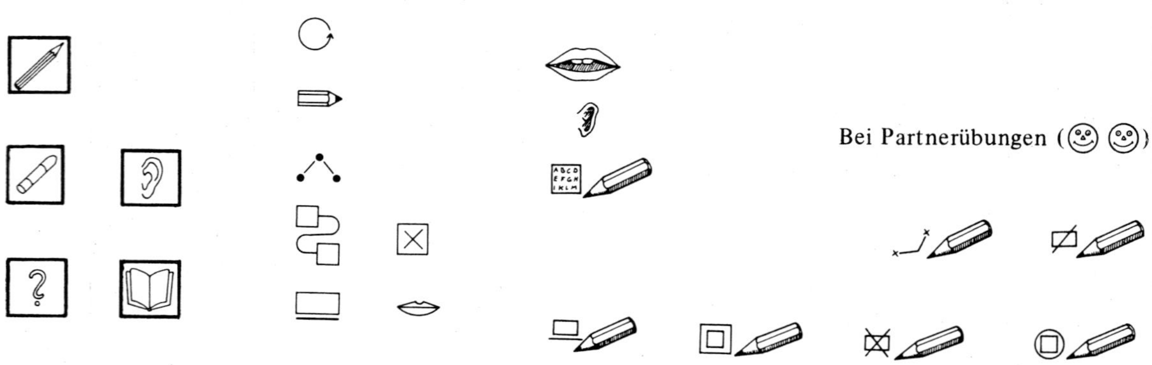

Beruhen diese Tätigkeiten aber letztlich nicht alle auf der **gleichen, vorgegebenen Strategie?** Das heisst, die Kinder lernen mit der Zeit diese bildlichen Anweisungen befolgen, ohne dass sie dabei den inhaltlichen Zusammenhang wirklich begreifen. Die Handlungsanweisungen (Operationen) verlangen vom Kind nur eingeschränkt selbständige Arbeit, denn das Vorgehen ist in den Piktogrammen **vorprogrammiert.**

"Der Lehrer muss alle Einzeltechniken wie anstreichen, unterstreichen, durchstreichen, ankreuzen usw. .. demonstrieren und die Kinder probeweise durchführen lassen."
(Meiers)

Durch Piktogramme werden die Kinder, obschon bildlich, auf einem verhältnismässig abstrakten Niveau angesprochen. Es wird nicht im eigentlichen Sinne gehandelt, sondern die Uebungen werden lediglich auf unterschiedliche Weise 'mit dem Stift' ausgeführt, und die Aufgabe wird, wenngleich auch die Hand mitbeteiligt ist, doch auf kognitiver Ebene gelöst.

Die Piktogramme ersetzen quasi die Lehreranweisung. Das ist nun allerdings etwas, das sich bei vielen Kindern **positiv** auswirken kann, weil die **nonverbalen** Zeichen von keinem autoritären Anspruch (keiner verbalisierten Erwartung) belastet sind. Das ist übrigens auch vom **Material der LESESTADT** zu sagen, das diesbezüglich auch **'wertfrei'** und **'neutral'** ist. Was das bedeuten kann, habe ich bei MIMI SCHEIBLAUER sehr anschaulich erlebt. Sie zeigte uns, wie verhaltensschwierige Kinder, die sich jeder verbalen Aufforderung widersetzten, musikalische Anordnungen (z.B. bestimmte Tonfolgen, Akkorde usw.) ohne den geringsten Widerstand befolgten (siehe S. 14).

PIKANTES ZU DEN PIKTOGRAMMEN

*Nicht nur Buchstaben, sondern auch piktogrammartige Zeichen werden auf verschiedene Weise eingesetzt und dadurch zu **Trägern verschiedenartiger Bedeutung und Funktion**.*

Die üblichen Piktogramme haben einen vorwiegend informativen Charakter und weisen meistens auf bestimmte Einrichtungen hin.

ZWEIERLEIER, DREIER-, VIERERLEIER ??

Andere stehen als Symbole ganz einfach anstelle von Nomen in einem Text,

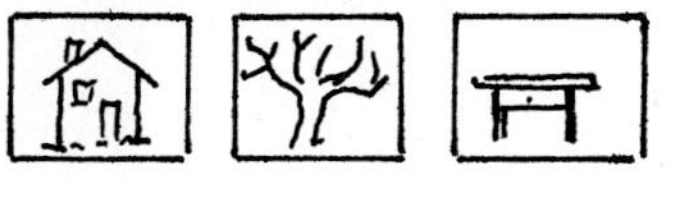

oder werden innerhalb eines solchen als Symbole für Tätigkeiten gebraucht,

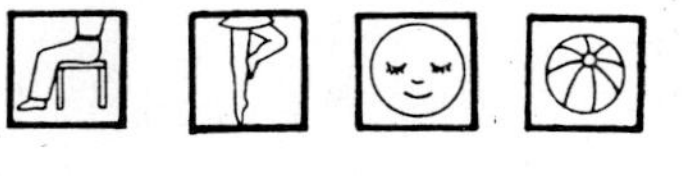

während andere parallel dazu als blosse Arbeitsanweisungen dienen müssen.

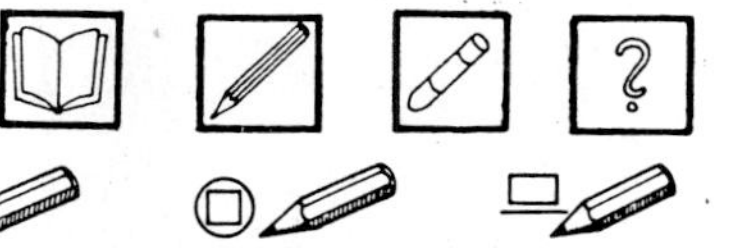

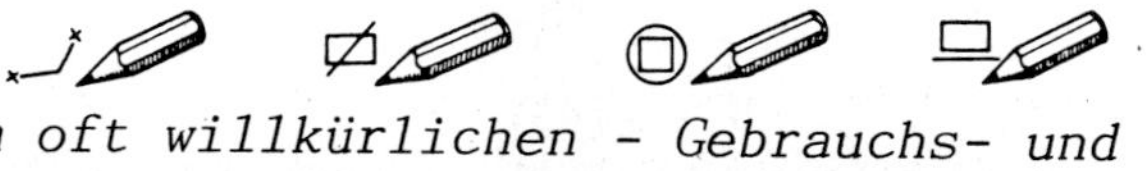

Auch diese - einem oft willkürlichen - Gebrauchs- und Bedeutungswechsel unterworfenen Zeichen müssen die Kinder unterscheiden und deuten lernen.

Versuchen Sie selber einmal, alle die Ihnen auf Verkehrs-, Hinweistafeln und Gebrauchsanweisungen usw. begegnenden Zeichen auf solche Zusammenhänge hin zu untersuchen. Sie werden staunen!

Kehren wir zum eigentlichen Thema, zu den oben erwähnten Uebungen zurück. Es ist fast nicht zu umgehen, dass bei den meisten schriftlich und graphisch fixierten Uebungen der Weg, ähnlich wie beim Frontalunterricht, nach dem **bekannten Muster** verläuft:

Lehrer	Schüler
vormachen und erklären benennen	(evt. probieren) nachvollziehend ausführen

Dieser Weg birgt jedoch die Gefahr in sich, dass die Kinder nicht das Wesentliche (den Inhalt), sondern nur das Vorgehen, die Strategien, erfassen und, da letztere meistens ähnlich sind, diese dann mehr oder weniger mechanisch nachvollziehen.

ZUERST PROBIEREN DÜRFEN, BEVOR MAN ETWAS KÖNNEN MUSS, GILT VOM KINDERGARTEN BIS ZUR HOCHSCHULE.

Wir kommen im Unterricht nie ganz um das einführende Erklären der Funktionen, der Vorgehen und um Regeln herum. Aber das ist für viele Schüler nur eine bedingte Verständnishilfe. Und der Anspruch, Vorgezeigtes oder Erklärtes unmittelbar richtig nachvollziehen oder anwenden zu müssen, verunsichert (nicht nur Kinder!) und kann Angst erzeugen.

ANGST ABER IST DER **FEIND NR. 1 DES LERNENS**

Dagegen sind Kinder ohne weiteres imstande, durch **vielfältiges Tun,** Funktionen und Regelhaftigkeiten zu erspüren und diese, wenn auch unvollständig, so doch in Ansätzen zu erkennnen und zu begreifen. Man denke nur an den **Spracherwerb!**

Dienes sagt in bezug auf die Mathematik:

"Man lernt viel mehr aus einer Reihe von Versuchen als aus einer Reihe von Erklärungen." *(Z.P. Dienes)*

Das logische Denken der Kinder auf dieser Altersstufe bewährt sich erst an konkreten Erfahrungen. Das gilt nicht nur für das Rechnen, sondern auch für andere Lernbereiche, z.B. eben für das Lesenlernen.

H A N D E L N D   L E R N E N

heisst:

etwas greifbar, für die HAND

'be-greifbar' machen, um es

' b e g r e i f e n '

zu können.

DAS IST EINES DER GROSSEN ANLIEGEN DER L E S E S T A D T !

Dieser Weg führt in der **umgekehrten Richtung** über

---

das ERLEBEN, ERFAHREN zum ERKENNEN und BENENNEN

DIE HÄNDE SIND DAS ÄUSSERE GEHIRN DES MENSCHEN.

Kant

Nicht das Gehirn denkt, sondern der mit Haut und Gliedern erlebende Mensch.

Einstein

Und wir Menschen haben **z w e i Hände, eine rechte und eine linke Hand.**

Muss das nicht zu denken geben, schon gar, wenn wir uns an Frederic Vester und an die Theorie von den beiden Gehirnhälften erinnern?

UMFELD DES LESENLERNENS

Hier geht es um die betonte Beachtung des **'Umfelds'**, in dem sich der **Leselernprozess** abspielt und das ihn je nachdem positiv oder negativ beeinflusst. Die neueren Lehrmittel zeichnen sich vor allem durch folgende Forderungen aus, die an eine Lesefibel und den damit verbundenen Leseunterricht gestellt werden:

- Vielfältige, inhaltliche Auswahl und formale Gestaltung der Texte (verschiedene Textsorten und ihre entsprechende Aufarbeitung)
- Handlungsorientiertes, soziales Lernen
- Zwischenmenschliche Kommunikation
- Curriculare Merkmale und entsprechender Aufbau
- Legasthenieprävention (ILZ)
- Werkendes Lernen (hauptsächlich im Zusammenhang mit der 1. und 2. Ebene)

In der LESESTADT kann selbstredend nur ein Teil dieser Forderungen berücksichtigt werden. Hingegen möchte sie den Kindern Möglichkeiten und Voraussetzungen anbieten, die im herkömmlichen Unterricht eher selten zum Zuge kommen. (siehe INTENTIONEN: Anlage).

* * *

Ich bin der Ueberzeugung, dass sich Lesenlernen im Umgang mit der **lebendigen, sinnerfüllten Sprache** abspielen muss und nicht mit einer vorwiegend auf lesetechnische Kriterien ausgerichteten Lehrbuchsprache.

Am idealsten scheint mir immer noch, wenn eine Lehrerin oder ein Lehrer mit den Kindern zusammen selber eine Lesefibel erarbeitet, gestaltet und z.T. auch selber herstellt (stempeln, drucken, vervielfältigen, zeichnen usw.). Was im Xerox-Zeitalter wahrlich keine Hexerei mehr ist.

Das Lesenlernen soll einer Entdeckungsreise gleichen, zu einem Abenteuer des Geistes werden, das dem schöpferischen Drang der Kinder entgegen kommt und

LIEBE SCHWESTER NACHTIGALL

Grosse Lehrmeisterin
Nachtigall
Wenn du
deine Kinder
lehrst
legst du
deine ganze
Seele
in den Gesang
Warmer Maienabend
windstill
aus der Stimmung
des Augenblicks
wachsen
deine Lieder
das Gotteslob
senkt sich tief
in die Herzen
unvergesslich
Doch fast
gänzlich aus
Savurniano
verschwunden

Hh. R.

deren geistige Beweglichkeit fördert. Das schliesst aber keineswegs mehr oder weniger formale Uebungen aus. Auch diese stellen für die Kinder Neuland dar, wo sie erregende Entdeckungen machen können. Wer den Wald entdecken will, kann nicht an den Bäumen vorbei sehen.

Auf einmalige, originelle und ganzheitliche Weise hat **Elisabeth Lehnhard,** die von 1934-1971 an der Unterstufe in Arn bei Horgen unterrichtete, mit ihren insgesamt neun selbstverfassten Fibeln den Kindern das Lesen beigebracht. Ihre Intentionen hat sie einmal unter den bezeichnenden Titeln: " Am Anfang war das Wort .... nicht der Duden" - "Und das Wort ward Fleisch .... keine Grammatik" kurz zusammen gefasst.

FUNKTIONALER ANALPHABETISMUS - GIBT ES DAS?

Funktionaler Analphabetismus - ein Schlagwort ? Oder gibt es ihn wirklich unter "gebildeten" Leuten in unserer hochzivilisierten Gesellschaft? Ist die Schule, sind die Lehrer schuld daran? Oder das Fernsehen? Machen Piktogramme das Lesen bald überflüssig? Verdrängen die Bilder in den Medien immer mehr das geschriebene Wort? Wie lange dauert es noch, bis auch in der Welt der Computer alle verbalen Anweisungen durch allgemein verständliche, von der jeweiligen Sprache unabhängige **Piktogramme** ersetzt werden?

Kurse für Analphabeten
Der Schweizer
Lesen und Sch
Erwachsene k
die regionale
für funktior
beten. Die
steht zum
wacklige

Die Sta
gegr
und Sc

Tausende in der Schweiz
Wieviele erwachsene Schweizer zu dieser Gruppe zählen, darüber gibt es nur Schätzungen: Die am häufigsten zitierte Angabe stammt vom Institut für Sonderpädagogik der Universität Zürich. Aufgrund stichprobenhafter Erhebungen bei Sonderklassen- und Abschlussklassenschülern wird eine Gesamtzahl von 20 000 bis 30 000 funktionale Analphabeten genannt.

n einen strengeren
t die Bilanz noch
Bei der Rekruten-
rden drei Durch-
gelegt und an-
itung

Leiden von A–Z

Eine beruflich sehr qualifizierte Frau in gehobener Stellung sagte:
"Ich habe die Abschlussprüfung für mein Diplom nur dank des ***'MULTIPLE-CHOICE-SYSTEMS'*** *bestehen können. Hätte ich die Fragen schriftlich beantworten müssen, wäre ich glatt durchgefallen, weil ich die Sprache weder mündlich noch schriftlich genügend beherrsche."*

ANALPHABETISMUS

Haben die Massenmedien mit ihrer Flut an Gedrucktem zu einer Inflation des Wortes, besonders des geschriebenen, geführt? Beruht die Faszination, welche Comics auf Kinder und Erwachsene ausüben, unter anderem auch auf dem Umstand, dass diese Gattung dem **gedruckten Wort** bis zu einem gewissen Grad die **fehlend**e (bzw. vom Leser nicht mehr erspürte) **Gestik und Mimik** der lebendig gesprochenen Sprache zurück gibt?

V. ERFAHRUNGSBERICHTE

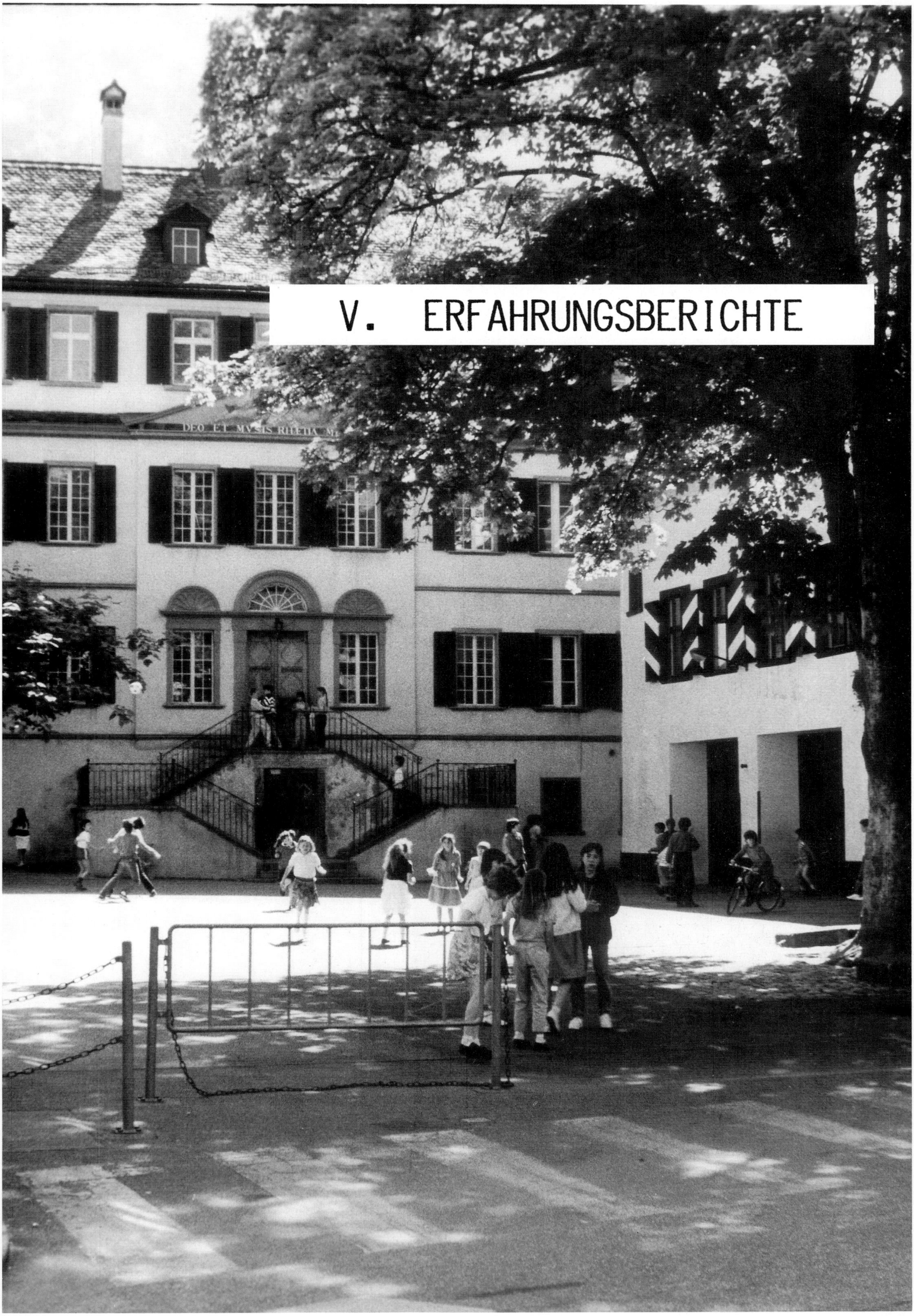

Erfahrungsberichte

SCHIERS

Schon während des Baus besuchten die Erstklässler der Dorfschule (Übungslehrer: W. Eggimann) in regelmässigen Abständen die LESESTADT, und zwar in Gruppen von 4 bis 5 Kindern. Sie durften sich darin völlig frei bewegen und betätigen. Das ermöglichte mir zu beobachten, wie die Kinder auf die Einrichtungen ansprachen. Auf Karten notierte ich die Nummern der von ihnen benützten Spiele sowie Bemerkungen und auffällige Verhaltensweisen der Kinder.

Die Auswertung der Beobachtungen zeigte, welche Gegenstände die Kinder in welchem Zeitpunkt bevorzugten, mit welchen sie nur selten oder gar nie spielten.

Aufschlussreich waren vor allem die gegenseitigen Erklärungsversuche der Kinder und deren Fragen, die ich aber nur soweit beantwortete, bis die Kinder befriedigt waren. Sie machten mich oft auf Zusammenhänge und Probleme aufmerksam, die ich übersehen hatte. Ja, sie inspirierten mich manchmal zur Herstellung von neuen Gegenständen, die es ermöglichen, den Kindern eine Einsicht direkt erfahrbar zu machen. Auf einige interessante Vorkommnisse habe ich bei der Beschreibung der Gegenstände hingewiesen.

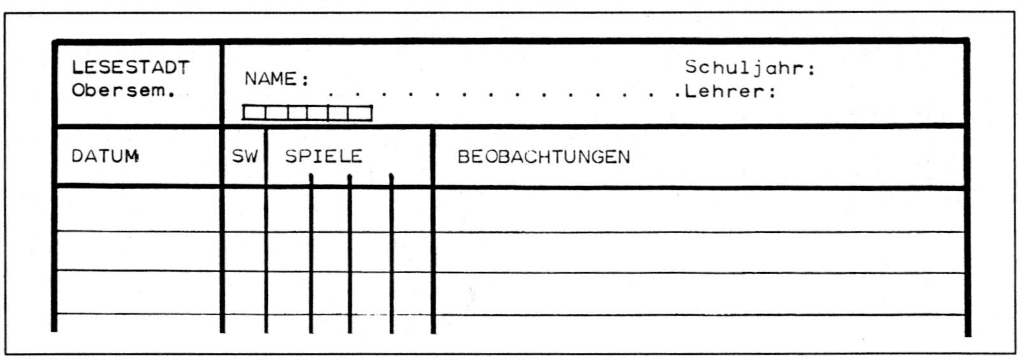
LESESTADT
Obersem.
NAME: . . . .
Schuljahr:
.Lehrer:
DATUM
SW
SPIELE
BEOBACHTUNGEN

Einzelne LehrerInnen aus dem Tal wünschten, die LESESTADT mit ihren Erstklässlern besuchen zu können. Obschon solche sporadische Besuche nicht ganz meinen Vorstellungen entsprechen, kam ich den Wünschen gerne entgegen. Sie zeigten mir, wie ein einmaliger längerer Aufenthalt in der LESESTADT auf die Kinder wirkt.

Ein gutes Echo löste die LESESTADT stets bei den vielen erwachsenen BesucherInnen (LehrerInnen, LegasthenietherapeutInnen, auswärtigen SeminaristInnen und anderen InteressentInnen) aus. Sie alle konnten ihrer Anziehungskraft nicht widerstehen, begannen spontan mit den Gegenständen zu spielen und diese zu untersuchen. Im Umgang mit dem strukturierten Material wurden ihnen viele mit dem Lesenlernen verbundene Probleme und Zusammenhänge bewusster.

Neue Lesestädte

In eine entscheidende Phase ist unser Pilotprojekt getreten, als die erfahrene Lehrerin **Rosmarie Luck** und der Schulberater der Stadt **CHUR Andreas Müller** das Wagnis eingingen, zusammen mit den Eltern der Erstklässler eine eigene LESESTADT zu bauen. Über dieses höchst erfreuliche und erfolgreiche Unternehmen orientiert Sie der nachfolgende Bericht. An dieser Stelle danke ich den beiden Städtebauern (und ihren MitarbeiterInnen) herzlich für den grossen Einsatz und die fruchtbare Zusammenarbeit. Ihr Engagement und die von ihnen ermöglichten Erfahrungen haben mich zusätzlich zur Abfassung dieses Buches ermutigt.

Nach einem Besuch in Schiers, und nachdem der Schulrat ihnen einen passenden Raum und den entsprechenden Kredit bewilligt hatte, entschlossen sich ebenfalls einige Kolleginnen aus **APPENZELL** zum Bau einer LESESTADT. Diesmal mit der Hilfe des Leiters der 'Geschützten Werkstätte Steig'. Die Zusammenarbeit mit den Appenzeller Kolleginnen unter der Leitung von **Blanca Räss** und dem Werkstattleiter **Godi Trachsel** war für mich ein einmaliges Erlebnis. (siehe Bericht)

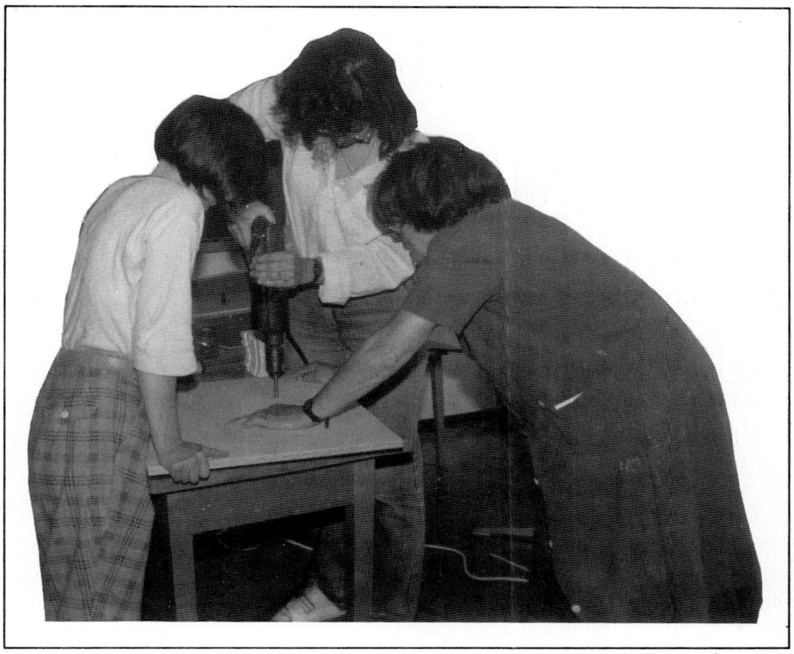

Zwei Junglehrerinnen aus **PANY** im Prättigau luden kurz entschlossen die Eltern ihrer Erstklässler und Vertreter des Schulrates zu einem Besuch der LESESTADT im Oberseminar Schiers ein. Hier konnten wir sie über den Sinn und Zweck einer solchen Einrichtung informieren. Obschon ich sie nicht im geringsten über den arbeitsintensiven Einsatz, den ein solches Unternehmen mit sich bringt, im Unklaren liess und sie auch vor falschen Erwartungen warnte, liessen sie sich nicht davor abschrecken. Dank dem begeisterten Einsatz aller Beteiligten und der handwerklichen Hilfe zweier 'Schreiner-Väter' sieht die LESESTADT nach verhältnismässig kurzer Bauzeit ihrer Vollendung entgegen. Auch dieser Bau ist zu einem eindrücklichen Gemeinschaftswerk und -erlebnis geworden. Siehe dazu den Bericht von **Barbara Bolis** und **Daniela Salzgeber**.

Der Bau einer LESESTADT bedarf der Beratung und detaillierter Bauunterlagen. Zudem schliesst er ein gewisses Risiko in der Lehrer-Elternbeziehung ein. Nach dem Bau der drei ersten Lesestädte wäre ich überfordert gewesen, noch weiteren 'Städtebauern' helfend zur Seite zu stehen. Ich habe deshalb Interessenten geraten, bis zum Erscheinen meines Buches mit dem Bau einer LESESTADT zuzuwarten.

Wir hoffen, dass das nun vorliegende Buch diese nötige Hilfe zu vermitteln vermag. Natürlich würde es uns freuen, wenn wir vernähmen, **wo weitere Städte geplant und gebaut** werden, oder wo gar **neue Erfindungen** gemacht wurden. Auch stehen wir für weitere Auskünfte oder Gespräche jederzeit gerne zur Verfügung.

Hh.R.

«Miar gfallt aifach alles!»

Rosmarie Luck und Andreas Müller

«Miar gfallt aifach alles!» ist die Antwort eines Kindes auf die Frage, was ihm an der Lesestadt besonders zusage. Die Lesestadt im Churer Nikolaischulhaus wurde während des Schuljahres 1987/88 in unzähligen Arbeitsstunden von den Autoren dieses Beitrags und den Eltern der damaligen Erstklässler erbaut. Der folgende Bericht gibt einige der vielen Erfahrungen aller Beteiligten wider.

Der Besuch der Lesestadt in Schiers im Frühjahr 1987 hinterliess bei uns unterschiedliche Gefühle: Auf der einen Seite waren wir von der Idee einer Lesestadt erfüllt und ergriffen. Die Möglichkeiten, die ein solches Betätigungsfeld für die Kinder im Hinblick auf den Erwerb des Lesens und Rechtschreibens, aber auch im Hinblick auf ganzheitliches Lernen versprach, faszinierte uns stark.Auf der andern Seite machte sich Resignation breit beim Gedanken, eine solche Lesestadt selbst zu bauen. Wo sollten schon die handwerklichen, künstlerischen und materiellen Mittel, aber auch die erforderliche Energie hergenommen werden? - Die Faszination überwog!

Auf der Suche nach Ressourcen erinnerten wir uns an die gemeinsamen Elterngespräche, welche wir in früheren Jahren durchgeführt hatten. Diese Gespräche wurden zwar von den meisten Eltern als wohltuend und hilfreich empfunden, hatten aber den Nachteil, dass diese Form der Elternarbeit die Väter im Allgemeinen offenbar weniger anspricht.

Die Idee, Mütter und Väter am Bau und an der Entwicklung einer Lesestadt zu beteiligen, weckte bei uns Hoffnung und Mut. Im Vorfeld der endgültigen Entscheidung über die Realisierung des Vorhabens setzten wir uns mit vielen Fragen in diesem Zusammenhang auseinander:

- Ist ein solches Projekt nicht geradezu prädestiniert, die Eltern am Schulgeschehen vermehrt teilnehmen zu lassen?
- Sind vielleicht Väter eher für solche Tätigkeiten für die Schule zu gewinnen, die nicht sonderlich problemorientiert sind, aber trotzdem Möglichkeiten bieten, den Erziehungsalltag «so nebenbei» zu reflektieren?
- Wäre nicht die gemeinsame Tätigkeit und der berechtigte Stolz am erarbeiteten Produkt die Grundlage für eine echte Kooperation?
- Und wären vielleicht durch den Bau und die Konstruktion von Hilfsmitteln zum Erlernen des Lesens und Rechtschreibens gar Einsichten möglich, wie Lernen wirklich funktioniert?
- Und vielleicht die wichtigste Frage: Wie würden wohl die Kinder reagieren beim Anblick von Material, das ihre Eltern für sie angefertigt hatten?

Obwohl wir die Antworten auf die gestellten Fragen vorwiegend positiv beurteilten, blieben doch bis am Schluss viele

«Mina Papa hät au öppis agschtricha. Är hät öppis müassa lackiara.»

«As isch gar nia langwiilig.»

«Miar göhn gära in a Huus, wil ma döt dar Frida hät und nit gschtört wird!»

«Mini Mama hät a ganza Huufa agmolt.»

«As isch a schöni Überraschig gsi!»

«As isch lässig!»

«Dr Sandkaschta hät mina Papa gmacht!»

«Schön isch gsi, dass immer meh Sacha darzuakho sind.»

Teamarbeit war oft notwendig und brachte die Mitwirkenden untereinander ins Gespräch

Fragezeichen, die uns zögern liessen.

Als uns dann aber Hansheiri Rütimann seine Unterstützung zusprach, beschlossen wir, das Experiment zu wagen und die Lesestadt zusammen mit den Eltern zu bauen, sofern diese dazu bereit waren.

Am Elternabend wurde das Anliegen vorgebracht und das Projekt vorgestellt. Das Echo war spontan positiv: Ungefähr die Hälfte aller Eltern sah für sich die Möglichkeit, bei dieser Gemeinschaftsarbeit mitzuwirken. Es war uns jedoch von Anfang an wichtig, dass sich niemand gebunden oder gar verpflichtet fühlen sollte. Wir bestimmten einen wöchentlichen «Bastelabend», und jeder sollte kommen, wann er wollte. Für uns ergab sich dadurch allerdings die Schwierigkeit, dass wir bei unseren Vorbereitungen nie wussten, mit wievielen «Arbeitern» wir am betreffenden Abend würden rechnen können.

Wir entschieden uns dafür, anfangs recht viel vorzugeben. Häuser, Spiele und vieles andere Material wurde in vorgefertigten Einzelteilen bereitgestellt. Dieses Vorgehen zeigte sich dann auch als richtig, schienen uns doch auch so die Abende viel zu schnell vorbeizugehen.

Im weiteren Verlauf der Arbeit entpuppte sich dann jeder als Spezialist: Einige Väter nahmen sich vor allem der Konstruktion der Spiele an, andere der Gestaltung, wieder andere setzten die Bausteine zusammen. Die Mütter betätigten sich insbesondere mit Zeichnen, Malen und Kleben.

«Miar gfallt d'Poscht am beschta!»

«Miar dar Lada!»

«Miar ds Kino!»

«Miar ds Hotel!»

«Miar ds Spiilhuus mit am Kaschperlitheater und dar Bibliothek!»

«Miar dar Flipperkaschta!»

«Miar dar Taschtkaschta!»

«Miar gfallt aifach alles!»

Es wurde eifrig zusammen gearbeitet, geplant, beraten und diskutiert. Die Diskussionen setzten sich dann im zweiten gemütlichen Teil des Abends oft bis zu später Stunde fort.

Der erste Höhepunkt war das Aufstellen der Post im Schulzimmer. Voll freudiger Erwartung und gespannt, wie wohl die Kinder am Morgen auf diese Überraschung reagieren würden, transportierten ein paar Väter bei «Nacht und Nebel» die einzelnen Bauteile ins Schulhaus und setzten sie dort zusammen.

Die Freude und der Jubel der Kinder waren dann auch gross. Von allen Seiten wurde das schöne Posthaus bewundert, das einen richtigen Briefkasten besass, der in der Post drin entleert werden konnte, dazu noch Postfächer, eine Pakettüre, Fensterläden zum Öffnen und Schliessen etc.... Die Kinder kamen fast nicht mehr aus dem Staunen heraus. - Und das alles hatten ihre Eltern selber gemacht! Einfach grossartig! «Ich habe gemeint, es gäbe nur kleine Häuschen, nicht so grosse, wo wir sogar hineingehen können,» meinte ein Kind ganz überwältigt. Sogleich gings dann an die Arbeit. Mit den bereits bekannten Buchstaben und mit Hilfe von Zeichnungen wurden die ersten Brieflein verfasst, eingeworfen, vom «Posthalter» sortiert und vom Briefträger verteilt. Dass man den erhaltenen Brief nun auch beantworten musste, war klar. Ein reger Postbetrieb begann. Auch die Päcklein, welche verschiedene Spiele (Domino, Memory etc.) enthielten, wurden eifrig benutzt. Und selbstverständlich hängte jeden Morgen ein Kind das richtige Wochentagtäfelchen an die Posttüre.

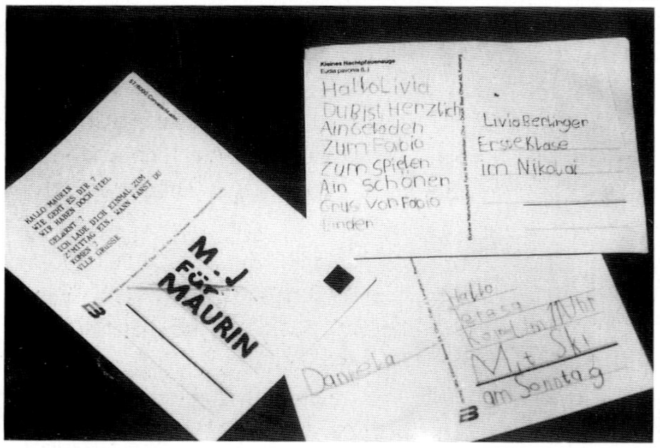

«Im Kino häts an uuu luschtiga Film!»

«Wäg dar Poscht hämmar khönna Briafa schriba, iwörfa, und sortiara!»

«I han immar Freud, wenn i a Briaf kriaga.»

«Wenn d'Eltara mitmachan und d'Lehreri hälft, dänn find'is so schön!»

«I gohn am liabschta in d'Bibliothek, wil's döt so interessanti Büachar het.»

« Andari Klassa sind uf Bsuach kho go luaga.»

«Miar sind froh, dass mar so öppis Schöns zum Spiila hän!»

«Mi dunkt d'Läsestadt guat, wil ma döt immar öppis kha schaffa!»

Was khönnt ma no macha? «A Bahnhof odar as Bauhuus mit Lego und Klötz, as Schuagschäft odar as Läseschiff mit verschidana Läsekabina!»

Jede(r) entwickelte sich im Verlauf des Projekts zum Spezialisten .

Alle waren bereits gespannt, was für ein Haus als nächstes im Schulzimmer stehen würde. Der Laden war's - ein neuer Favorit! - Welches Kind spielt schon nicht gerne «Verkäuferlis»? Hier konnte man die Lebensmittel in die beschrifteten Fächer einordnen und Bestellungen an die Magnettafel notieren. Es wurde miteinander verhandelt, kassiert und auf der Schiefertafel immer wieder eine neue Aktion angepriesen.

Die Begeisterung der Kinder motivierte uns stets von neuem zum Weitermachen. Allmählich merkten wir nämlich erst richtig, worauf wir uns da eingelassen hatten! Da wir noch keine Pläne und Beschreibungen besassen, war der Aufwand beträchtlich. Vielleicht war die Spannung und das Engagement deshalb recht gross, weil alles, abgesehen von den «Schierser Bildern», welche wir mit uns herumtrugen, originären Charakter bekam. Hansheiri Rütimann stand uns aber mit Rat und Tat bei. Dafür sind wir ihm sehr dankbar.

Das Spielhaus und das Kino folgten, und zu guter Letzt vervollständigte ein Engadinerhaus als Hotel-Restaurant unsere kleine Stadt.

Fast täglich fragten die Kinder:«Dürfen wir heute in die Lesestadt?» Neben den offiziell angesagten Stunden (2-3 mal pro Woche), in welchen sich jeweils die halbe Klasse in der Lesestadt aufhielt, ergaben sich immer wieder Gelegenheiten, dort rasch noch etwas zu erledigen. So begannen die Kinder in und mit der Lesestadt zu leben, sie lieb zu gewinnen.

Für die Lehrerin bestand die grösste Schwierigkeit oft darin, nur zu beobachten, sich aber nicht einzumischen, sondern höchstens weiterführende Hinweise zu geben.

Die Attraktivität und Faszination der Lesestadt blieb für die Kinder bestehen. Als einmal ein Lehrerkollege kam, um Videoaufnahmen zu machen, bestaunten die Kinder zwar am Anfang die grossen Scheinwerfer und Apparaturen, waren dann aber bald von ihren diversen Tätigkeiten und Beschäftigungen in der Lesestadt so in Anspruch genommen, dass kaum eines noch auf den Mann mit der grossen Kamera acht gab.

Auch die verschiedensten Besucher schlägt unsere Lesestadt in ihren Bann: Die älteren Schüler unseres Schulhauses, die einfach einmal sehen wollen, was es da Neues gibt, die vorschulpflichtigen Kinder, die sich z.B. während Elterngesprächen mit Vorliebe in der Stadt aufhalten und dort auch gut «versorgt» sind, die SeminaristInnen, welche mit Freude und Staunen erkennen, wie Lernen auch erlebt wird, und ebenso Eltern, die hin und wieder sogar sagen:«So wäre ich auch lieber zur Schule gegangen!»

Besonders erfreulich ist, dass sich gerade auch die fremdsprachigen Kinder sehr vom grossen Angebot der Lesestadt angesprochen fühlen: Beim Spiel können sie ihren deutschen Wortschatz erweitern und sich dabei im Kontakt mit ihren Mitschülern nicht nur im Sprechen üben, sondern sich auch rascher in die Klasse integrieren. Überhaupt ermöglicht die Lesestadt ganzheitliches Lernen: Die verschiedenen Tätigkeiten erfordern von den Kindern ein ständiges Miteinander und gegenseitige Rücksichtnahme.

Die Arbeit an der Lesestadt hat uns Initianten viel Zeit, Energie und auch Geld gekostet (wir sind allen dankbar, die uns dabei unterstützt haben), aber sie hat uns auch viel Positives gebracht, vor allem ein schönes freundschaftliches Verhältnis mit den Eltern und ein Kontakt zu und zwischen den Vätern, wie er im gewöhnlichen Schulalltag nur selten vorkommt, da sich bei den meisten sonst üblichen Aktionen nur die Mütter beteiligen.

Es ist sicher von Vorteil, wenn ein solches Gemeinschaftswerk von einigen Lehrkräften zusammen (und den Schüler-Eltern) ausgeführt werden kann, damit sich die Arbeitsbelastung und die Verantwortung auf mehrere Schultern verteilen. (Wir schätzen es jedoch sehr, eine eigene Lesestadt im Schulzimmer zu haben, die jederzeit benutzt werden kann.)

Wir könnten uns aber auch eine Mithilfe der Schüler aus höheren Klassen vorstellen. So haben bei uns die Drittklässler Bildergeschichten für unsere Geschichtenpäcklein geschrieben, und der Lehrer der 6. Klasse hat sich anerboten, mit seinen Schülern «Filme» für unser Kino zu gestalten. Gewiss wäre ebenso einmal eine Oberstufenklasse bereit, für die Lesestadt z.B. Spiele aus Holz herzustellen.

«Fertig» ist unsere Lesestadt auch heute - ein Jahr danach - noch nicht, wird und soll es wohl auch nie sein, gibt es doch immer wieder neue Anregungen und Ideen zu verwirklichen.

Wie sich der Bau der Lesestadt aus Elternsicht ereignet hat, zeigen die folgenden Berichte.

Für mich waren die gemeinsamen Bastelabende mit den andern Eltern, der Lehrerin und dem Schulberater ein schönes Erlebnis. Ich hoffe, dass die dabei gemachten Bekanntschaften erhalten bleiben. Es würde mich freuen, wenn wieder einmal etwas gemeinsam erarbeitet oder organisiert werden könnte.
Das Kennenlernen der Eltern von Mitschülern meiner Tochter, im Zusammenhang mit den Schulbesuchen, brachte mir auch die Beziehung zu ihrer Klasse. Es freut mich jetzt, wenn ich das eine oder andere Kind der Klasse auf der Strasse antreffe - neue Bekannte einer andern Generation.
Da ich gerne ''bastle'', war es für mich nie ein ''Muss''. Es war für mich eine Genugtuung, etwas zur Schule meiner Kinder beitragen zu können. Dies im Besonderen, wenn ich daran denke, dass die Kinder Freude daran haben und dabei noch etwas leichter lernen.
Es zeigte mir auch, dass es Lehrkräfte gibt, die trotz ihrer langjährigen Tätigkeit den Willen zu Neuem noch haben und ihre persönliche Freizeit unentgeltlich dafür opfern. Vielen Dank dafür.

Markus Berlinger

Es war schön zu sehen, wie durch gemeinsame Arbeit etwas entstand. Wenn man sieht, wie die Kinder mit viel Freude in der Lesestadt arbeiten und alles spielerisch erlernen, bin ich froh, dass wir Eltern die Möglichkeit hatten, dazu etwas beizutragen.

Caroline Linder

Die Arbeit an diesen Bastelabenden hat mir sehr viel Spass bereitet. Es war jedesmal lustig, wenn Ginia ganz genau wissen wollte, was ich jeweils gebastelt habe. Für sie war ja enorm wichtig, was gerade ihr Papi da zustande gebracht hat.
Am Elternabend wurden uns Videoaufnahmen vorgeführt. Da konnte ich sehen, mit welcher Freude und mit welchem Eifer die Kinder die Lesestadt benutzten. Das hat mich sehr beeindruckt.

Daniel Holdener

Uns freute das gegenseitige Kennenlernen und Kontaktpflegen zwischen Lehrerin, Schulberater, Eltern und Kindern sehr. Ebenso beeindruckte uns, wie die Kinder spielerisch das Lesen und Schreiben erlernten und wie sie einander herrliche Briefe schrieben. Die gemeinsame Entwicklung der Stadt und die Freude, unsern Kindern so etwas Schönes gegeben zu haben, bleiben uns in guter Erinnerung. Wir hoffen, dass noch viele Kinder diese Lesestadt geniessen dürfen.

E. + H. Fausch.

POST TELEFON TELEGRAF
Lesestadt
Montag

Elotex

FRÜCHTE GEMÜSE
BLUMEN
Fischer
Schneider
Müller
Metzger

der
die
das
Hase
Maus
Buch
Elefant
Huhn
Haus
Mantel
Tanne
Dorf
Bär
Birne
Nase

POST TELEFON TELEGRAF
Lesestadt
PTT

«Oeses APPEZOELLAE» - Lesestadtprojekt

Im August 1987 besuchten die Unterstufenlehrkräfte des Kantons **APPENZELL** I.Rh. einen Kurs über den Leseunterricht. Dabei erwähnte die Kursleiterin das Lesestadtprojekt des Lehrerseminars in Schiers. Auf Grund eines Artikels im Bündner Schulblatt konnten wir uns die Idee anhand der Bilder etwas konkreter vorstellen. Wir entschlossen uns darauf, die Lesestadt in Schiers zu besichtigen.

Am 1. Dezember 1987 führten wir die Exkursion nach **SCHIERS** aus. Herr Rütimann führte uns durch die Lesestadt und erläuterte uns das Konzept. Dieser Besuch hinterliess Spuren ... Im Januar bewilligte uns das kantonale Schulinspektorat die Ausführung dieses Projekts in Appenzell. Mit Herrn Rütimann zusammen besuchten wir im Februar die Behindertenwerkstätte Steig in Appenzell. Der Werkstattleiter war sofort bereit, mit uns zusammenzuarbeiten. Bald darauf begannen die Vorbereitungen für die Kurswoche in den Sommerferien 1988.

In der ersten Ferienwoche war es dann soweit. Im Schulhaus Chlos **APPENZELL** wurde gehämmert, gesägt, geschliffen, gemalt und manches mehr. Diese Arbeiten kosteten uns einige Schweisstropfen, und wir waren während dieser Zeit sehr dankbar für die Betreuung durch den Werkstattleiter der Steig.

Zeitungsausschnitte aus dem Appenzeller Tagblatt

Primarlehrerinnen in Appenzell haben eine «Lesestadt» gebaut

Abstrakte Sprache konkret erleben

Appenzell

Sieben Primarlehrerinnen des Schulhau... pen... «Lesestadt» gestalte... Zweck notwendige... wurden im Behindertenheim Ste... angefertigt. Die «Lesestadt» biet... sich an als Hilfsmittel im Sprachunterricht. Sie ermöglicht einen «handfesten», konkreten Einstieg in... Lesen.

TONI DÖRIG

«Es ist wichtig, dass man sich von de... ‹Lesestadt› keine falschen Vorstellungen und unrealistische Hoffnungen... macht», erklärt Hans Heinrich Rüttimann, der in Schiers seit etwa zwei Jahren mit diesem Unterrichtsmittel experimentiert. Die «Lesestadt» er-

«Lesestadt» wird gebaut – Kurs für

Während der Kurswoche ist es uns gelungen, noch weitere Kolleginnen für das Projekt zu begeistern und zu gewinnen. Nach einer Woche verschiedenster handwerklicher Arbeiten hatten wir die Häuser (Post, Appenzellerwohnhaus, Spielhaus, Zoo und Marktstand) sowie einige Spiele fertiggestellt. Spontan entschlossen sich zwei Kolleginnen, eine weitere Kurswoche anzuhängen. Dank einem Zeitungsbericht im Regionalblatt erfahren wir immer wieder spontane Anfragen aus der Bevölkerung, ob wir noch weitere Mitarbeiter brauchen könnten.

Bevor wir unsere LESESTADT 'bewohnen', machen wir ein traditionelles 'Aufrichtefest'. Wir freuen uns sehr, die geleistete Arbeit mit den Schülern zu erleben und auszuschöpfen. (Inzwischen hat das mit einem gemütlichen Nachtessen und einem geselligen Zusammensein verbundene Aufrichtefest stattgefunden. Red.)

B.R.

Mit Hingabe und voller Konzentration bei der Sache

Lesestadt PANY - Prättigauerhaus mit seitlich eingebautem Laden. Es fehlen noch der Hausspruch und die Ladenanschrift.

Lesestadt-Projekt PANY

Angespornt durch das erfolgreiche Churer Vorbild, befassten wir uns mit dem Gedanken, gemeinsam mit den Eltern auch ein LESESTADT-Projekt in unserem Dorf zu verwirklichen. Nach langen Überlegungen informierten wir die Eltern darüber.

Das Interesse war unerwartet gross! Dank den detaillierten Angaben und Plänen, die uns freundlicherweise von H. Rütimann und Chr. Casal zur Verfügung gestellt wurden, konnten zwei Väter, von Beruf Schreiner, sowohl die Häuser als auch alle Einzelteile herstellen, was sie mit grösster Sorgfalt ausführten. Die Mehrheit der 'Bauarbeiter' waren Mütter. Die ganze Arbeit wirkte sich auf die persönlichen Kontakte zwischen den Eltern und uns Lehrerinnen äusserst positiv aus, was auch von allen als wichtiger Aspekt betrachtet wurde. Während der Arbeiten nahmen die Eltern die Gelegenheit wahr, uns auf bestimmte Probleme, die im Zusammenhang mit ihrem Kind auftraten, anzusprechen. Daraus entwickelten sich oftmals Gespräche, die beim 'Schlummertrunk' manchmal bis in die frühen Morgenstunden weitergeführt wurden.

Momentan befinden wir uns in der Endphase, die mit einem kleinen Einweihungsfest abgeschlossen werden soll.

Für uns war es eine arbeitsintensive Zeit, für die wir mit den vielen neuen und vertieften Beziehungen belohnt wurden. Wir können das Projekt in dieser Form nur zur Nachahmung weiterempfehlen!

B.B. und D.S.

VI. ANHANG

Bauanleitungen, Prototyp, Kopiervorlagen ✻

BAUANLEITUNGEN SPIELE (STRUKTURIERTES MATERIAL)

Die Spiele und Gegenstände, die wir für dieses Buch ausgewählt haben, sind einfach konstruiert und leicht herzustellen. Die Einzelteile müssen lediglich zusammengeleimt und evt. mit kleinen Nägeln oder Schrauben verstärkt werden.
Wo die Massangabe für die Holzdicke fehlt, können Sie diese nach eigenem Gutdünken wählen.
Die Spiele sind bezeichnet mit Ziffern auf hellem Grund: ①

PROTOTYP (DETAILLIERTE HAUSPLÄNE)

Bitte, erschrecken Sie nicht über die vielen Pläne mit den ausführlichen Massangaben! Wir sind nicht der Meinung, dass die Häuser in jedem Detail unseren Plänen entsprechen sollen. Im Gegenteil, lassen Sie sich zu eigenen Ideen inspirieren.
Der Zeichner wollte Ihnen mit den detaillierten Darstellungen auf alle technischen Fragen Anwort geben und für alle handwerklichen Probleme Lösungswege und Hilfen aufzeigen.

KOPIERVORLAGEN

Diese Vorlagen dürfen **nur** für den **eigenen Schulgebrauch** kopiert werden. Zum Teil stimmen sie nicht ganz mit den Fotos im Buch überein, weil wir einige neu gezeichnet und leicht abgeändert haben.
Die Kopiervorlagen sind bezeichnet mit Ziffern auf dunklem Grund: ❶

Die Pfeile  geben an, auf welches Format die Vorlagen kopiert und vergrössert werden müssen.

Vorlage muss nicht vergrössert, sondern lediglich kopiert werden.

Vorlage muss auf A/3 vergrössert werden.

Vorlage muss zuerst auf A/3, dann jedes Blatt nochmals auf A/3 vergrössert werden.

Wir wünschen Ihnen viel Freude und Erfolg bei der Arbeit!

Bauanleitung FADENSPIEL ⑥

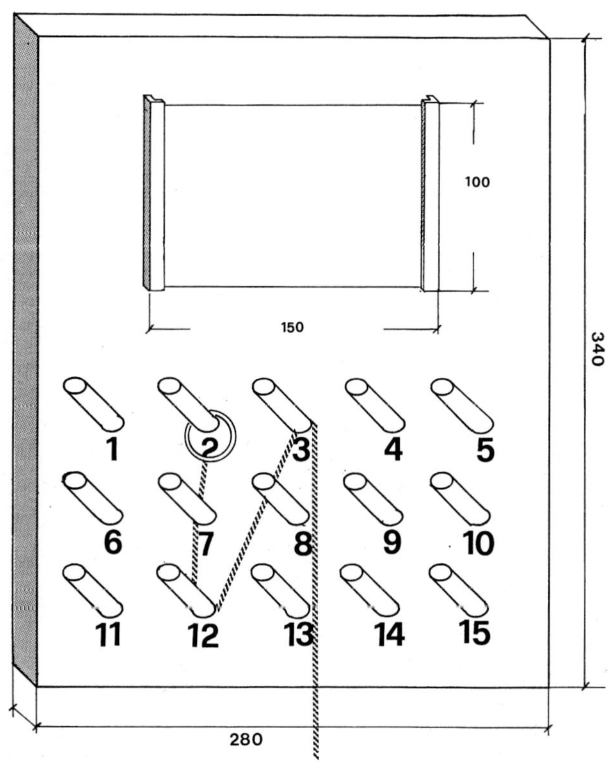

Bauanleitung DURCHREIBE-SETZKASTEN ⑧

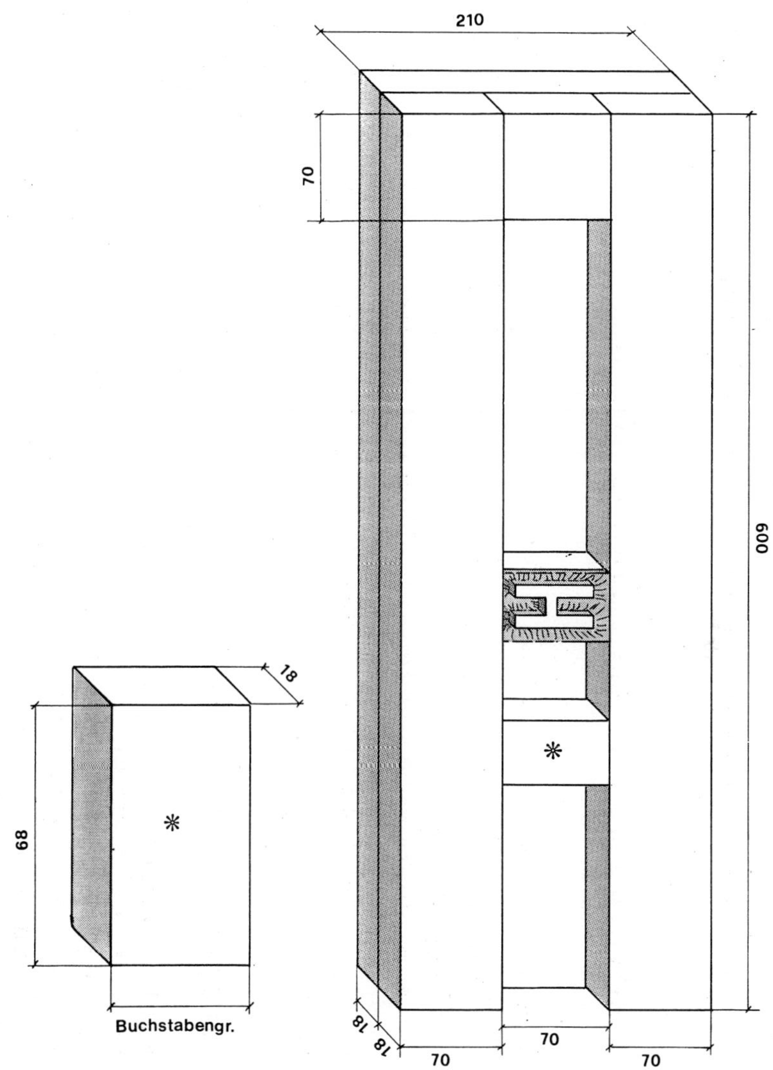

Bauanleitung SCHREIB-SANDKASTEN (9)

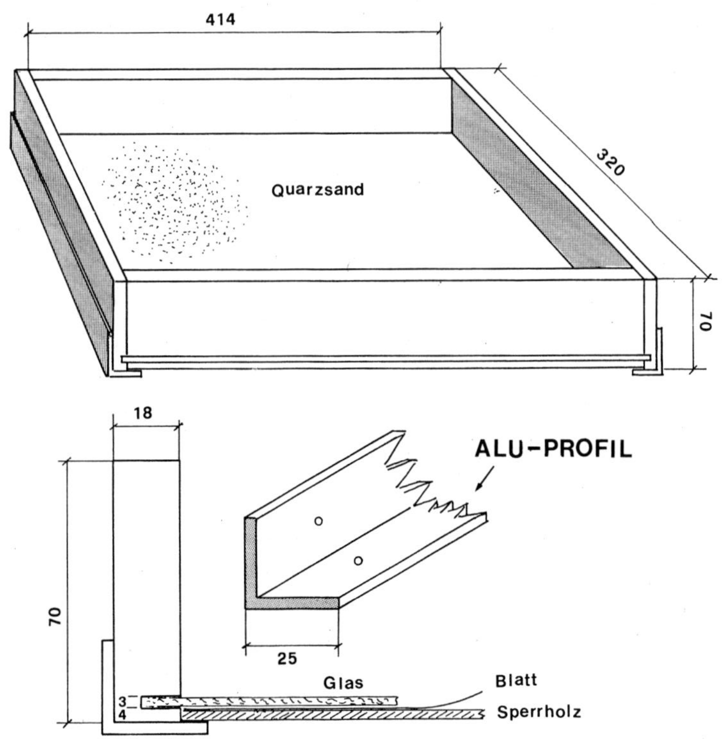

Bauanleitung NG/NK-LIFT (12)

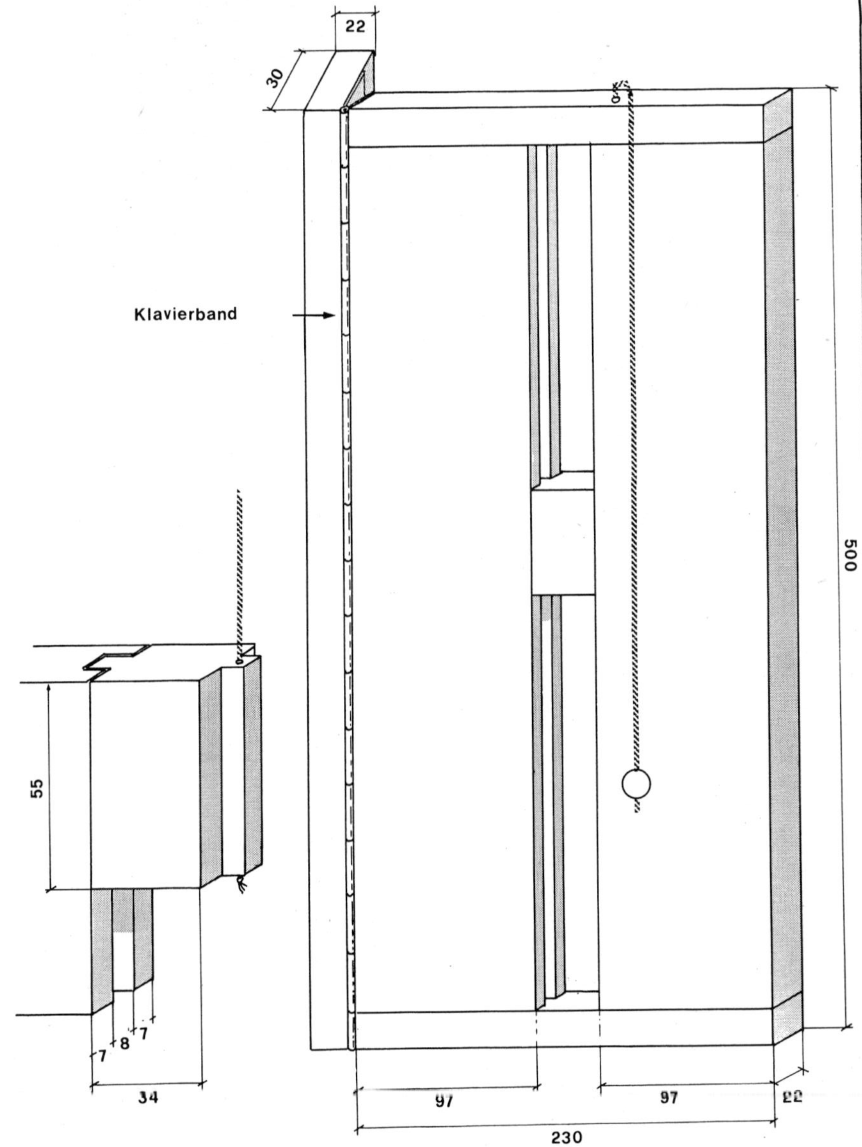

Bauanleitung WORTFÄCHER (19)

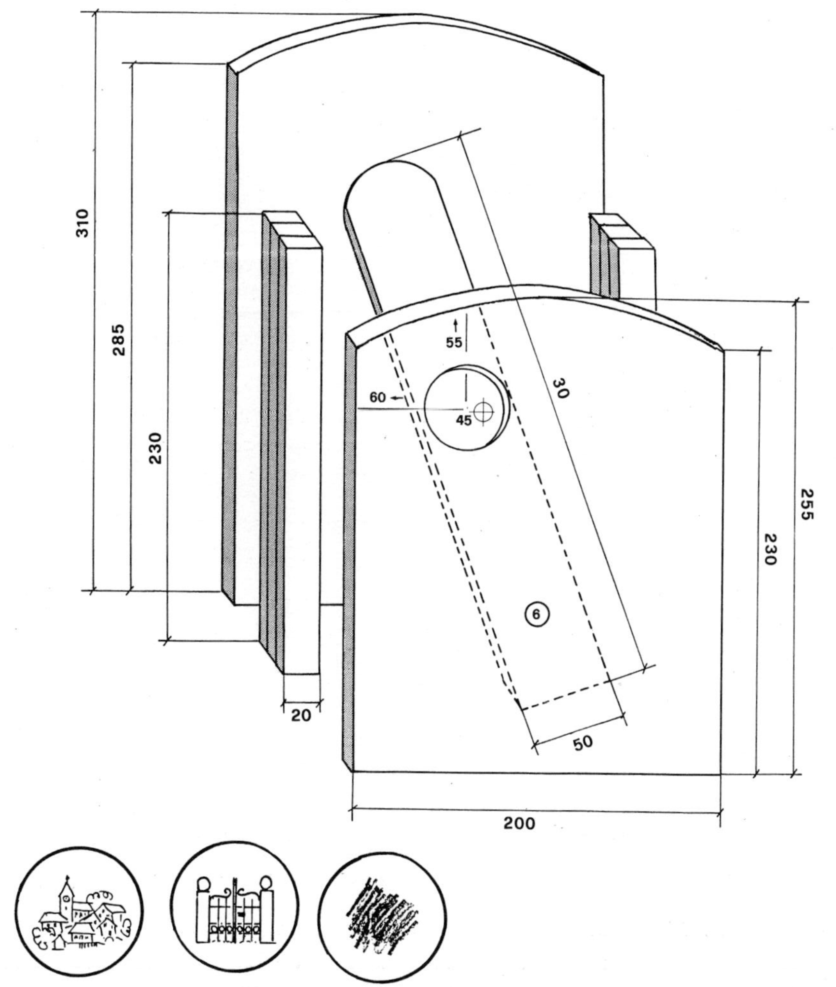

Bauanleitung WENDEBUCHSTABEN (20)

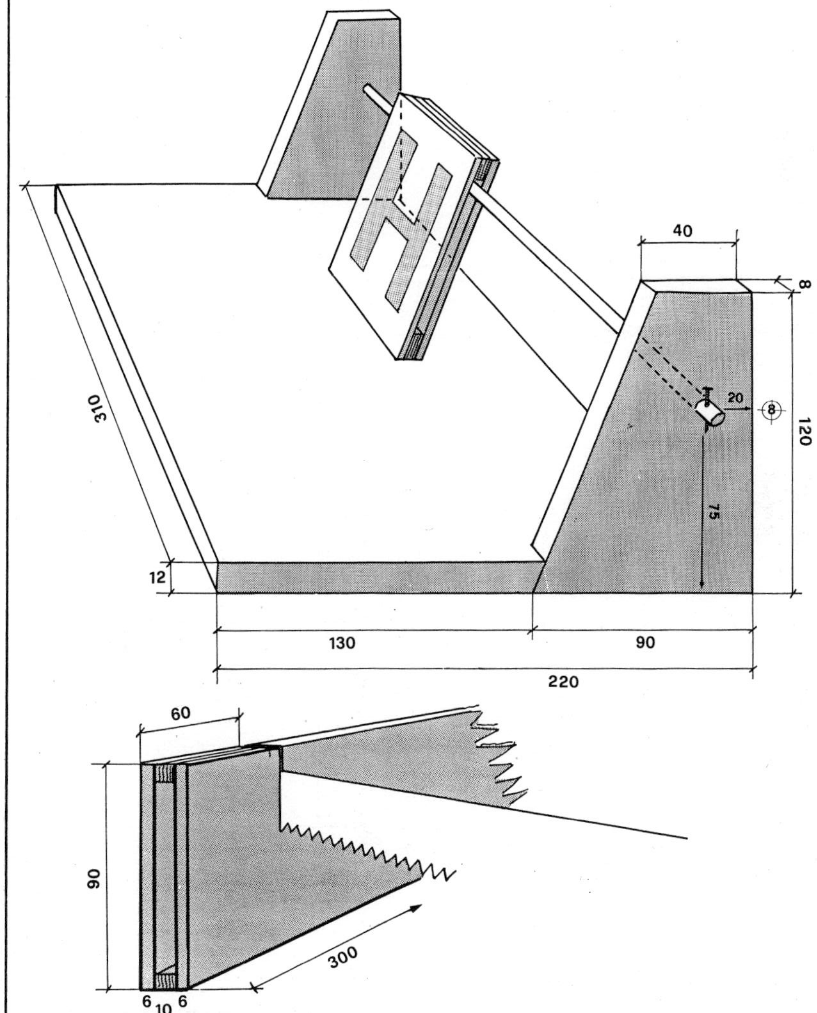

Bauanleitung ZAUBERTAFEL (21)

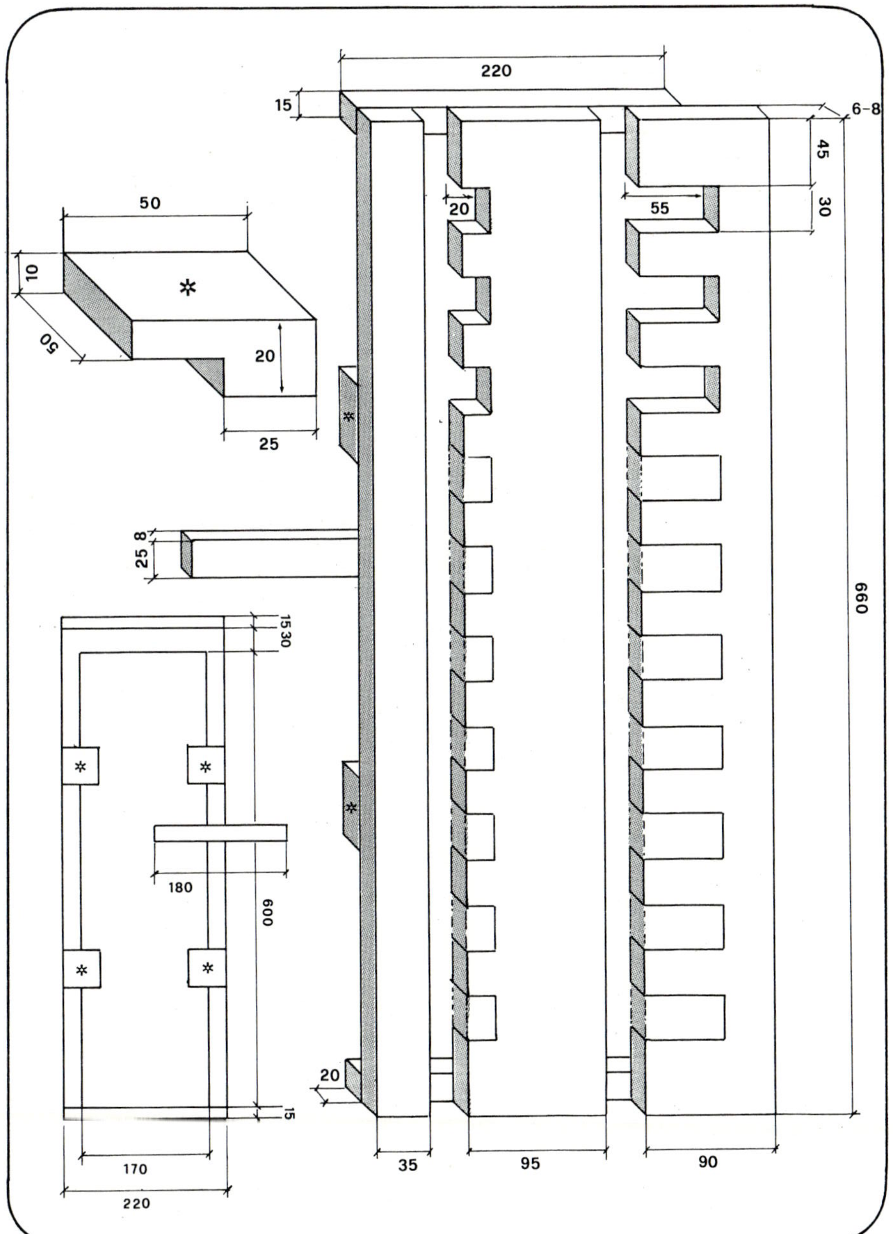

Bauanleitung SETZMASCHINE (22)

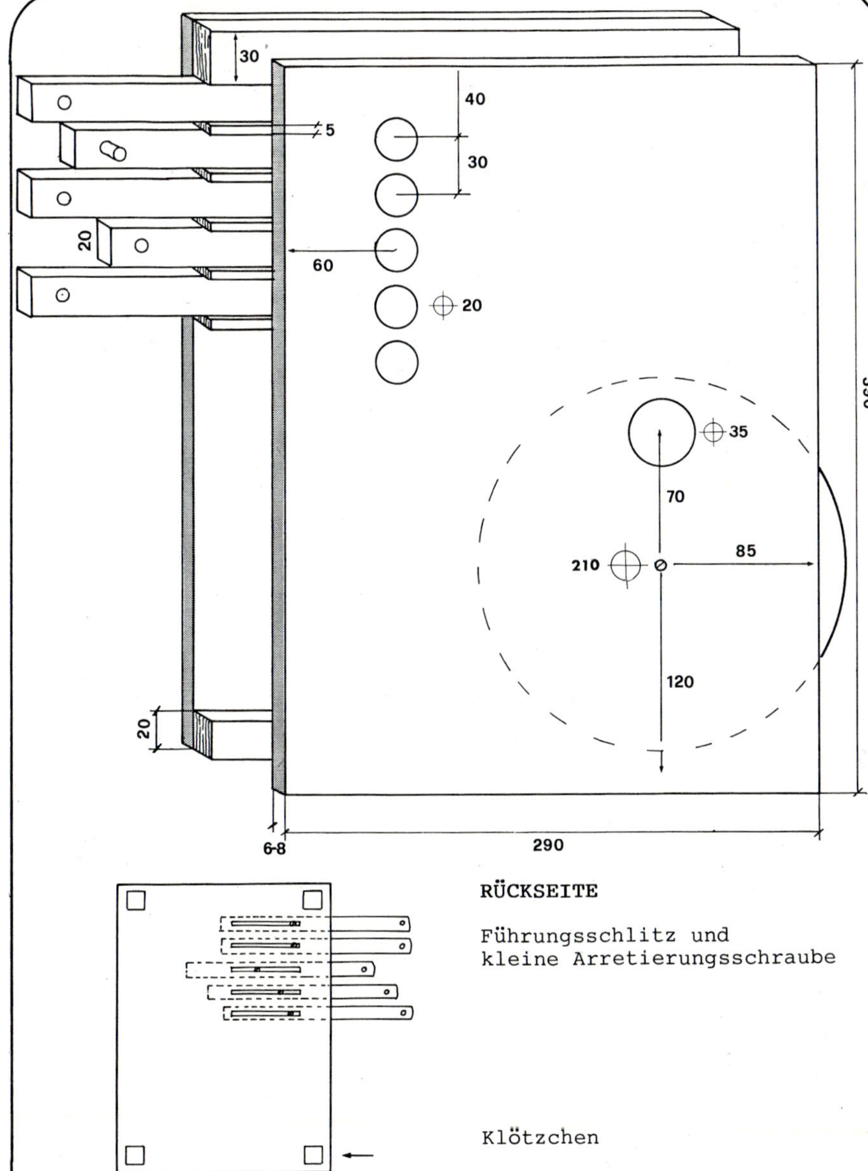

RÜCKSEITE

Führungsschlitz und
kleine Arretierungsschraube

Klötzchen

Bauanleitung STECKKASTEN I (33)

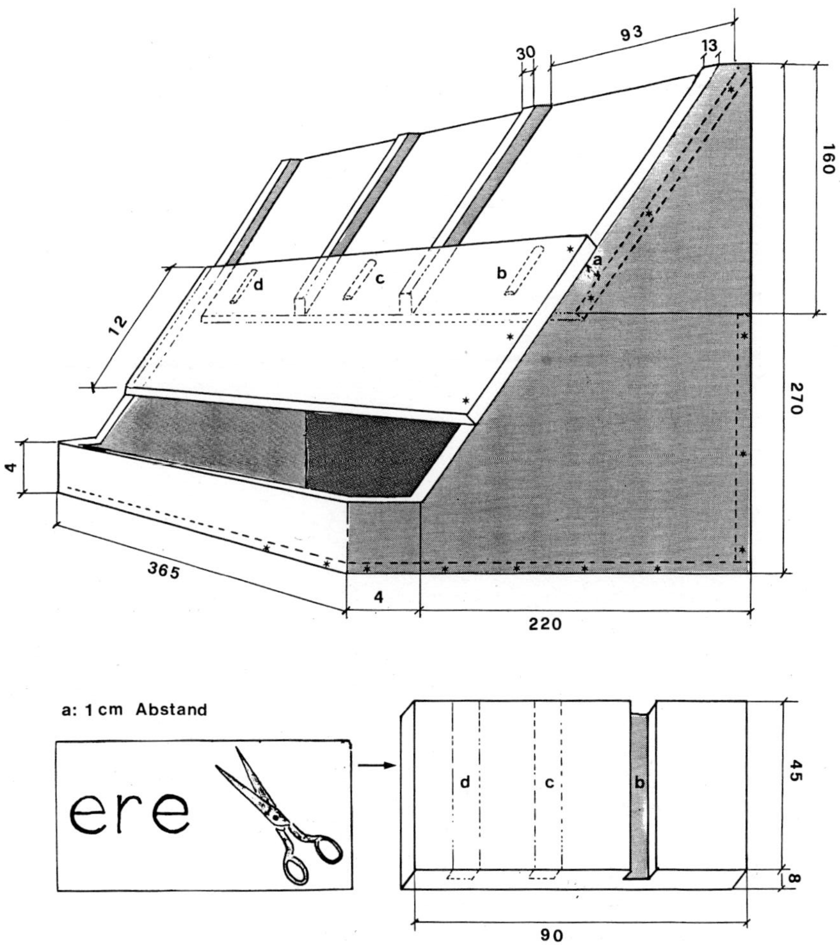

Bauanleitung STECKKASTEN II (34)

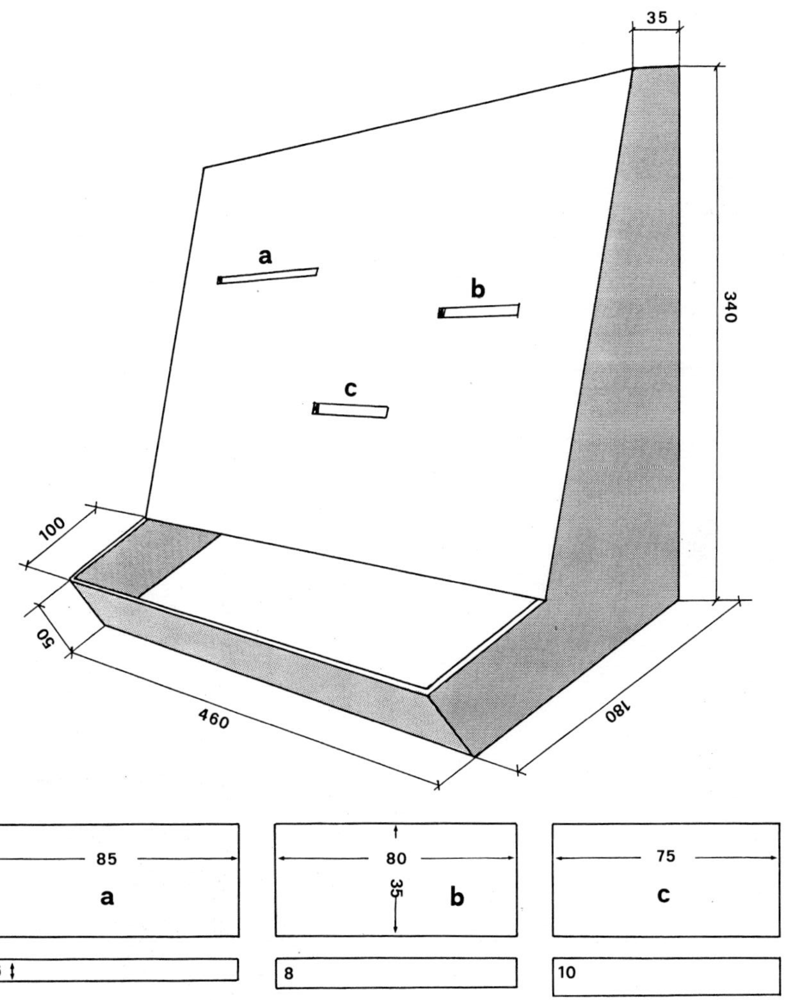

Bauanleitung EINACHSER (36)

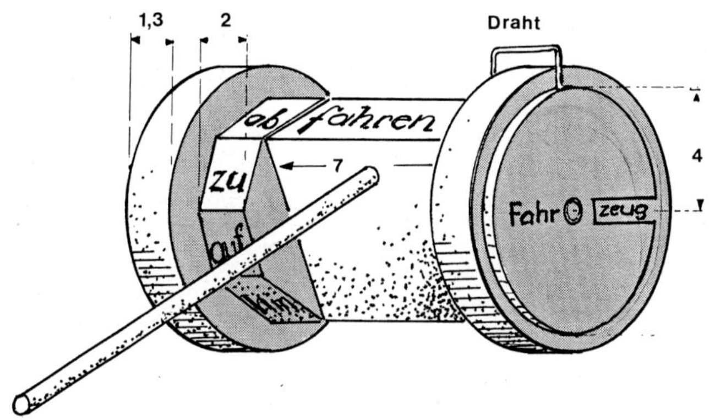

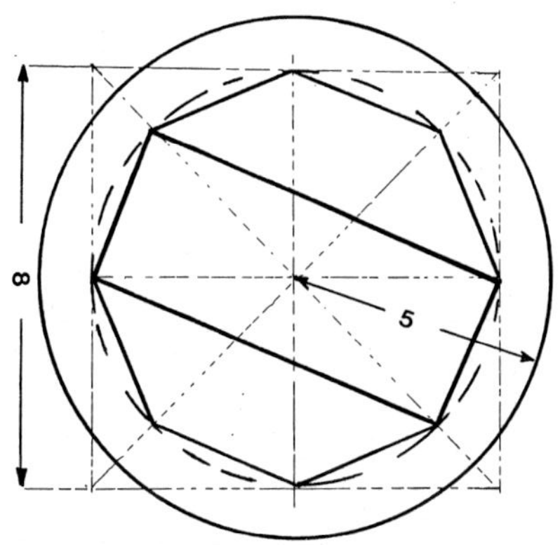

Bauanleitung WÖRTER-/ SATZSCHLANGE (44)

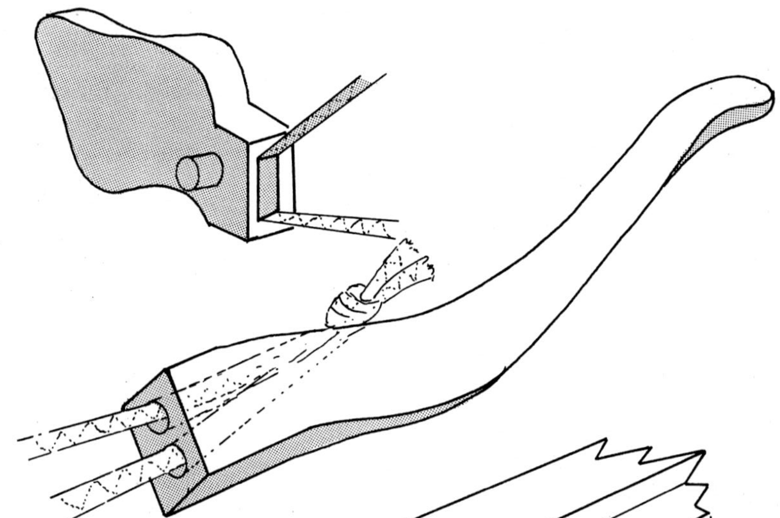

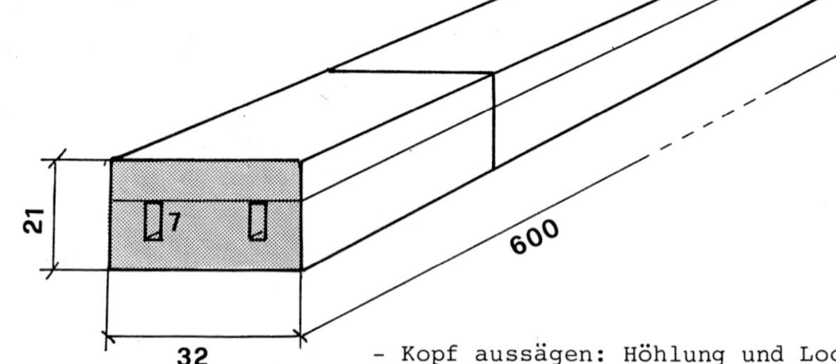

- Kopf aussägen: Höhlung und Loch für Holzstäbchen Ø 8mm bohren
- Schwanz aussägen und zwei Löcher bohren (siehe Skizze)

- Kopf und Schwanz schnitzen und bemalen
- Stab bemalen und beschriften
- in Wortsegmente zersägen
- Zickzack-Gummifaden (7 mm breit) ein- und anziehen und an Schwanz verknoten

Bi - Ba - Bo Spielautomat

Der „Bi-Ba-Bo" Automat ist mit drei Vorratsfächern zum Einlegen von je sechs beschrifteten Sperrholzplättli konstruiert. Am Apparat befinden sich unten drei Wippen mit Bedienungsknöpfen zum Herausholen der Plättli. Drückt man auf den oberen Knopf einer Wippe, wird das unterste Plättli in den Auswurfschlitz gedrückt. Beim anschliessenden Druck auf den unteren Knopf, rücken die Plättli nach. Sollte einmal ein Plättli hinter der Wippe hängen bleiben, dann kann man es mit einem Plättli von unten in den Ausschnitt (a) zurückschieben und auf der Hinterseite entfernen.

Bau des Spielautomaten: Zuerst werden 5 Leisten gemäss der Abbildung auf eine Sperrholzplatte von 430 × 240 × 6 mm aufgeleimt. Es ist zu beachten, dass die 62 mm Abstände zwischen den Leisten genau eingehalten werden.

Damit die Plättli später nicht hängen bleiben, muss der beim Pressen hervorquellende Leim sauber verstrichen werden.

Nachdem der Klebstoff ausgehärtet ist, werden die 3 Ausschnitte (a) ausgesägt.

Abb. unten: 15 Stück Sperrholztäfelchen Grösse 60 × 60 × 6 mm (mit abgerundeten Kanten und Ecken).

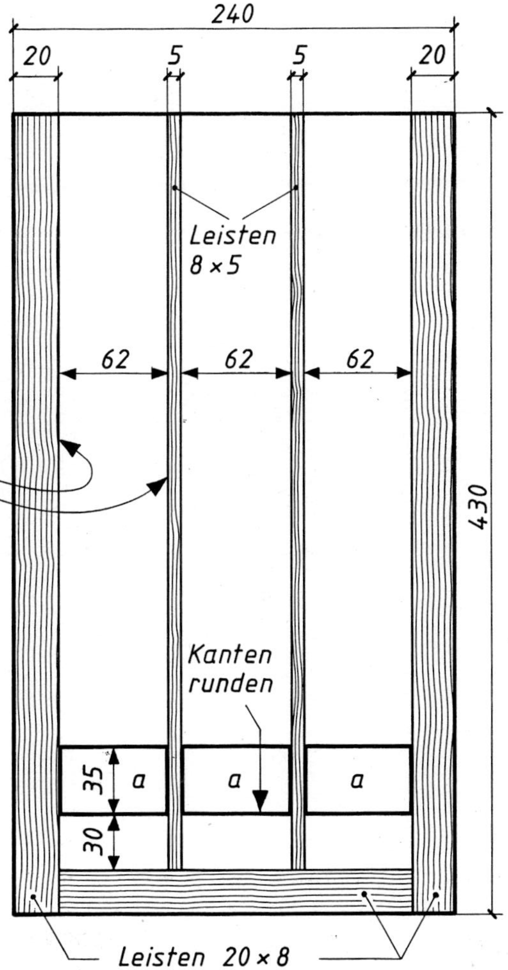

Die Frontwand wird aus 6 mm Sperrholz, 350 × 240 mm gross zugeschnitten und zum Anzeichnen der 3 Bildfenster auf den Grundkasten geschraubt (Abb. rechts).

Nach dem Anzeichnen der Bildfenster wird die Platte zum Aussägen wieder abgenommen.

Sobald die Platte ausgesägt und verschliffen ist, wird sie mit dem Grundkasten verleimt. Gleichzeitig werden auch die Schrauben in die vorhandenen Löcher eingedreht. Der sich in den Kanälen befindende Leim muss mit einer dünnen Leiste verstrichen werden.

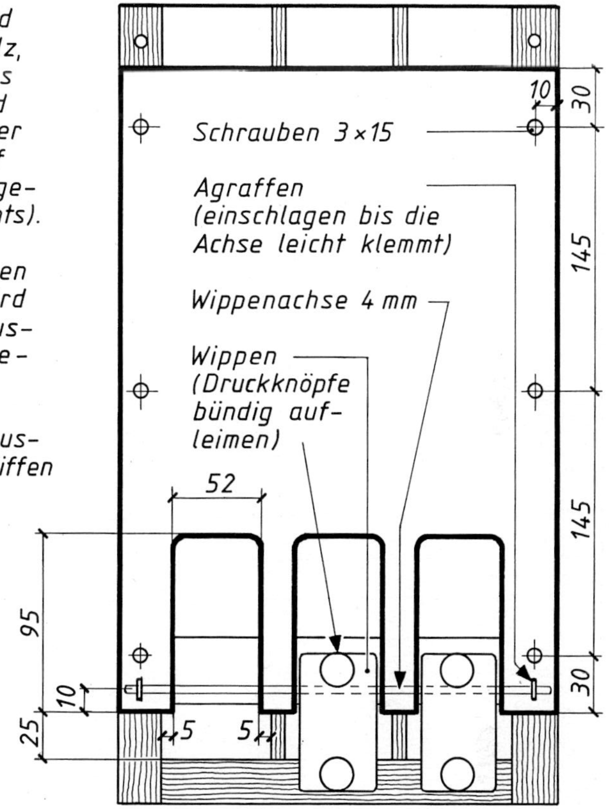

Die drei Wippen bestehen aus 4 zusammengeleimten Sperrholzplättli (Abb. unten). Beim Zusammenleimen der Brettchen wird der Stahldraht miteingelegt und sofort nach dem Anbringen der Pressklammern herausgezogen und gereinigt. Die Achslöcher dürfen höchstens auf 4,2 mm aufgebohrt werden.

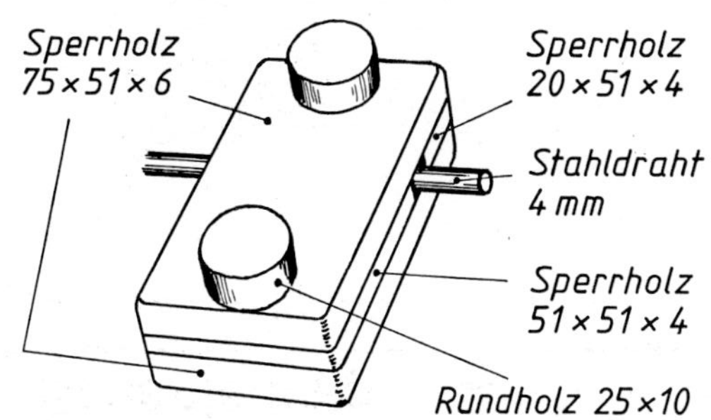

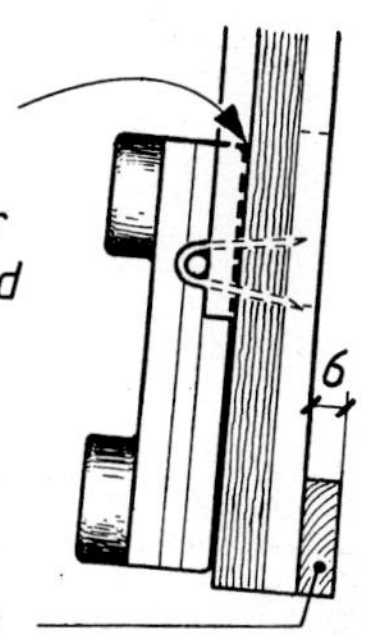

Verbindungslaschen für 12 mm Platten

Die Verbindungslaschen haben sich als sichere und leicht trennbare Verbindungselemente bewährt.

Montage - Anleitung

Zum Bohren und Verschrauben der Laschen fertigt man sich am besten ein 10×14 mm starkes Leistenstück als Distanzlehre an. Die Leiste ist der Laschenrundung anzupassen (Abb. 1).

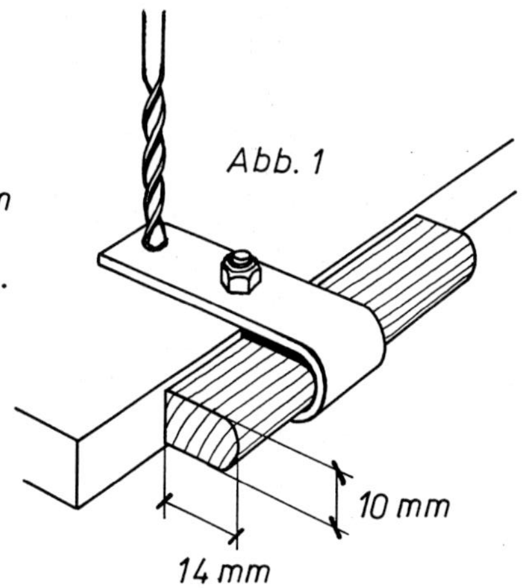

Abb. 1

Verschrauben der Laschen: Lasche und Distanzleiste fest an die Platte drücken und mit dem 4 mm Metallbohrer das erste Loch bohren. Schraube M4×22 einsetzen und Stoppmutter mittels Schlüssel und Schraubenzieher festziehen. Zweites Loch bohren und Schraube festziehen.

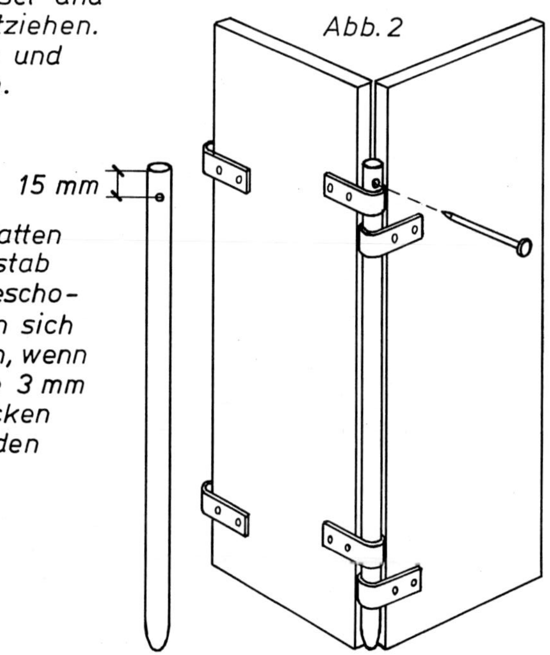

Abb. 2

Zum Verbinden der Platten wird ein 10 mm Rundstab durch die Laschen geschoben. Die Stäbe lassen sich leichter herausziehen, wenn am oberen Ende eine 3 mm Bohrung zum Einstecken eines Nagels vorhanden ist (Abb. 2).

Damit sich die Platten (A) endlos aneinanderreihen lassen, sind die Laschen auf der rechten Plattenseite um 30 mm tiefer angeordnet (Abb. 4).

An einem Gelenkpunkt lassen sich bis zu 4 Platten einhängen, wenn die Laschen für die 3. und 4. Platte nach den Massen (B) montiert werden (Abb. 5).

Abb. 3 Beispiel einer von vielen möglichen Kombinationen.

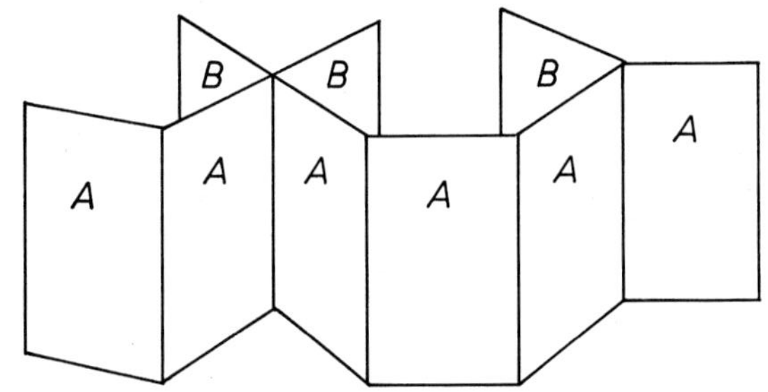

Abb. 3

Abb. 4

Platte A

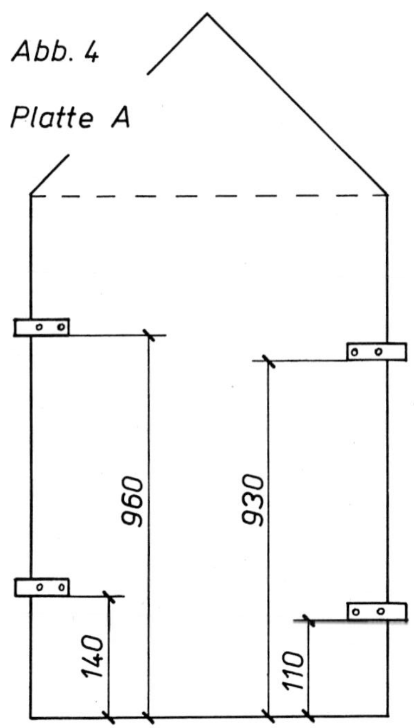

Abb. 5

Platte B

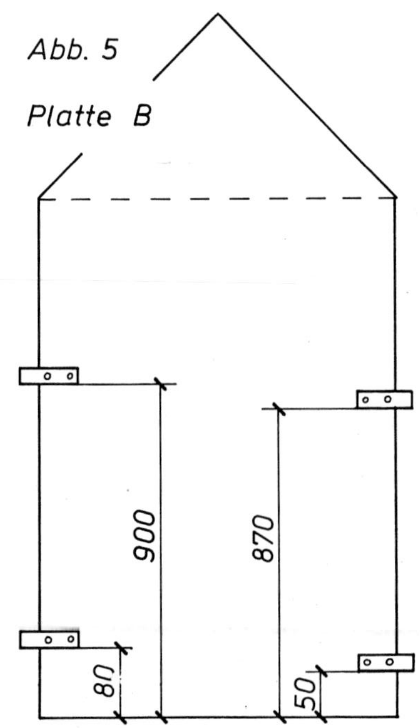

Post Lesestadt

Postgebäude mit schliessbarem Schalter, Briefkasten mit Briefeinwurf, Uhr mit steckbaren Ziffern, Fenster mit auswechselbaren Fensterzeichnungen und beweglichen Fensterläden.

Material:
Spanplatte 1830 × 800 × 12
Fichtenholzleisten 40 × 30
Länge nach Bedarf

Leiste nach dem Aufleimen absägen

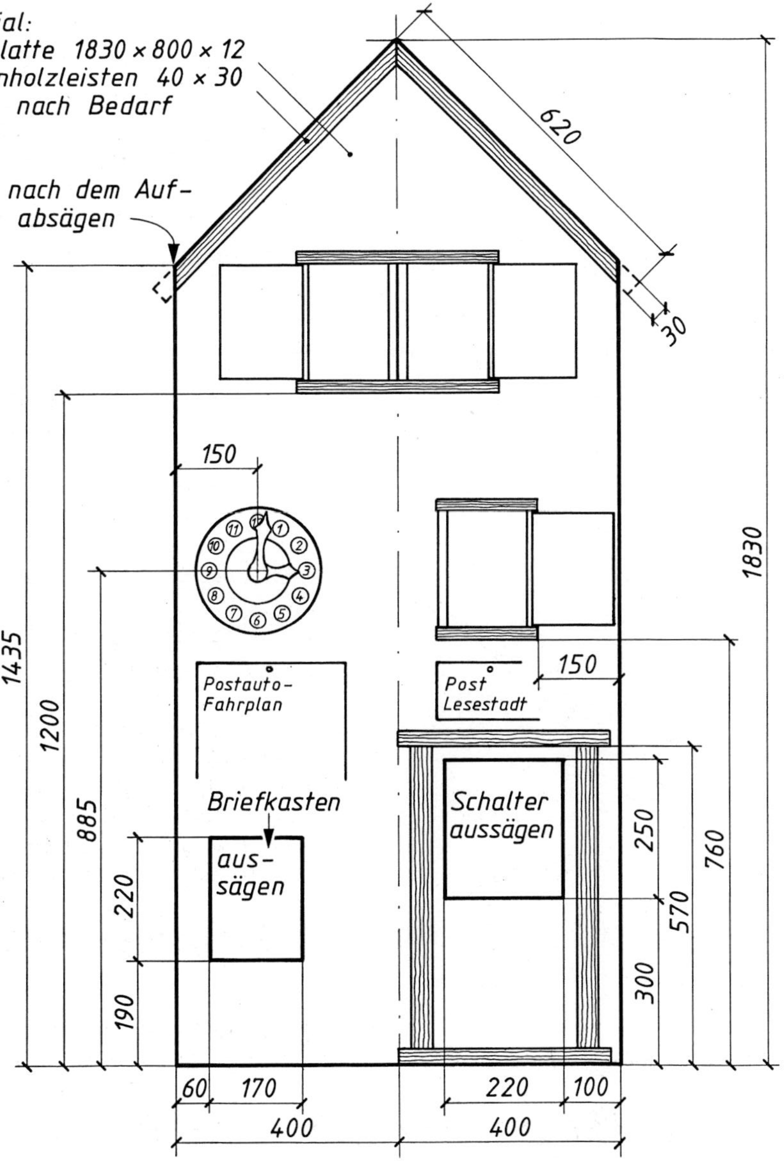

Haustüren

Die Eingangstüren wirken am besten, wenn sie mit einer plastischen Umrahmung eingefasst sind.

Gemauerte Türbogen werden am einfachsten mit der Stichsäge aus einer 20 mm starken Spanplatte ausgesägt (Abb. rechts). Treppenstufen und überhöhte Mauerteile lassen sich mit aufgeleimten Leisten und Brettchen nachbilden.

Eine zu vielen Haustypen passende Türumrahmung kann auch aus Leisten 40 × 30 angefertigt werden (Abb. unten rechts). Diese Rahmenkonstruktion wird auch bei der Post-Eingangstüre mit dem ausgesägten Schalter und dem auf der Rückseite schiebbaren Fenster angebracht (Abbildungen unten).

Material für den Leisten-Türrahmen
2 Stück Leisten 40 × 30 Länge 540
2 Stück Leisten 40 × 30 Länge 380

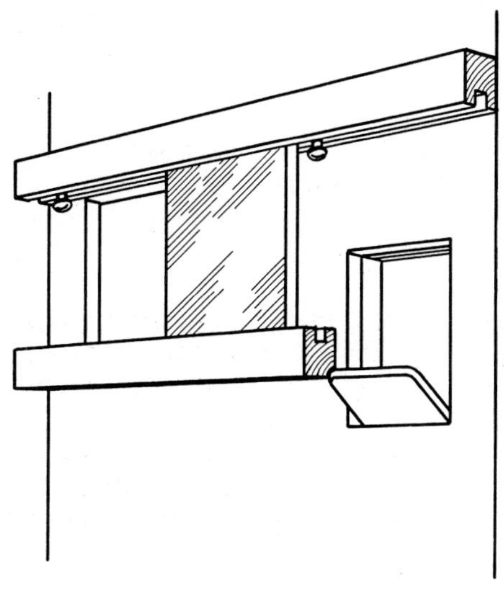

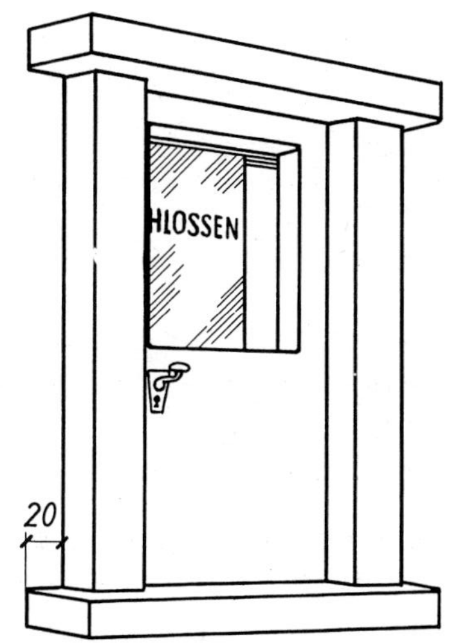

Post Lesestadt Rückseite

Die Innenseite gleicht mit den Postfächern und dem Schalter mit der Briefkastenöffnung einer richtigen Post. Die Postfach-Namentafeln sind auswechselbar und zum Beschriften auf beiden Seiten bestimmt (Abb. unten und Blatt Postfächer).

Postschalter mit Schiebefenster

Material:
Plexiglas- oder Sperrholzplatte 6 mm, Breite 240 (die Höhe wird nach dem Aufleimen der Nutenleisten angepasst).
2 Rundkopf-Holzschrauben 4 × 30
Fichtenholzleisten 40 × 30 mit Nute für das Schiebefenster (Abb. unten).

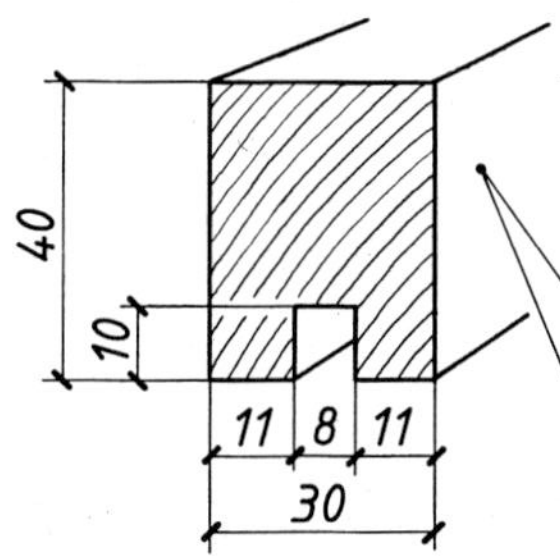

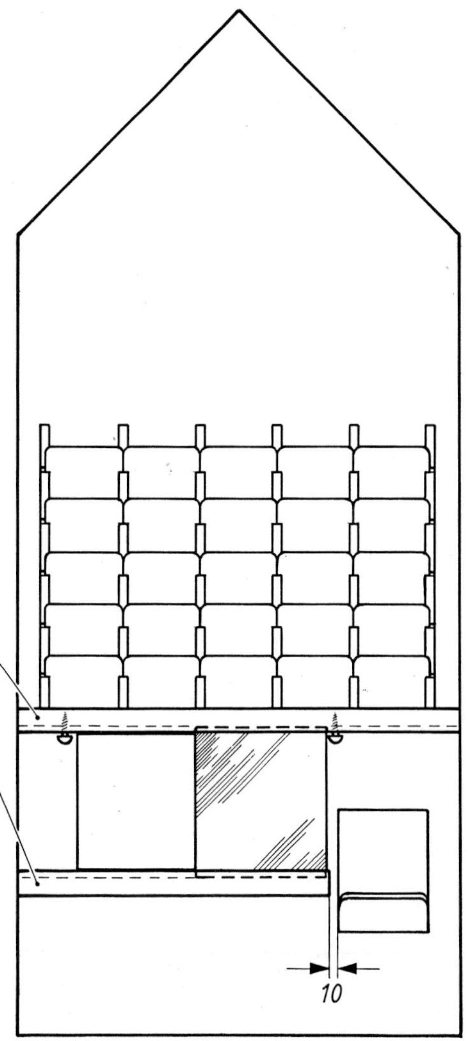

Die Leisten werden gemäss der Zeichnung abgelängt und bündig mit der Schalteröffnung auf die Hauswand geleimt (siehe auch Zeichnung auf Seite Haustüren). Das eingesetzte Schiebefenster sichern zwei in die Leistennute eingedrehte Schrauben (Abb. rechts).

Postfächer

Material:
6 Stück Sperrholzbrettchen 15 oder 20 mm Grösse 500 × 60
(Dünneres Sperrholz als 15 mm eignet sich nicht, bei 20 mm Holz müssen die Ablagetäfeli mit dem Mass in Klammern zugeschnitten werden. Die übrigen Masse ändern sich nicht, Abb. unten rechts).
25 Stück Pappelsperrholzbrettchen 6 mm Grösse 138 (143) × 120

Der tragende Teil des Postfachgestells wird mit Schlitzleisten aufgebaut. Die Schlitze lassen sich am besten aussägen, wenn sie an den bezeichneten Stellen vorgebohrt werden (Abb. rechts).

Die Schlitzleisten müssen mit Hilfe von zwei genau zugeschnittenen Brettchen als Einstellehren sehr genau aufgeleimt werden (Abb. unten). Es ist am besten, wenn die mittleren zwei Leisten zuerst aufgeleimt werden. Nach dem Aushärten des Klebstoffes kann dann rechts und links je eine weitere Leiste mit Hilfe der Einstellehren befestigt werden (Zeichnung der Fächer auf dem Blatt Post Lesestadt Rückseite).

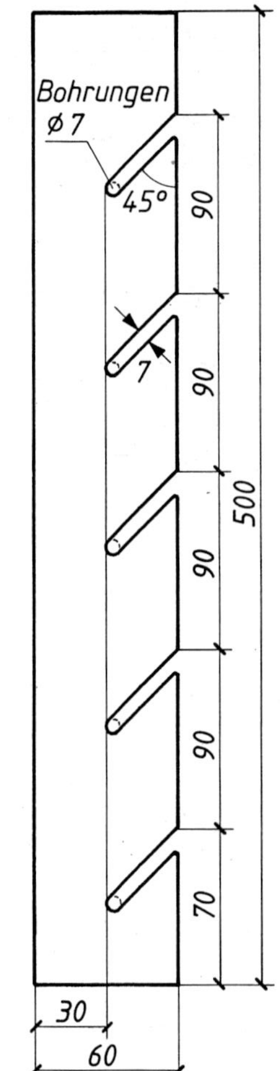

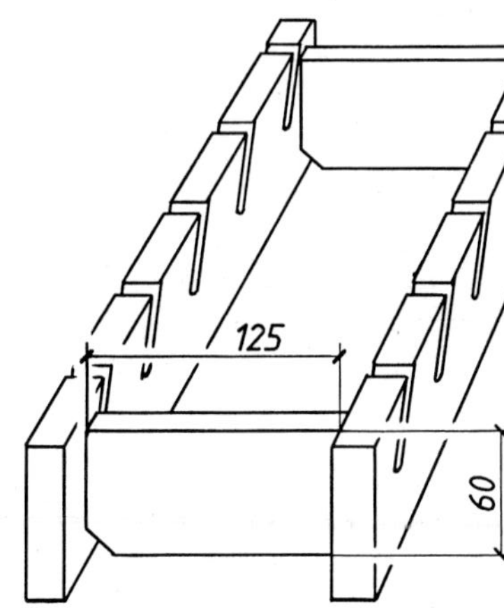

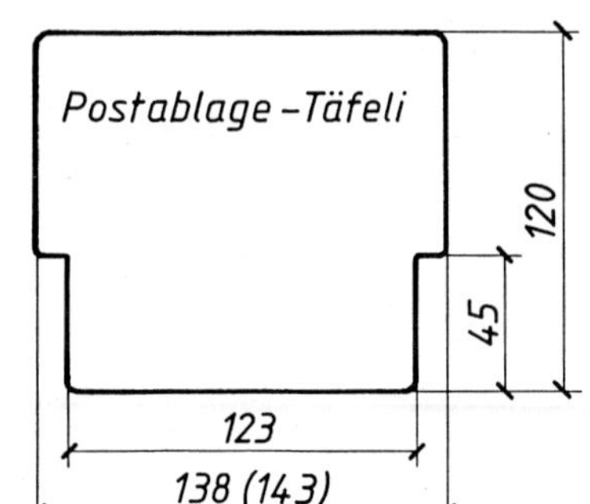

Briefkasten für Post Lesestadt

Der Briefkasten ist wie im Grossbetrieb zum Einwerfen von „Briefpost" bestimmt. Auf der Rückseite ist die Wand offen und die Couverts können ab einer schräg eingeleimten Sperrholzplatte direkt in die Postfächer „sortiert" werden.

Material:
Spanplatte 260 × 210 × 10
Pappelsperrholz 170 × 125 × 6
Fichtenholzleisten 20 × 20

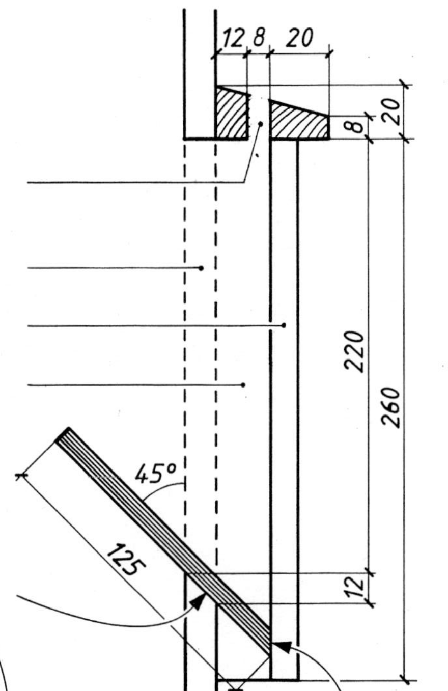

Briefeinwurf-Schlitz 8 × 170

Hauswand auf der Rückseite des Briefkastens ausgesägt

Briefkastenwand (Spanplatte)

Seitenwandleisten 20 × 20
Länge 260 (2 Stück)

Ausgesägte Hauswand unten für Sperrholzplatte abschrägen

Sperrholzplatte abschrägen

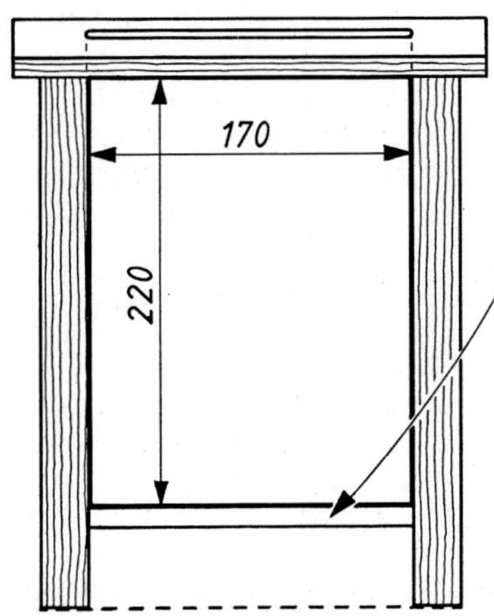

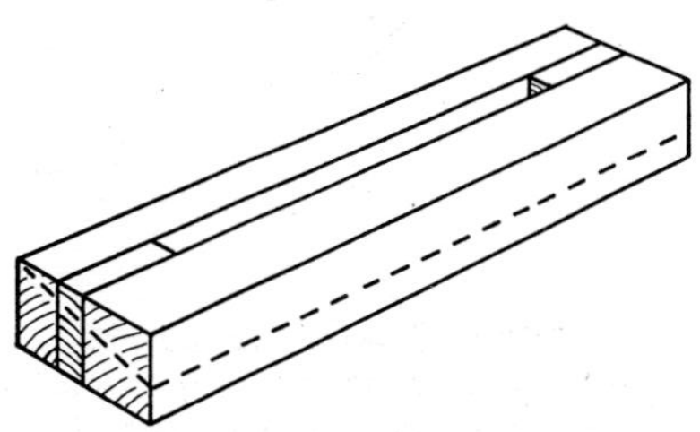

Ein Briefkastendach mit Einwurfschlitz kann auch aus vier Teilen zusammengeleimt werden.

Uhr mit auswechselbaren Ziffern

Das Zifferblatt besteht aus einer 30 mm starken Span- oder Sperrholzplatte. Die grosse Materialstärke ist erforderlich, um den Ziffern-Rundholzklötzli genügenden Halt in den Bohrungen zu geben.

Material:
Spanplatte 30 mm, Durchmesser 220
Sperrholzscheibe 8 × 120 (auf das Zifferblatt leimen)
Buchensperrholz 110 × 50 × 5 (Maserung in Längsrichtung zum Brett verlaufend)
Buchenholz-Rundstab 25 mm, Länge 42 mm (12 Stück für Ziffern)

Holzschraube 4 × 40
Unterlagscheiben 4,3 × 14 (3 Stück)

Bohrungen für Ziffernrundstäbe Durchmesser 26, Tiefe 30

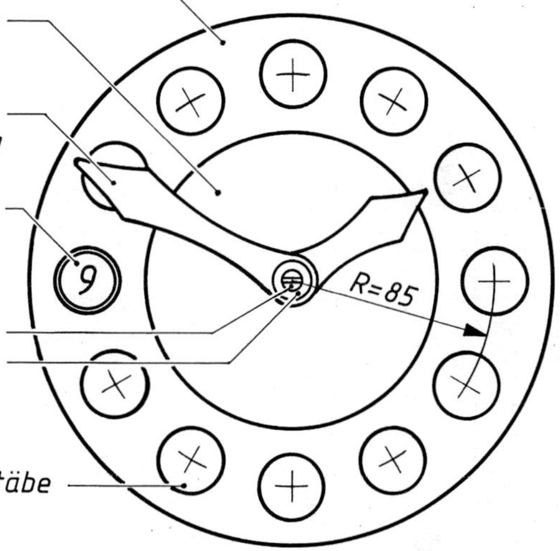

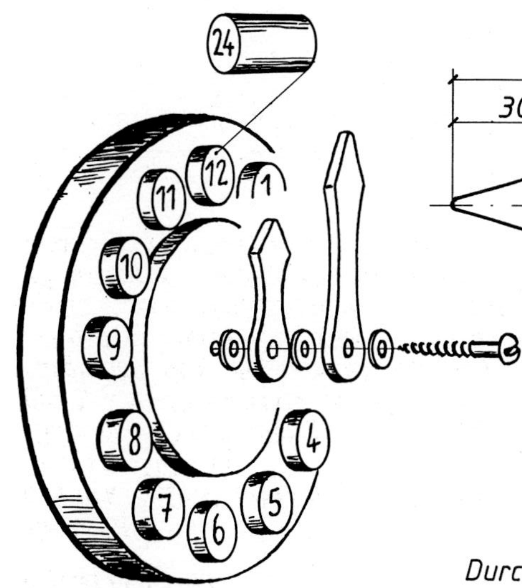

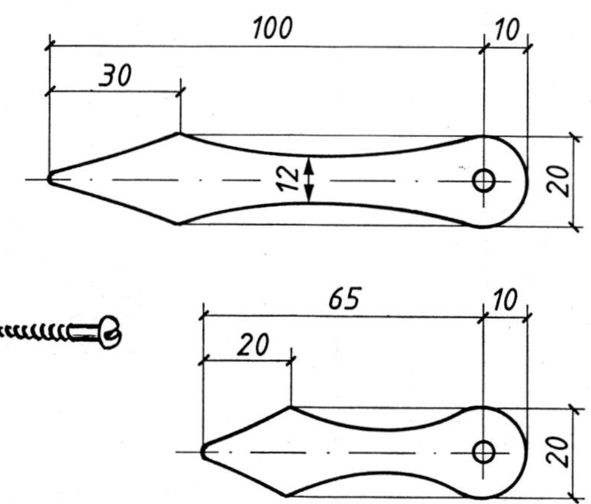

Durchmesser der Zeigerbohrungen 4

Fenster mit auswechselbaren Fensterzeichnungen und beweglichen Fensterläden

Die Fenster sind als einfache oder wie die Abbildung zeigt als Doppelfenster zu bauen.

Die Bauteile:

a) Fensterstockleiste mit Lagerbohrungen für die Fensterläden.

b) Fensterladen mit angeleimtem Rundstab als Drehachse.

c) Auswechselbare Sperrholzplatte mit aufgemaltem Fenster. Die Platte sitzt lose auf der Leiste (a) hinter dem Fensterladendrehstab gesichert.

Fensterladen

Pappelsperrholz 210 × 150 × 6 mm
Buchenrundstab glatt ⌀ 6 mm, Länge 250

Der Rundstab wird in eine ausgearbeitete Hohlkehle des Fensterladens geleimt und mit starken Gummiringen (d) gepresst.

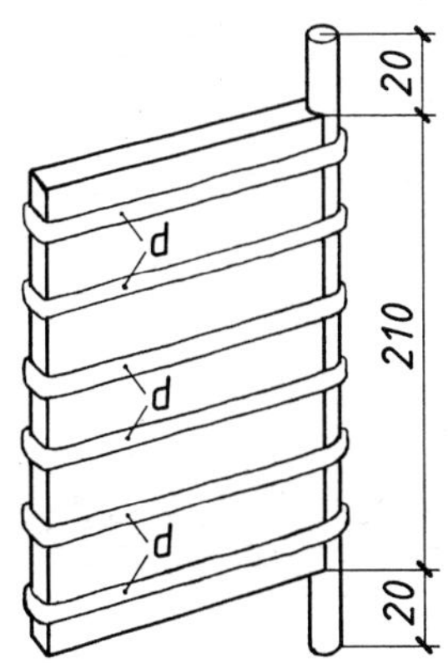

Die Hohlkehle lässt sich mit einer 6 mm Rundfeile ausschaben, wenn der Fensterladen dazu zwischen zwei Führungsbrettchen eingespannt wird (Skizze).

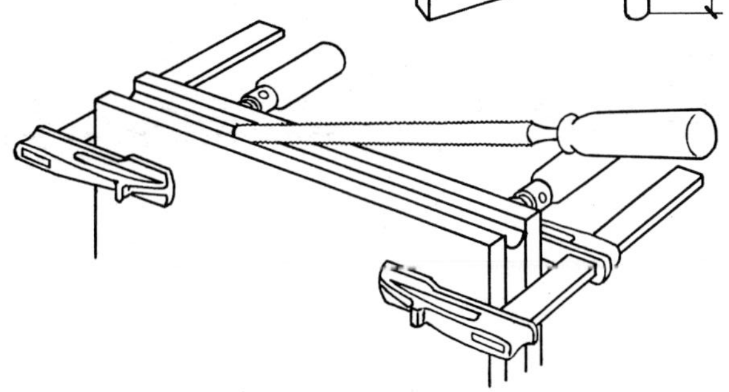

Platte für Fensterzeichnung

Pappelsperrholz 210 × 180 × 4 mm

Der rechts und links auf der Platte abgegrenzte Rand stellt das stehende Fensterstockholz dar. Es wird mit den gleichen Farben bemalt wie die Fensterstockleisten (a).

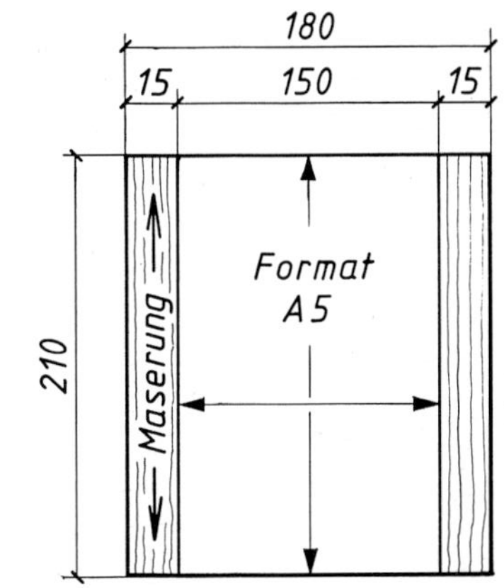

Fensterstockleisten

2 Stück Fichtenholzleisten 20 × 20 mm
Länge für einfache Fenster 180 mm (1 Bohrung)
Länge für Doppelfenster 360 mm (2 Bohrungen)

Durchmesser der Bohrungen 7 mm

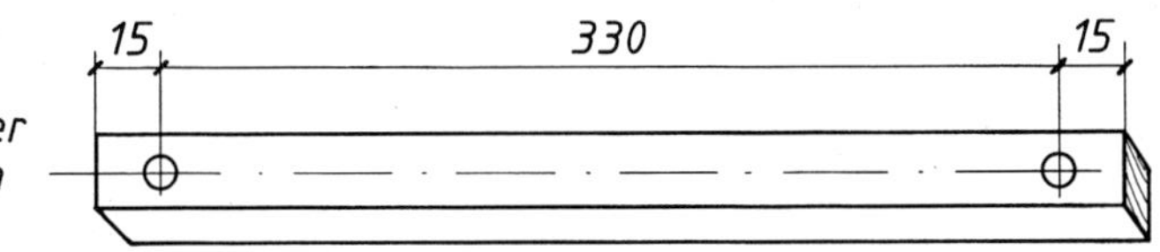

Beim Zusammensetzen der Teile wird zuerst die untere Leiste (a) auf die Fassade geleimt. Nachdem der Klebstoff ausgehärtet ist, wird auch die obere Leiste (a) mit den eingesetzten Fensterläden festgeleimt (Skizze).

Ein Kartonstreifen zwischen den Fensterläden und der Leiste sichert während dem Leimen den Spielraum.

Die Läden müssen auf der untern Leiste durchgehend aufliegen!

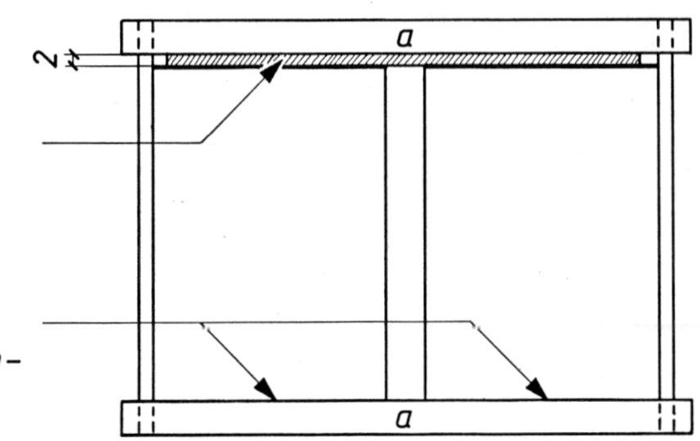

Kino Lesestadt Strassenseite

Material: Spanplatte 1830 × 800 × 12
Weitere Materialien gemäss Beschreibung oder nach Bedarf.

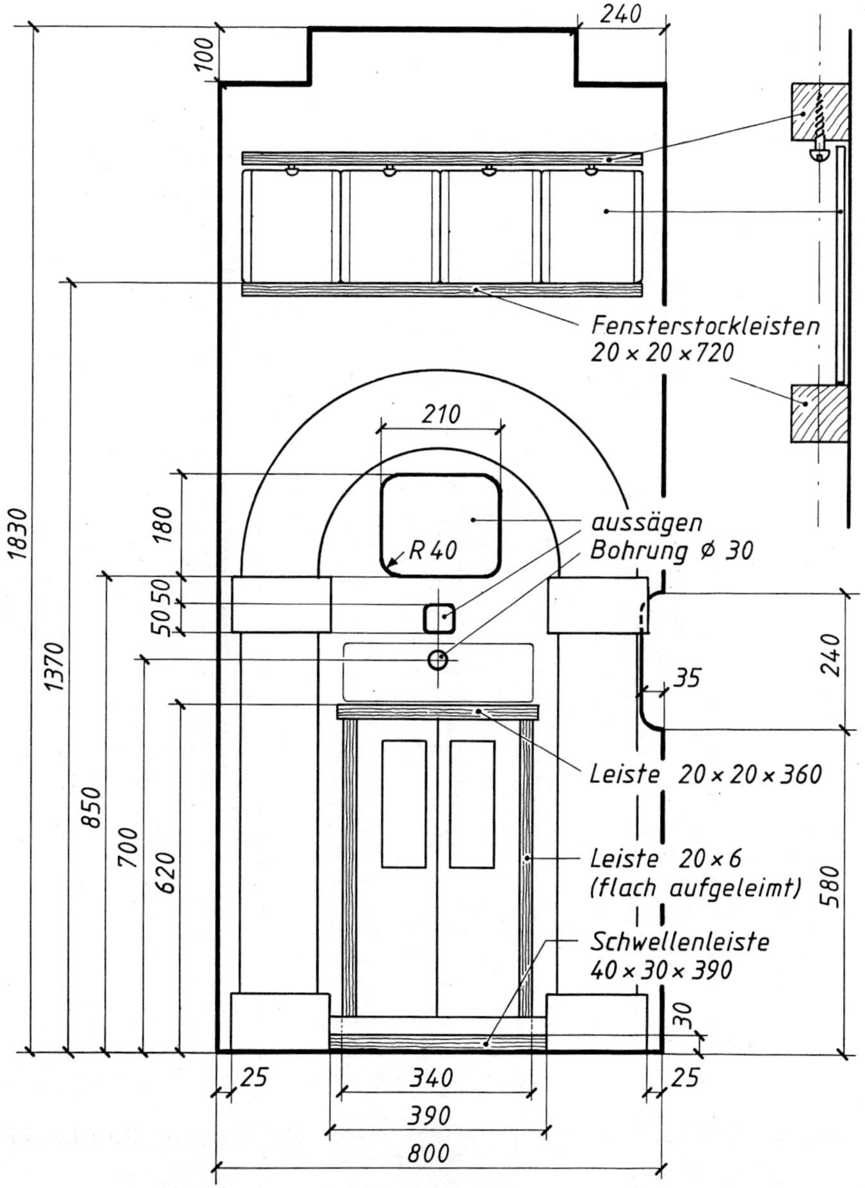

Kino Lesestadt

Das „Kino Lesestadt" wird mit einem einfachen Mechanismus zum Betrachten von verschiedenen Bild-Wort-Geschichten ausgerüstet. Diese Geschichten werden in sechs Bildern auf Zeichenkarton geklebt und zusammen mit einer grossen Sperrholzscheibe an der Hausrückseite drehbar befestigt. Die Zeichnungen und Bildnummern erscheinen auf der Fassadenvorderseite in zwei aus der Platte ausgesägten Bildfenstern. Die Sperrholzscheibe lässt sich in einer Aussparung rechts neben dem Türbogen von Hand drehen. Auf der Rückseite ist die Drehscheibe zum Aufzeichnen von zusammengesetzten Nomen bestimmt.

Die Mechanik (in der Abbildung ist sie durch die Fassade gezeichnet).

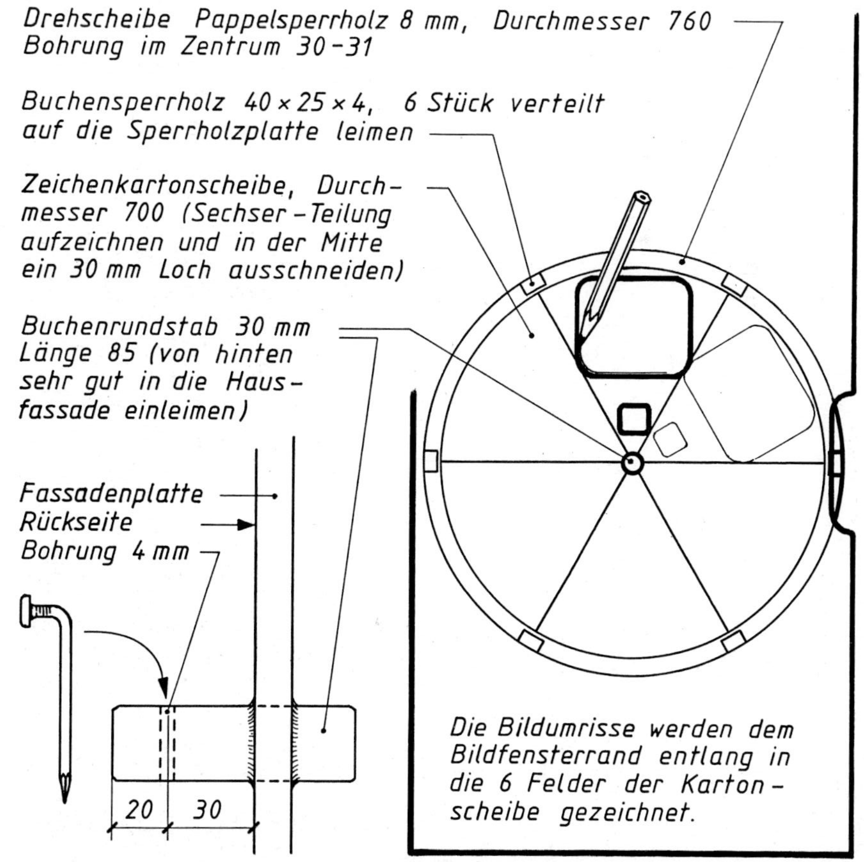

Türumrahmung zu Kino Lesestadt

Die Türumrahmung wird mit der Stichsäge aus einem 19 – 24 mm starken Spanplattenstück ausgesägt und anschliessend auf die Fassadenplatte geleimt.

Zusätzlich aufgeleimte 12 mm Spanplattenstücke verbessern die plastische Wirkung (a und b).

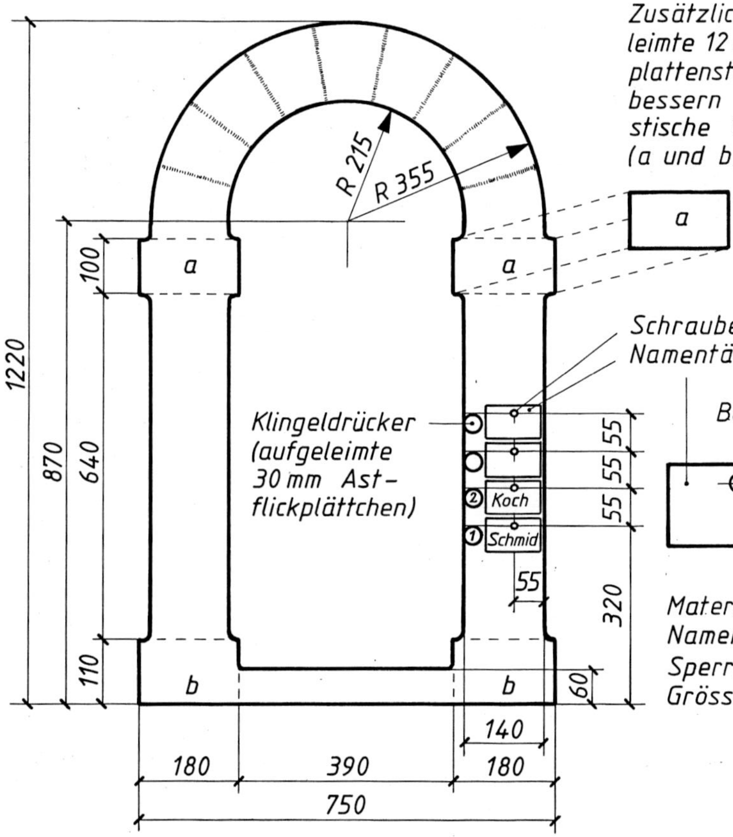

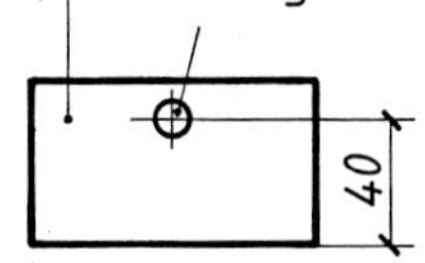

Material für die Namentäfelchen: Sperrholz 6 mm Grösse 100 × 50

Beschriftungsschild „Kino Rex"

Material: Sperrholz 6 mm

Der Schild wird oberhalb der Eingangstüre an den vorstehenden Rundstab gehängt.

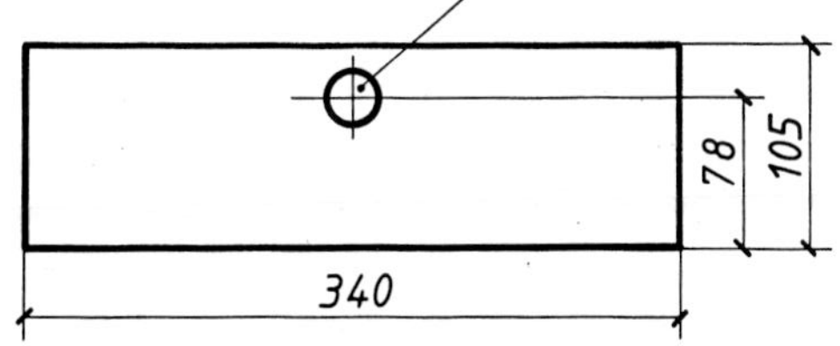

Kino Rückseite

Auf der Kino-Rückseite wird die Drehscheibe für zusammengesetzte Nomen in 3 Ringe mit je 12 Feldern eingeteilt. Eine Sperrholzplatte mit Ablagefach für Nomen-Holztäfeli deckt die Scheibe bis auf 4 sichtbare Felder ab (Abb. unten). Die Sperrholzplatte sitzt auf dem gleichen Rundstab wie die Drehscheibe und kann beim Auswechseln der Wort-Bildgeschichten einfach weggezogen werden.

Die Platte wird aus 8 mm Sperrholz ausgesägt (Abb. rechts).

Zum Aufzeichnen der Drehscheiben-Kreislinien kann ein Schreibwerkzeug bei den entsprechenden Radien der Sperrholzplatte gegen die drehende Scheibe gedrückt werden (Abb. rechts).

Das Einteilen in 3 x 12 Felder pro Kreisbahn beginnt mit dem Übertragen der Sechserteilung von der Vorderseite über den Rand auf das äussere Beschriftungsband (Abb. unten).

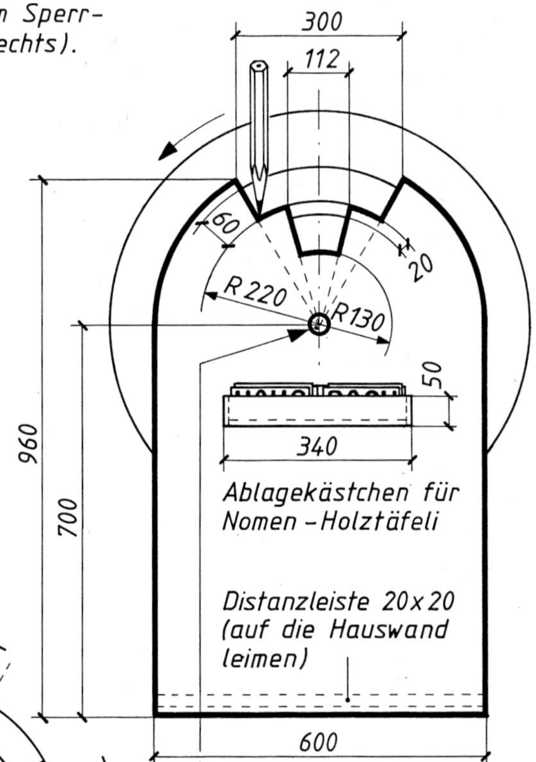

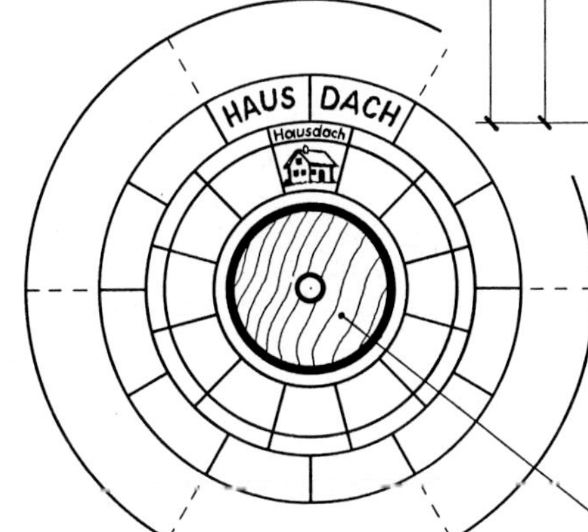

Bohrung 31 – 32 mm
Die Bohrung ist nach oben und unten soweit auszufeilen, bis sich die Platte am Boden stehend, sehr leicht auf den Rundstab der stehenden Hauswand schieben lässt.

Sperrholzscheibe 240 × 6 (auf die Scheibe leimen).

Kino Reklamewand

Die Reklamewand ist zum Kombinieren von Filmtiteln mit den entsprechenden Zeichnungen bestimmt. Die Wand wird mit zwei Verbindungslaschen seitlich am Kinogebäude eingehängt.

Bau der Reklamewand:
Aus zwei Sperrholzplatten 640 × 200 × 6 mm werden je 4 Felder entsprechend der Abb. rechts ausgesägt.
Auf jede Platte müssen 6 Leisten 20 × 7 mm so aufgeleimt werden, dass 4 gleichgrosse Felder entstehen (Abb. rechts).
(Hervorquellender Leim ist beim Pressen der Leisten sofort zu verstreichen, damit sich die Plättli später einschieben lassen).
Nachdem der Klebstoff trocken ist, werden die Rahmen auf eine 720 × 200 × 12 mm grosse Spanplatte aufgeleimt (Abb. unten).
Die oben und unten vorstehende Spanplatte ist zum Anschrauben der Verbindungslaschen bestimmt.

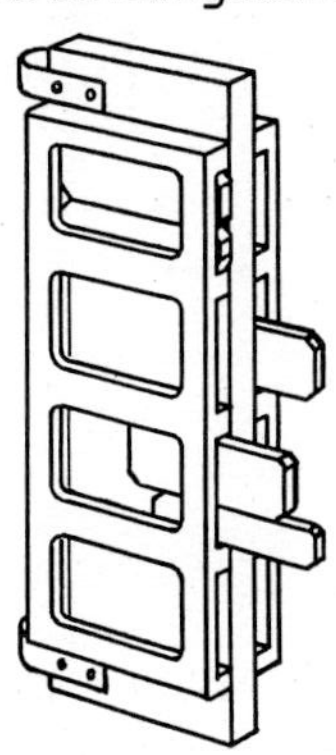

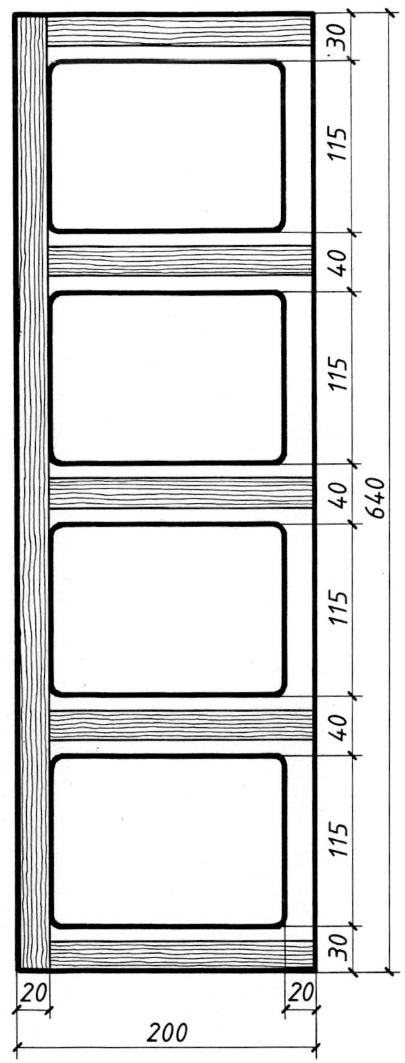

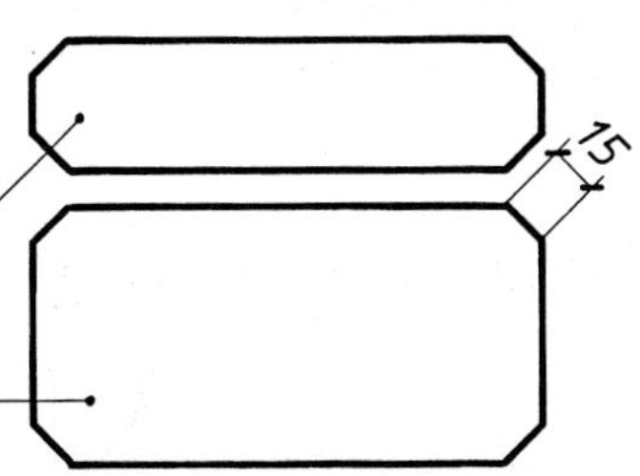

Sperrholzplättli für Filmtitel
180 × 42 × 6 mm
Sperrholzplättli für Zeichnungen
180 × 90 × 6 mm

Zum Abschluss einige Hinweise

Alle in den Zeichnungen dargestellten Gegenstände sind mehrfach erprobt und in den Materialstärken ausreichend dimensioniert. Bei den 12 mm starken Fassaden-Spanplatten ist das Umleimen von Kanten nicht erforderlich. Die Verbindungslaschen reissen auch unter Belastung nicht aus.

Es ist zu beachten, dass die in den Zeichnungen angegebenen Materialstärken funktionsbedingt sind und eingehalten werden müssen. Würde man zum Beispiel die Beschriftungsplättli der Reklamewand oder des Bi-Ba-Bo Automaten aus 5 mm Holz herstellen, würden diese sich gegenseitig verkeilen.

Die Abbildung unten zeigt die Gruppierung der Stadthäuser um einen Innenhof. Für diese Kombination sind die vorstehenden Giebeldächer unterschiedlich hoch angesetzt, damit sie sich nicht gegenseitig blockieren.

Im Interesse eines harmonischen Stadtbildes sollten die Höhen der Stockwerke, der Fenster und der Türen aufeinander abgestimmt werden.

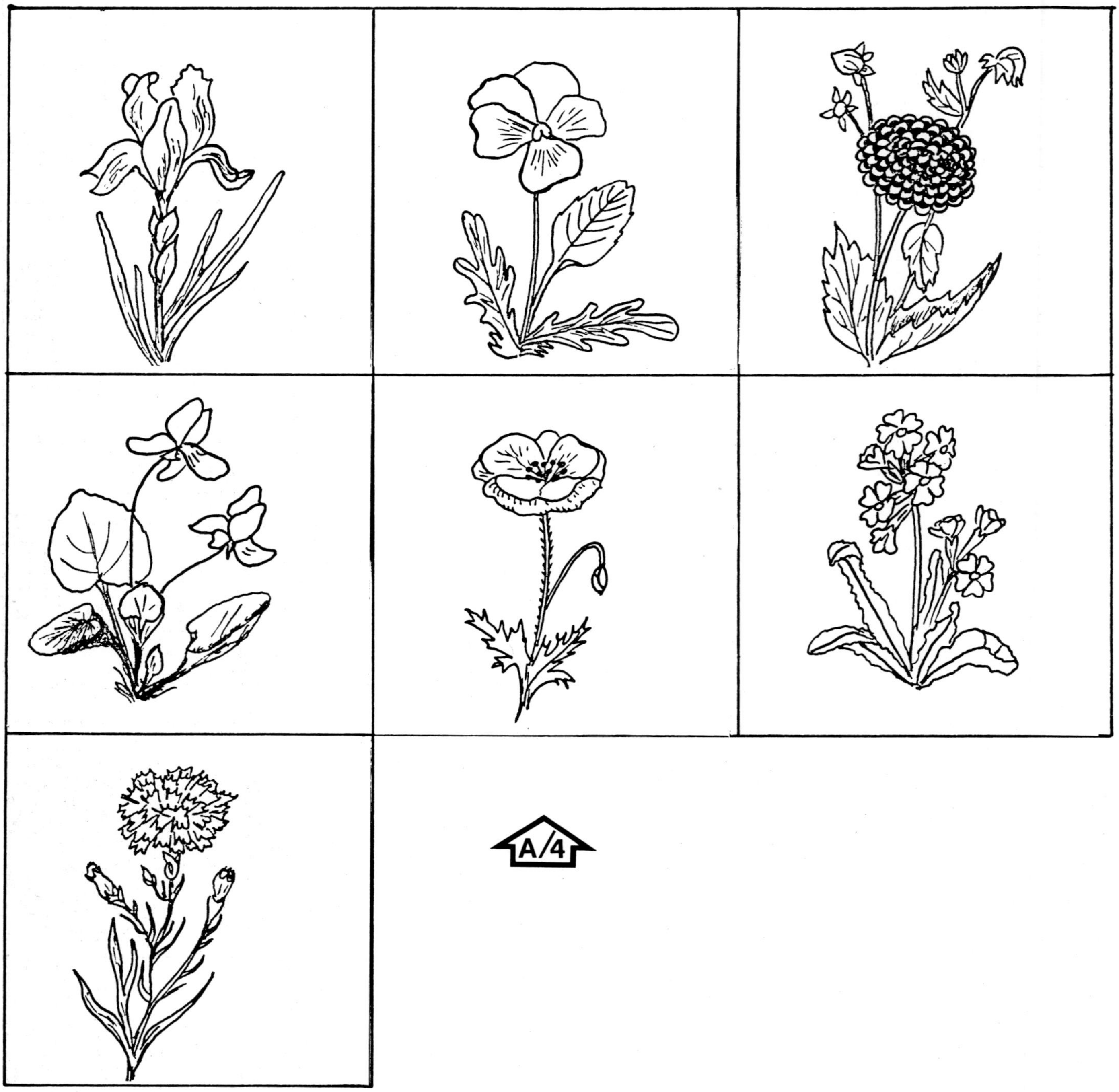

Für unseren Laden haben wir folgende Gemüse, Früchte, Beeren und Blumen ausgewählt, deren Namen auf der Rückseite der Täfelchen stehen:

APFEL	BIRNE	**DAHLIE**	ERDBEEREN	FENCHEL
GURKE	HIMBEEREN	**IRIS**	JOHANNISBEEREN	KARTOFFELN
LAUCH	**MOHN**	**NELKE**	ORANGE	PILZ
QUITTE	RÜBE	SALAT	**SCHLÜSSELBL.**	**STIEFMÜTTERCH**
TRAUBE	U	**VEILCHEN**	WEINBEERE	ZWIEBEL

Kopiervorlage **WORTSCHATZ-KISTE** 4

A/3

Bauanleitung: Kopiervorlagen auf A/4, bzw. ganzen Bogen auf A/3 vergrössern. Bildchen ausmalen und auf Sperrholzplatte leimen. Mit Folie überziehen und mit Laubsäge aussägen.
Die ausgesägten Gegenstände auf Vorder- und Rückseite mit einem Reissnagel versehen. Prüfen, ob die Reissnägel magnetisch sind.
Kleine Magnete** an Angelruten befestigen.
Raster für Deckelinnenseite (Muster siehe Blatt 2 unten)

A/3

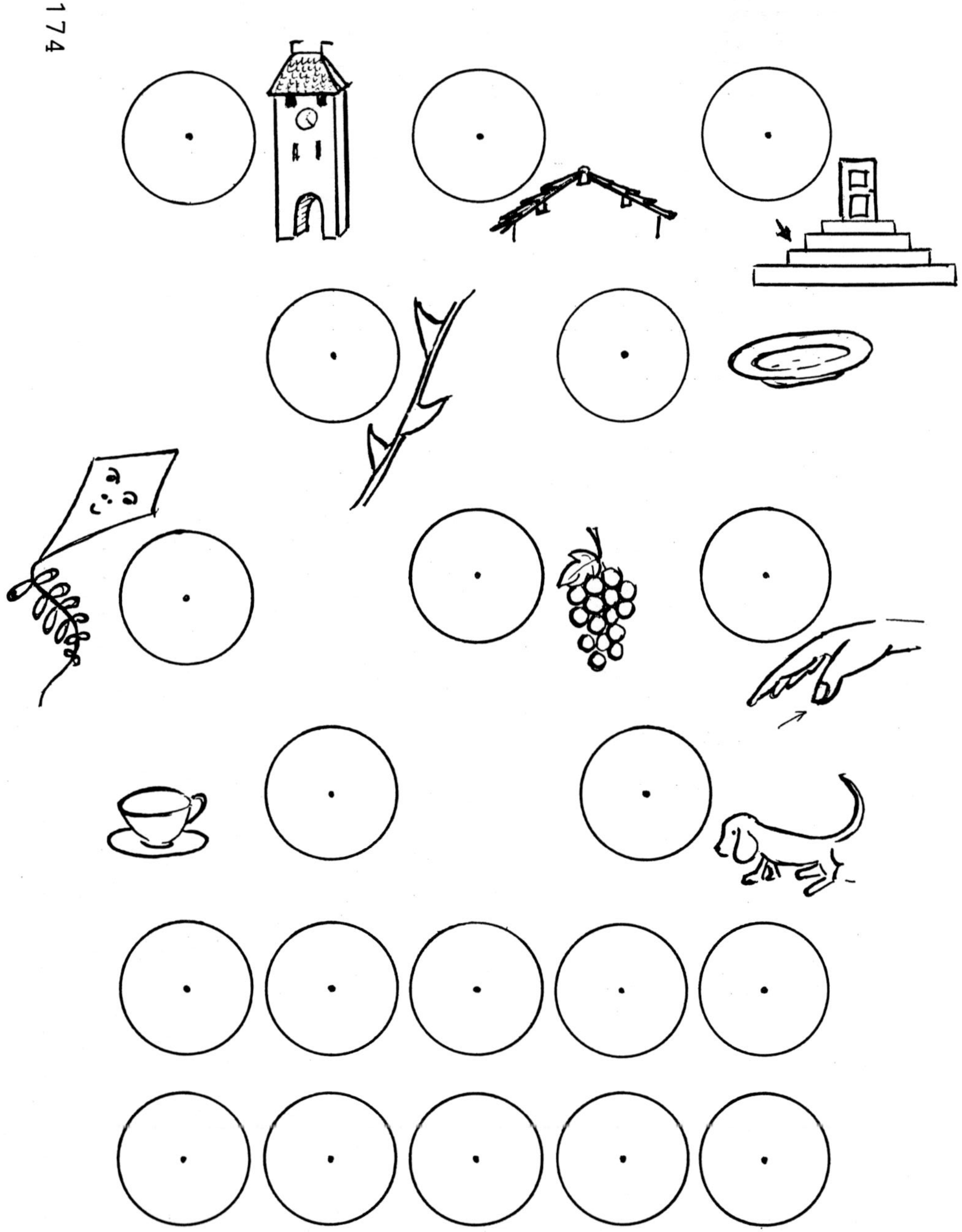

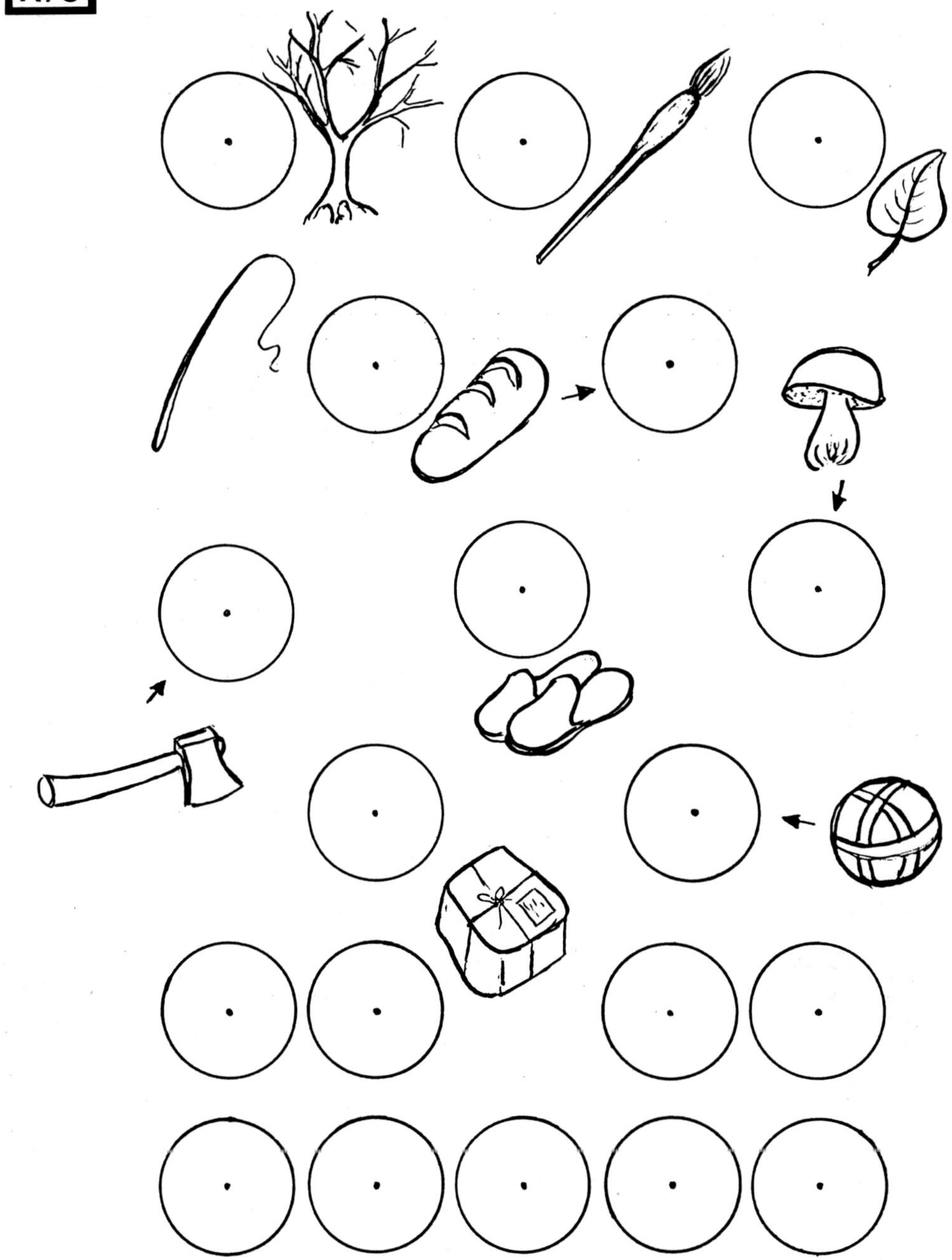

A/4

A/3

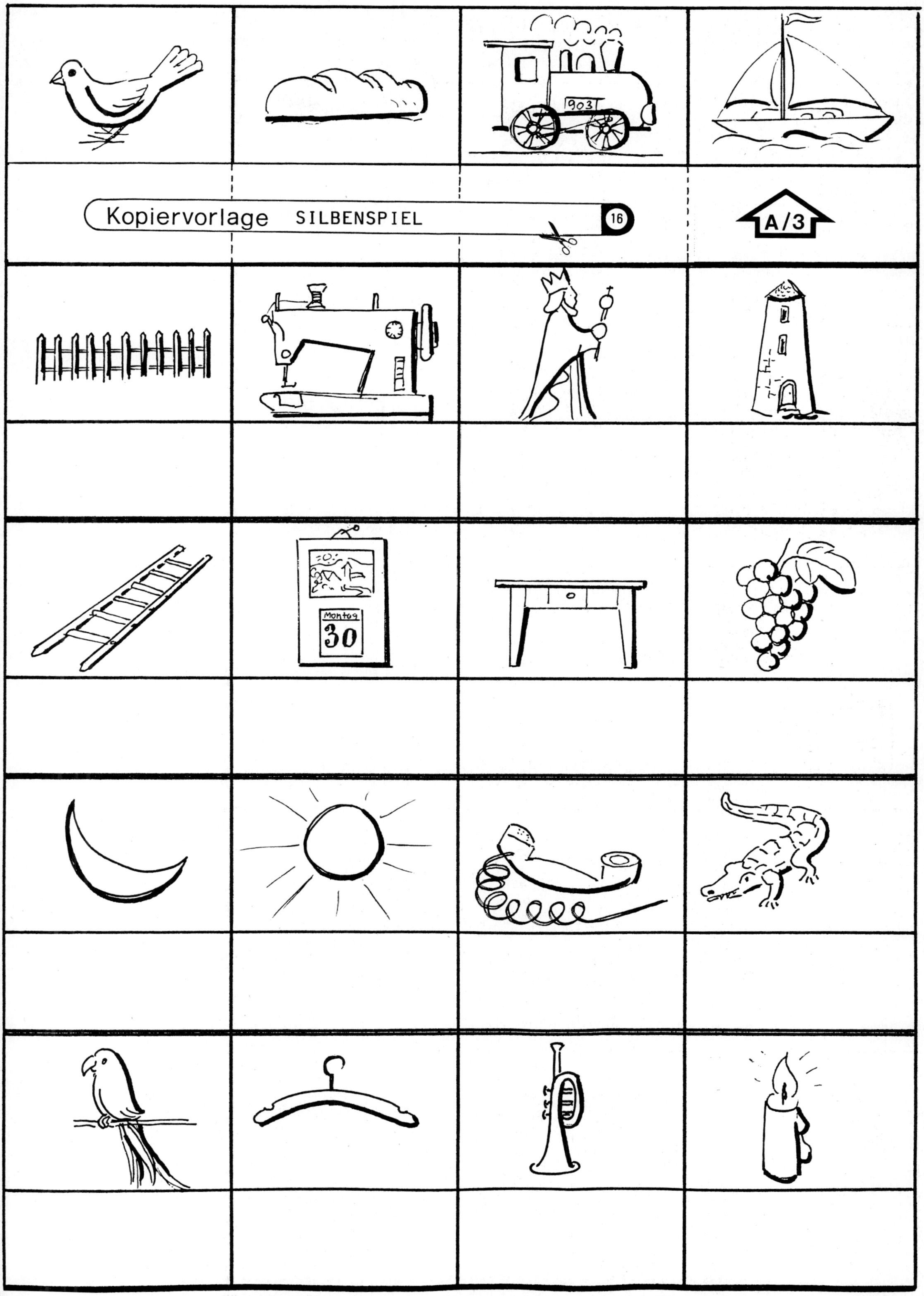

Kopiervorlage SILBENSPIEL 16

A/3

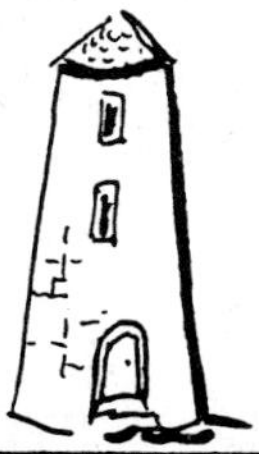

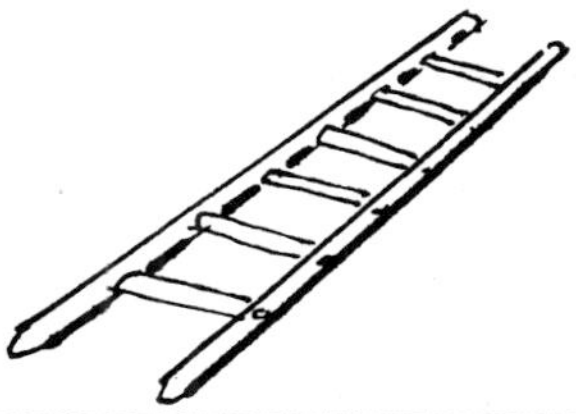

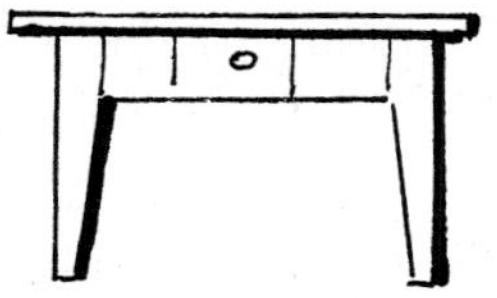

A/3

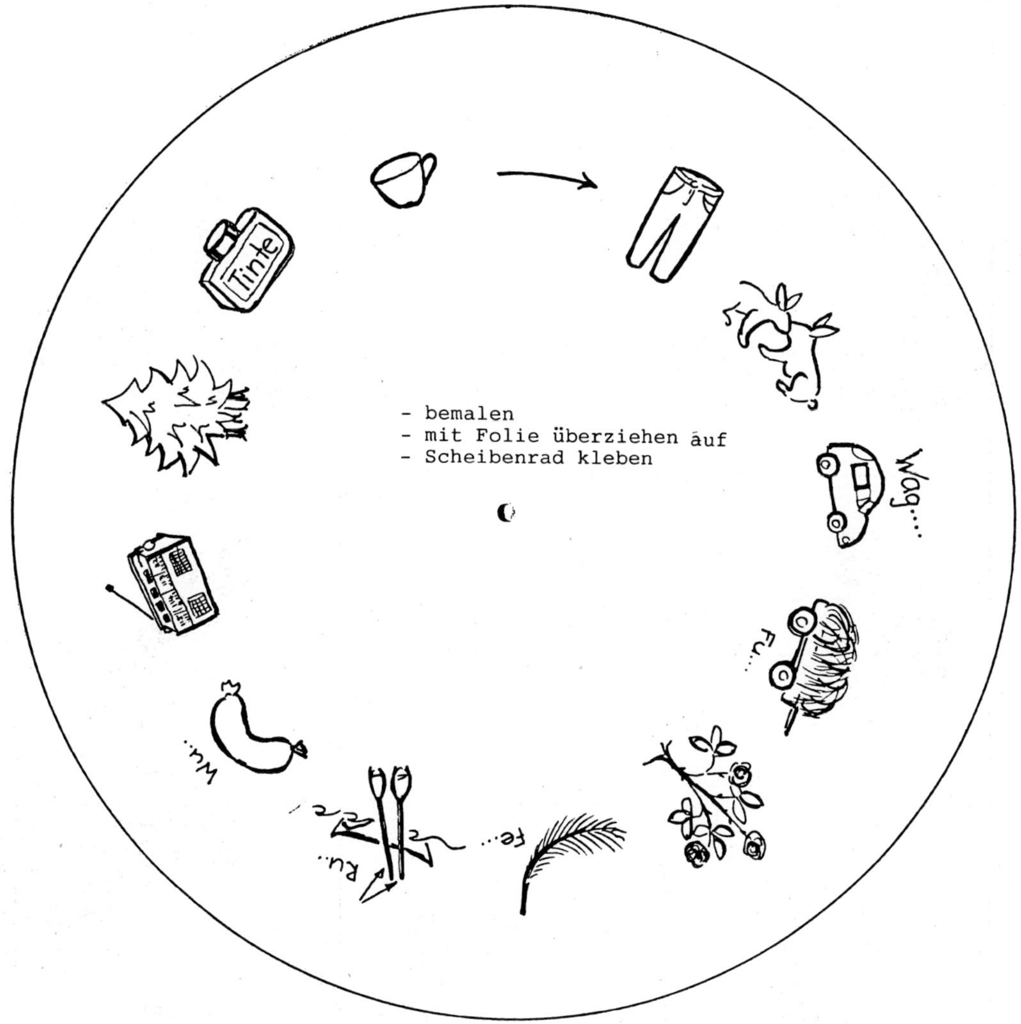
Tinte
Wag....
Fu...
Fe...
Ru...
Wu...
- bemalen
- mit Folie überziehen auf
- Scheibenrad kleben

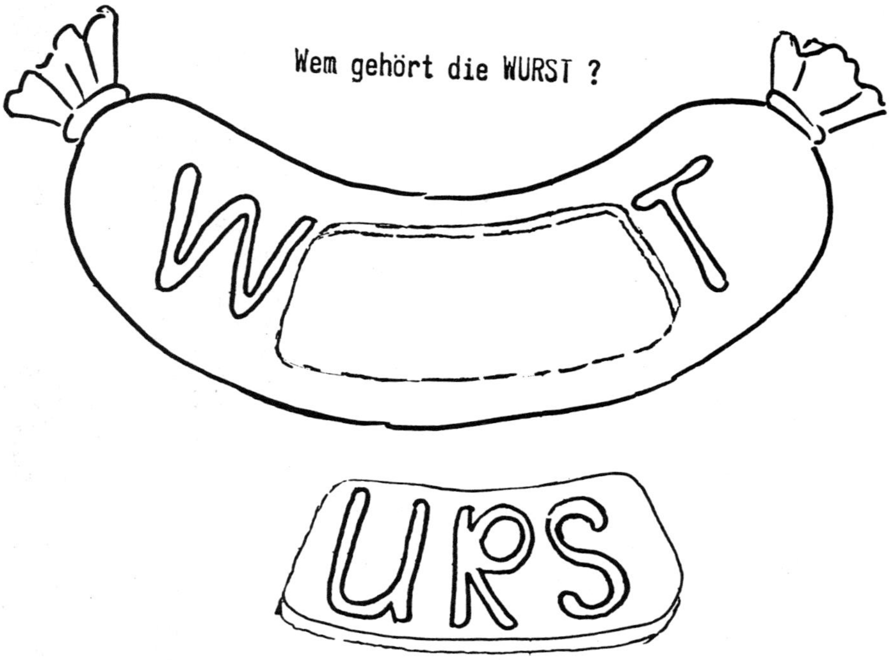

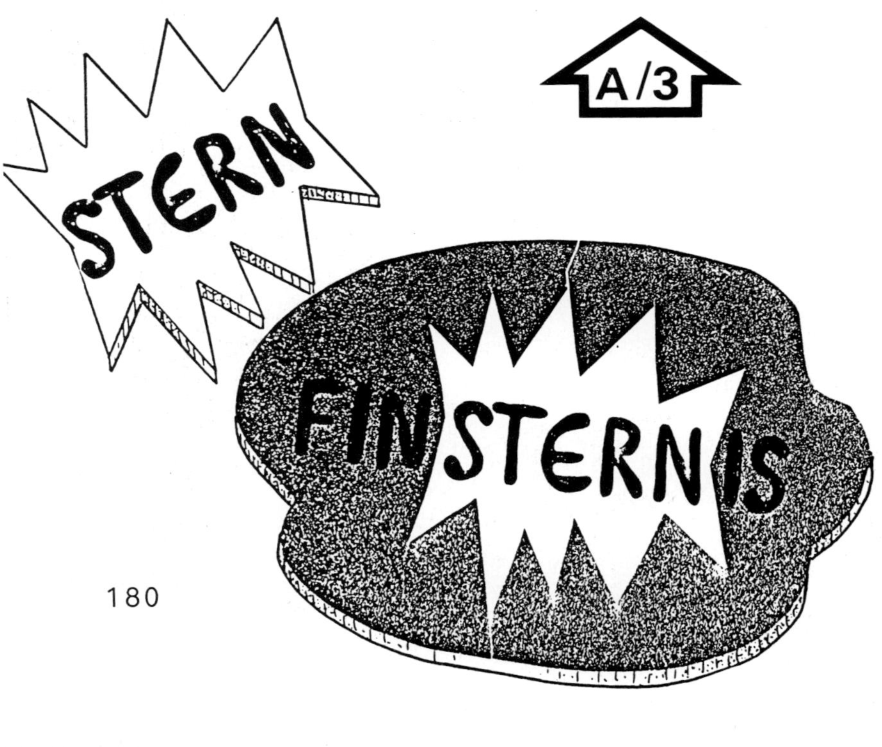

<u>Bauanleitung</u>:

- Kopiervorlage auf A/3 vergrössern
- bemalen, mit Folie überziehen und aussägen
- Umriss auf Grundplättchen leimen
- Loch Ø 2 cm in Platte bohren

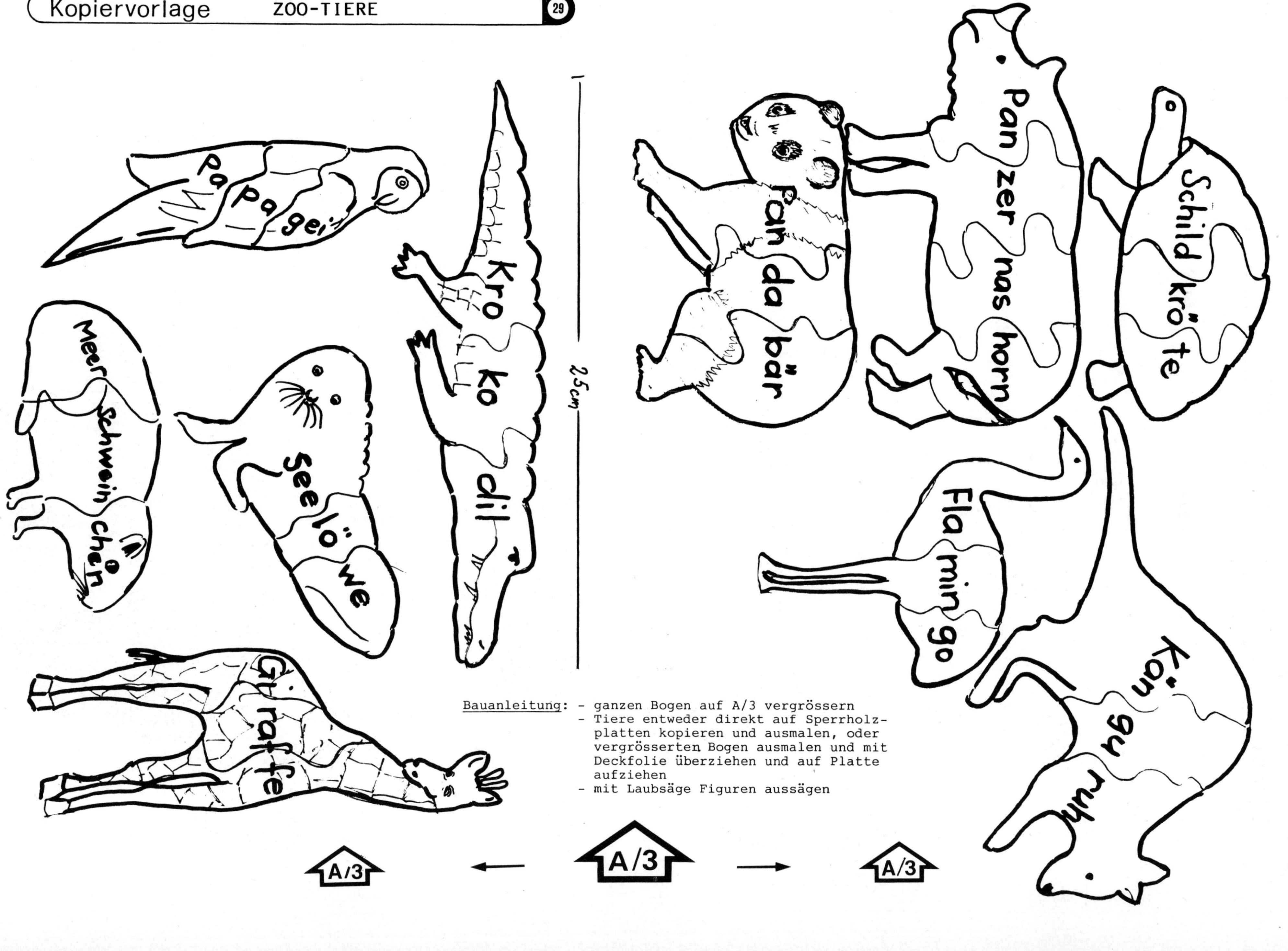

Bauanleitung:
- ganzen Bogen auf A/3 vergrössern
- Tiere entweder direkt auf Sperrholzplatten kopieren und ausmalen, oder vergrösserten Bogen ausmalen und mit Deckfolie überziehen und auf Platte aufziehen
- mit Laubsäge Figuren aussägen

Zie	Va

ter	gel
der	be

A/3

Kna	Ra	Ru
Le	Lei	Na
But	Bru	Fut
Vo	Se	Tau
Fe	Fu	Lau
Spie	Trau	Rei

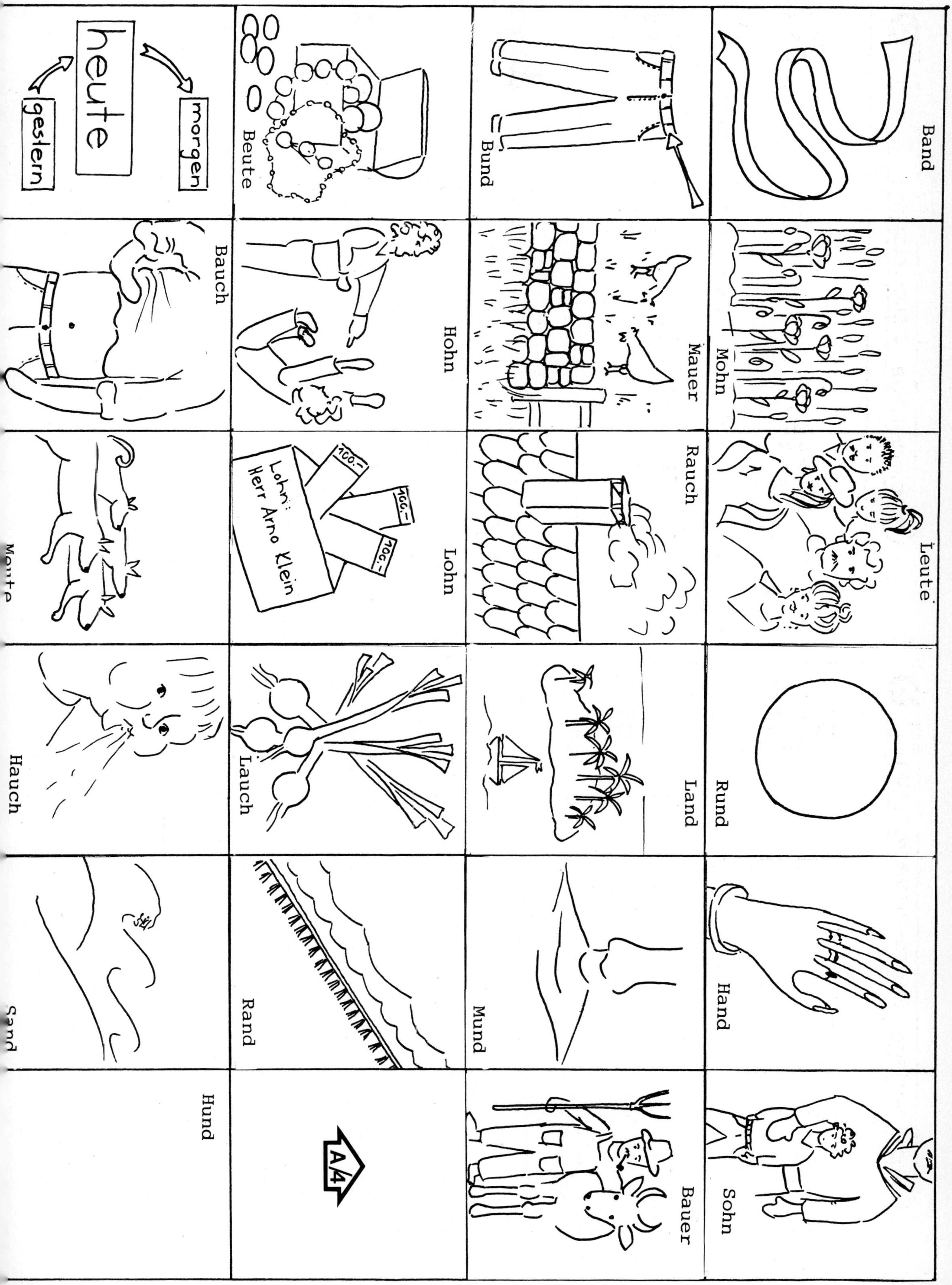

Band
Bund
Beute
heute
morgen
gestern
Mohn
Mauer
Hohn
Bauch
Leute
Rauch
Lohn
Lohn:
Herr Arno Klein
100.–
Rund
Land
Lauch
Hauch
Hand
Mund
Rand
Sohn
Bauer
A/4
Hund

A/3

ur
atz
ern
uhl
rasse
inne
eck
irm
ere
ein
rauch
uh

orch
wan
lange
wein
raube
eer
iefel
all
argel
itzer
necke
iegel

Tanne

Birne

Uhr

Hase

Mond

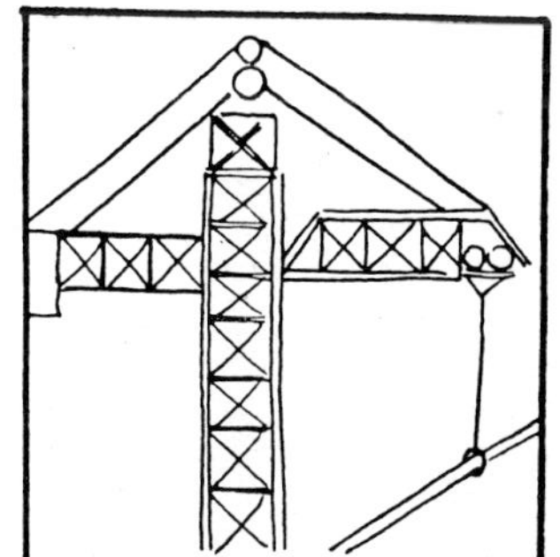
Kran

Rose

Dorf

Huhn

Elefant

Mantel

Bär

Kamel

Haus

Buch

Tasse

Nase

Maus

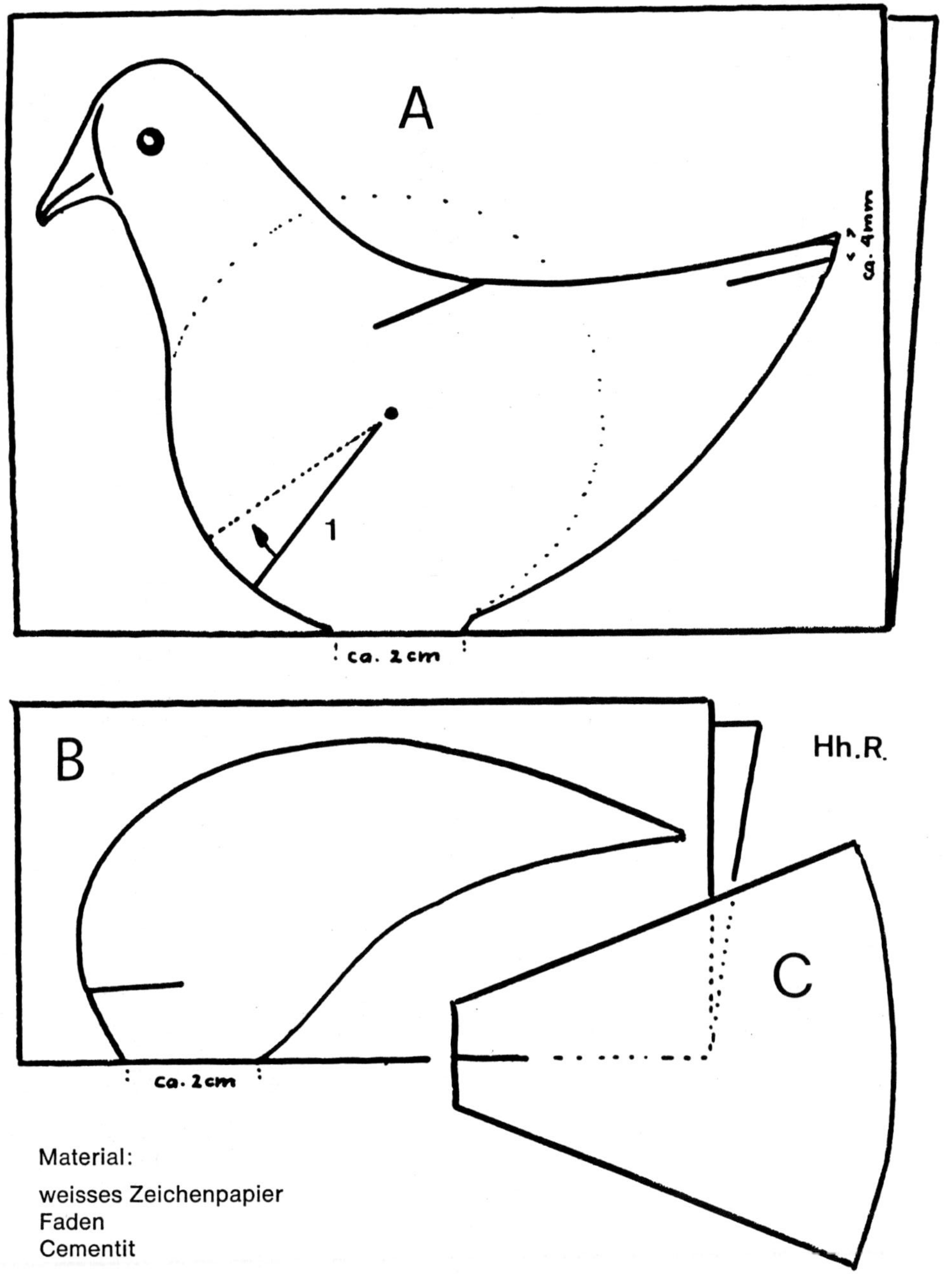

Material:

weisses Zeichenpapier
Faden
Cementit

A/4

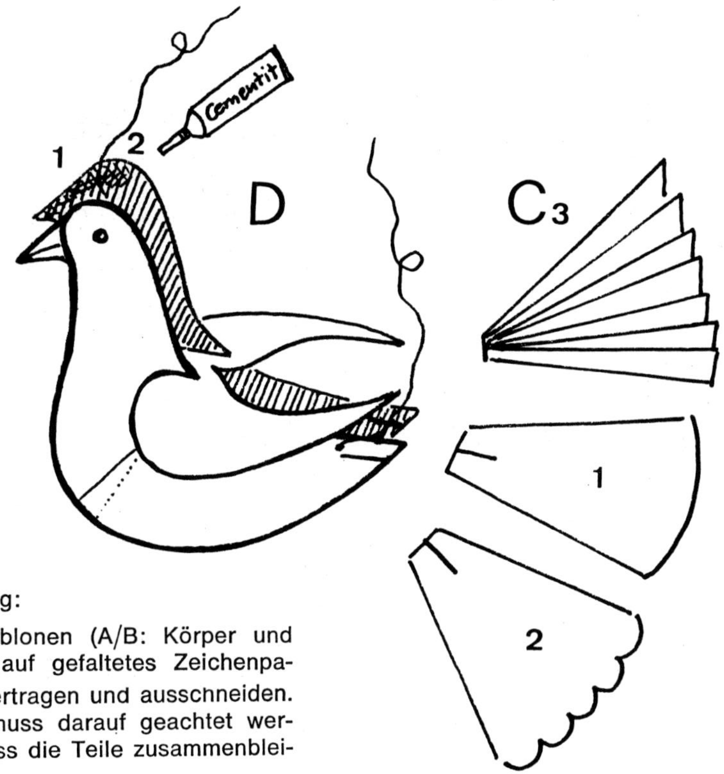

Anleitung:

1. Schablonen (A/B: Körper und Flügel) auf gefaltetes Zeichenpapier übertragen und ausschneiden. Dabei muss darauf geachtet werden, dass die Teile zusammenbleiben.

2. Schwanz (C) auf Papier übertragen und ausschneiden. Form (C3) muss gefaltet und an einem Ende zusammen- und eingeleimt werden.

3. Bevor die Kinder den Vogel zusammensetzen, können sie ihn bemalen.

4. Körpereinschnitt (A1) beidseitig um ca. 8 mm übereinanderschieben und verleimen (evtl. mit Hilfe von Wäscheklammern). Dadurch wird der Vogel plastisch.

5. Schnabel und obere Kopfpartie (D1) zusammenkleben. Bindfaden nicht vergessen! (D2)

6. Flügel und Schwanz vorsichtig einschieben. Die beiden oberen Körperenden leicht nach aussen biegen, damit der Schwanz waagrecht bleibt.
Die Flügel können nach oben oder nach unten geklappt werden (Flug- oder Ruhestellung).

7. Bindfaden am Hinterteil befestigen und mit dem «Kopffaden» zusammenknüpfen.

Nach dem ersten gemeinsamen Versuch können die Kinder eigene Vogel- und Schwanzformen entwikkeln. Evtl. Mobile.

ADRESSEN FÜR MATERIALBEZUG

Spiel/ Nr. Gegenstand	Bezeichnung	Bestellnummer Schubiger**	Oeschger**
14/ 31/ 32	Blanko-Würfel	509 210	
	Blanko-Lotto	509 22	
32	Blanko-Domino	509 27	
	Blanko-Memo	509 30	
15/ 32	Blanko-Puzzle kl. f. Geschichtenpäckli	509 250	
	Blanko-Puzzle gr.	509 26	
39	Holzkugeln gebohrt Ø 3 cm	570 83	41.153.30
13	Holzeier (Eiling)	524 52	
14/ 31	Astholzflick 2,5 cm	523 21	81.901.01
	" " 3,5 cm	523 22	81.901.05
39	Buchenrundstäbe 6 mm Ø		81.851.01
Prototyp	Buchenrundstäbe 10 mm Ø, 1 m lang		81.851.03
Prototyp	Buchenrundstäbe 20/ 25/30		81.851...1
18	Tannenvierkantstab 30 x 30 mm		41.071.30
11	Tannenvierkantstab 40 x 40 mm		41.071.40
20/ 37	Moltonwandbuchstaben gr.	410 72	
	Magnet-Haftknöpfe	410 37	
10	Plastikbuchstaben gr.	102 30 (z. Betasten)	
4	Kl. Magnete f. Angelrute (können leicht aus Schnäpper entfernt werden)		49.741.01
	Schülerdruckerei	102 40	
	Ergänzungsbuchstaben	102 41	
	Grosser Kasten	102 45	
	Durchsichtige Selbstklebefolie	837 ..	
	Doppelseitige "	837 ..	
	Farbig, transparent "	603 60	
3	POST-IT Notizband f.	833 61 (für Namen)	
17	MOTTIER-Tafeln	130 10	

Pastorini**

1	FIMO-Knetmasse in verschiedenen Farben
10	Grosse Holzbuchstaben
13	Holzei (auseinandernehmbar)

40	Stempel: der/ die/ das	in Stempelgeschäft
	Farbige Magnetbuchstaben	günstig in Warenhäusern

Prototyp	Verbindungslaschen für Häuser und Wände **EMS****, Schiers

Adresssen**:

Schubiger Verlag AG, Postfach, 8200 Schaffhausen
OPO Oeschger AG, Steinackerstrasse, 8302 Kloten
Pastorini Spielzeuge, Weinplatz 3, 8001 Zürich
EMS, Evangelische Mittelschule OS-Lesestadt, 7220 Schiers

LITERATURVERZEICHNIS

Das Literaturangebot über das Lesenlehren und -lernen ist gross. Wir empfehlen Ihnen, schauen Sie sich selber in einer Bibliothek um, z.B. im Pestalozzianum Zürich oder in einem Didaktischen Zentrum und blättern Sie in den entsprechenden Büchern. Das ist viel anregender als die Lektüre einer Computerliste. In unserem Verzeichnis führen wir nur die im Buch zitierten Autoren auf.

....	Grosses ABC f. muntere Kinder (reprint)	J.F. Schreiber, Esslingen, 1979
BEELER, Armin	Selbst ist der Schüler	Klett u. Balmer, Zug, 1982
BETHLEHEM, Gerhard	Praxis des Lesenlernens	Schwann, Düsseldorf, 1984
BERGK, Marion MEIERS, Kurt (Hrsg.)	Schulanfang o. Fibeltrott	Klinkhardt, Heilbronn, 1985
DIENES, Z.P.	Moderne Mathematik in der Grundschule	Herder, Freiburg, 1965
FRITSCH, Gerolf	Universitas (Zeitschr. für Wissenschaft, Kunst u. Literatur) Heft 4	Stuttgart, 1982
GRISSEMANN, Hans	Arbeitsbl. u. Lehrerband 'LESEN SPRECHEN HANDELN'	ILZ Lehrm.Verl., Basel, 1980
MANZ, Hans	Worte kann man drehen	Beltz, Weinheim, 1985
MEIERS, Kurt	Lesespiegel, Lehrerband, Lesekurs 1 + 2 (CH-Ausg.)	Klett u. Balmer, Zug, 1984
MESSNER, Helmut	Unterrichten lernen	Schroedel, Hannover, 1985
MEYER, Gertrud	Schuelmümpfeli I-III	Zytglogge, Bern, 1981-89
PREGEL, Dietrich	Lesen heute, Lehrerband	Schroedel, Hannover, 1977
SIRCH, Karl	Referat	Samedan 19.8.1976
TULVING, E.	zitiert in Bergk/Meiers Schulanfang o. Fibeltrott	Klinkhardt, Heilbronn, 1984
VESTER, Frederic	Vorwort in: Organismus und Technik, Hugo Kükelhaus	Fischer TB 4024, Frankfurt, 1981

Gedichte

ENZENSBERGER, H.M.	Landessprache	Suhrkamp, Frankfurt, 1969
KALÉKO, Mascha	Papagei u. Mamagei	arani, Berlin, 1982
KAISER, Lothar	Bedenkliche Notizen	Comenius, Hitzkirch, 1984
KUNZE, Reiner	Sensible Wege	Rowohlt, Reinbek, 1977
MANZ, Hans	Worte kann man drehen	Beltz, Weinheim, 1985
RÜTIMANN, Hansh.	- La Verna - Kastell Savurniano u. unveröffentlichte	Novalis, Schaffhausen, 1977 Flamberg, Zürich, 1971

BEGRIFFSERKLÄRUNG

A. SEGMENTE

Abschnitte, Glieder, 4 GRUPPEN

z.B. ver | p | ack | en

bor | gen

ZEICHENVERSTÄNDNIS

- BILDER/ GEGENSTÄNDE (konkret)
- GRAPHISCHE DARSTEL. (vereinfachte Abbilder)
- PIKTOGRAMME
- ZEICHEN/ SYMBOLE (abstrakt)
- BUCHSTABEN (SBB)
- WÖRTER (VILAN)

RICHTUNGS- UND SEITENVERSTÄNDNIS

- links/ rechts
- oben/unten

B. WÖRTER

BUCHSTABENFOLGE	SPRECHSILBEN	MORPHEME	SIGNALGRUPPEN
die einem Laut oder Zwielaut zugeordnet sind wie ng, pf, au, usw. **GRAPHEM** (Buchstaben, Schriftzeichen), sind Buchstaben oder Buchstabenkombinationen, denen ein Laut zugeordnet werden kann. eingl.: l,m,n, zweigl.: äu,ng, dreigl.: sch,chs	wie ter, kla, spe, bot, gen, die keine morphemischen Einheiten, <u>keine Bedeutungsträger</u> sind. ter bor gen spe bla usw.	als die <u>kleinsten Bedeutungseinheiten</u> der Sprache z.B.: Verbstämme, Vorsilben, Endungen usw. -en ge- ver- -lich -in vor- be- zer	<u>häufig vorkommende Buchstabengruppen</u> bzw. Lautgebilde, die weder Silben noch Mopheme sind -ei- -ing- -upp- -uck- -ack- -ink- -itz- -uch- -all- -ütt-

← Struktur / Regeln →

SINN-FIN-DUNG ↔

GANZWÖRTER	ANALYSEWÖRTER	KONSTRUKTIONSW.	ÜBUNGSFUNKT.W.
Diese Wörter werden nicht analysiert z.B.: und, Regen, sind, ein usw. Sie werden ganzheitlich eingeführt und gespeichert.	Aus ihnen werden den Buchstaben gewonnen z.B.: aus rot, grün das 'r', wobei dann aber die übrigen Elemente des Wortes nicht analysiert werden.	Sie können auf Grund des jeweils erworbenen Buchstabenbestandes konstruiert und erlesen werden.	Sie werden in <u>Arbeitsheften</u> und in Vorschlägen genannt und leisten einen Dienst im Uebungsbetrieb, werden aber <u>im Fibelteil nicht systematisch verwendet</u> oder gar gespeichert.

GRAPHEM		PHONEM	PHON
Augenlid	i	i	eindeutig
Wiese	ie	i:	
Vieh	ieh	lang gesproch.	
Held	e	e	
mehr	eh	eh lang	e mehr-
Beere	ee	ee gesproch.	e deutig
Blume	e		

← grapho. / phonem. Korrespondenzregeln →

WEITERE BEGRIFFE:

Leseoperationen:
- kodieren / verschlüsseln
- rekodieren / umsetzen (vom Graphem- ins Phonemsystem) (schreiben: umgekehrt)

und
- dekodieren / entschlüsseln, Bedeutung zuord.

Tätigkeiten:
- identifizieren / erkennen
- diskriminieren / unterscheiden
- segmentieren / zerlegen
- generalisieren / verallgemeinern

Steilheitsgrad / Verhältnis neue zu bekannten Wörtern usw.

Hh.R.

Sprache

Br., A4, 192 S., vierfarbig,
öS 336, Fr./DM 43.-

«Kein neuer Leselehrgang, sondern ganz einfach ‹ein Versuch, Kindern einen weiteren, anderen Zugang zum Lesenlernen zu eröffnen›, – das ist die Lesestadt mit den Worten ihres Erfinders, des Praxisleiters und Didaktiklehrers am Seminar Schiers.
Während der Anreiz der Lesestadt vor allem im topographischen Erlebnis von Buchstaben und Schriftsprache liegt – die Kinder bewegen sich in und zwischen den Wörterhäusern mit Silbenfenstern, Buchstabenfächern und einer Fülle von Leselernmöglichkeiten –, richtet sich ihr Anliegen darauf, im Umgang mit geschriebener Sprache ‹alles greifbar zu machen, damit es begriffen werden kann›. Auf den Begriff gebracht heisst das nichts anderes, als dass Kinder hier handelnd lesen lernen. So aufwendig die Herstellung der Lernmaterialien und der Bau einer Lesestadt sind, so lohnend und erfolgversprechend ist das zugrundegelegte Konzept und dessen konkrete Umsetzung.
Ausführliche Bauanleitungen und Kopiervorlagen für den Eigengebrauch gehören zusammen mit Begriffserklärungen und Literaturhinweisen zu den Arbeitshilfen, die aus dem neuerschienenen Buch in der Tat ein Werkbuch machen, das zu eigenem Tun anleitet und vor allem anregt.»

Johannes Gruntz-Stoll
‹Beiträge zur Lehrerbildung›

Br., A4, 192 S., vierfarbig,
öS 367, Fr./DM 47.-

Vorgestellt wird das Modell einer phantasievoll gestalteten 3-Phasen-Werkstatt, in der Grammatik auf neue, unkonventionelle Art vermittelt wird. Kinder sind die grössten Entdecker, Sprache kann zum Abenteuer werden. Im Mittelpunkt stehen nicht Sprachlehre, Regeln und System, sondern die Phänomene: was es damit auf sich hat und wie Sprache (gegenständlich begreifbar) funktioniert.

«Gemeinsam mit einer Schulklasse die Sprache zu entdecken, ist ein Erlebnis, für das man unvoreingenommen und für Überraschungen offen sein muss. Der Autor bietet in seinem Buch den kompletten Bauplan einer Sprachwerkstatt samt dazugehöriger Karavelle an. Sind die Schüler und Schülerinnen einmal an Bord geht die abenteuerliche Fahrt durchs Unbestimmte los. Ist es einer Lehrkraft zu aufwendig, ein eigenes Schiffsmodell zu bauen, bietet das Buch auch die Möglichkeit, nur einzelne Übungselemente herauszupflücken und mit diesen werkstattartigen Unterricht zu halten. Nebst erklärenden Text sind im Buch auch sämtliche Kopiervorlagen der einzelnen Posten sowie alle Bauanleitungen vorhanden, so dass man nach dem Lesen sofort mit der eigenen Werkstatt beginnen kann und will!
Für Lehrkräfte sehr empfohlen!»

‹Bücherbär›

Didaktik

Br., A4, 152 S., öS 273, Fr./DM 35.-

Die Autorin bietet keine fertigen Lektionen, sondern Anregungen, Ideen, Hinweise, praktische Hilfen für Lehrer/innen, aber auch für Eltern. Da werden Erfahrungs«happen» zum Thema Hausaufgaben gegeben wie auch zu den Bereichen Lesen, Mathematik, Gespräche. Es soll eine Zusammenarbeit zwischen Eltern und Lehrer/innen erreicht werden.

1. Band:
Praktisches für Lehrer/innen, Kindergärtnerinnen und Eltern

- Gestaltung des ersten Schultags
- Oh, diese Erstklässler!
- Hilfe, ich habe eine unruhige Klasse!
- Legastheniker
- Schulreise
- Zeugnis

Br., A4, 152 S., öS 273, Fr./DM 35.-

2. Band:
Lehrer und Eltern, Partner des Kindes

- Elternabend
- Impulse von Eltern und Schülern
- Feste (Weihnachten)
- Projekte (Backen)
- Aussteigen

3. Band:
Handfestes für Lehrende und Lernende

- Ein Tag – Ein Thema
- Bevor ich zur Schule ging
- Trainingswochen
- Nebenbeilernen

Br., A4, 152 S., öS 273, Fr./DM 35.-

«Ein faszinierendes Buch und eine grosse Hilfe für alle: anregend, begeisternd und optimistisch. Diese ‹Schuelmümpfeli› sind wie ein Geschenk.»

Walter Weibel
‹Schweizer Schule›

«Gertrud Meyer gehen die Ideen nicht aus. Ihre Kreativität, ihr Sinn für das Praktische, ihre Fähigkeit, Kompliziertes zu vereinfachen und in eine machbare Form zu bringen, lassen immer wieder ‹Handfestes› entstehen, das sie ergänzt durch viele Ideen, denen sie im Rahmen ihrer Ausbildungstätigkeit begegnet.» *Kurt Meiers, ‹Grundschule›*

Projekte

Geb., 26 x 20, vierfarbig,
128 S., öS 328, Fr./DM 42.-

Eines der Ziele dieses Buches ist es, Lust darauf zu machen, sich auf allen Vieren im Gras auf die Lauer zu legen und zu beobachten. Ein simples, schönes Vergnügen, das sich jede/r leisten kann. Kunstprofessor Jacques Very und die Sprachlehrerin Eliane Dauphin-Lemierre haben eine Schülergruppe zum Projekt «Insekten» zum Zeichnen, Malen, Schreiben eingeladen. Zwei Biologiewissenschaftler brachten Fakten und lehrten das Staunen. Über die Annäherungsversuche an die Insekten begegneten sich Menschen.

«Ein Unterrichtsprojekt ganzheitlicher Prägung (Astronomie, Literatur, Kunst/Zeichnen).
Besondere Erwähnung verdienen die grossformatigen, farbigen Astrophotos (Nebel, Planeten, Galaxien, Protuberanzen …) und die Datentabelle zu den Planeten. Hier eignet sich das Buch speziell für den Sachunterricht auf der Oberstufe, ist aber auch der vielen Anregungen gestalterischer Art auch Mittelstufenlehrkräften und allgemein Lehrerbibliotheken zu empfehlen.»

Rahel Kobel, ‹Berner Schulwarte›

Geb., 26 x 20, vierfarbig,
128 S., öS 328, Fr./DM 42.-

Werkstatt

Br., A4, 144 S., öS 304, Fr./DM 39.-

Lebensraum Wald: Ein vielfältiges Erlebnis- und Lernfeld für ganzheitlichen Schulunterricht. Das hochkomplexe System, in dem jedes Lebewesen vom anderen abhängt, in dem jeder äussere Einfluss die verschiedensten Auswirkungen hat, verlockt zum Erforschen und Kennenlernen. Mit Martin Rysers Waldwerkstatt liegt eine reichhaltige Ideen-Sammlung vor, die auf erprobten Aufgaben basiert und zu umfassender Beschäftigung anregt. Gemacht für einen Schulunterricht, in dem Schülerinnen und Schüler zu selbständigem Lösen von Aufgaben und zu genauem Beobachten von Natur und Umwelt angeleitet werden.

Aus dem Inhalt:
Unsere Waldbäume / Blätterdrucken mit dem Stempelkissen / Das Jahrringspiel / Lebender Holzvorrat / Wie hoch ist dieser Baum? (Stock-, Winkelmethode) / Waldkräuter-Herbar / Wie schnell wachsen Laub-/Nadelbäume? / Strauchritter / Stockwerke und ihre Bewohner / Wir erforschen Moose / Leben im Boden / Spuren (ausgiessen – bestimmen – verfolgen – zeichnen) / Vogelstimmen.

Br., A4, 192 S., öS 328, Fr./DM 42.-

Wasser ist – seit jeher – von grosser Anziehungskraft für Kinder, und Werkstatt-Unterricht ist eine Form von Lehren und Lernen, die dem Wasser nichts von seiner Attraktivität nimmt. Sandra Beriger hat weit über 100 konkrete Aufgaben zum Thema Wasser zusammengestellt, die es mit eigenen Ideen und Experimenten zu lösen gilt. Wie lässt sich z.B. Salzwasser entsalzen? Warum schwimmt ein Schiff? Woher kommt unser Wasser, wieviel Wasser brauchen wir pro Tag? Wie lange reicht Menschen in Afrika unser Tagesbedarf an Wasser zum Leben? Wie funktioniert der Wasserkreislauf? usw.
Die Aufgabenblätter sind reich illustriert, unabhängig voneinander verwendbar, fertig zum Einsatz in der Schule – aber auch frei zur eigenen Überarbeitung.

Bd. 1, Br., A4, 152 S., öS 273, Fr./DM 35.-
Bd. 2, Br., A4, öS 328, Fr./DM 42.-
mit 60 Ausschn.-Bogen

«Das Arbeitsbuch bietet im ersten Teil ‹Didaktisches› – Ausführungen über Bedingungen und Ziele, Planung, Vorbereitung und Durchführung des Werkstatt-Unterrichts – und im zweiten Teil ‹Praktisches› – eine Einmaleins-Werkstatt mit allem Drumunddran. In der Zusatzmappe finden sich ‹Übungsaufgaben und Kartenspiele› zu eben dieser Fertigkeitswerkstatt, die den künftigen WerkstattlehrerInnen den Einstieg in den Werkstatt-Unterricht erleichtern.
Aufmachung und Gestaltung der Zytglogge-Werkbücher stimmen im Falle der beiden Bände über den Werkstatt-Unterricht mit den Anliegen der Autorin und dem Inhalt der beiden Bände so genau überein, dass ihre Veröffentlichung ganz einfach als Glücksfall zu bezeichnen ist.» *Johannes Gruntz-Stoll*

Geschichte

Br., A4, 128 S., öS 273, Fr./DM 35.-

Band 1: Auf dem Land
War für uns der Geschichtsunterricht eher eine trockene Aneinanderreihung von Fakten, so bemühte sich hier ein Team von Historikern, Lehrern und Praktikern, für Lehrer und Schüler eine didaktisch aufgebaute, vernetzte Lern- und Lehrhilfe zu schaffen. Anhand von vier Lebensbildern wird die mittelalterliche Welt dargestellt: Vom Urwald zum Kulturland. Der Bauer und seine Arbeit. Der Ritter, seine Funktionen, seine Rechte. Das Kloster, die Nonnen und Mönche und ihr Alltag. Diese «Leitbilder» werden nicht einäugig präsentiert, sondern vor allem in der Gesamtheit, in den Wechselwirkungen und Abhängigkeiten aller untereinander gezeigt.

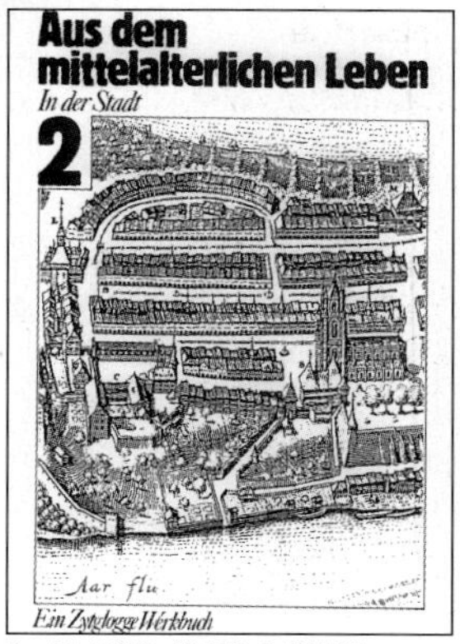

Br., A4, 128 S., öS 273, Fr./DM 35.-

Band 2: In der Stadt
«Wie ‹Auf dem Land› ist auch Band 2 aufgebaut: Städtegründungen im Mittelalter am Beispiel Berns. Die Entwicklung zum Gemeinwesen. Wohnen und Leben, Rechte und Freiheiten, Pflichten, innere Bedrohungen (z. B. Feuersbrünste). Die Bedeutung und Funktion der Handwerker und Zünfte. Die Märkte, Handel und Fernhandel. Das Geld, Abgaben und Zölle im alten Bern.
Die zwei Arbeitsbücher sind nicht einfach Geschichtslesebücher, sondern Grundlage. Die vielen Frage- und Arbeitsblätter laden zum aktiven Mitdenken ein.
Die Autoren: Rudolf Hadorn, Jürg Minnier und Beat Salzmann von der Zentralstelle für Lehrerfortbildung des Kantons Bern.»
‹PTT-Union›

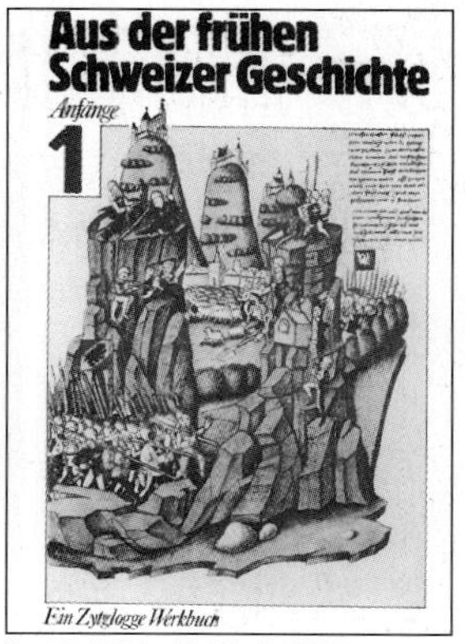

Br., A4, 168 S., öS 273, Fr./DM 35.-

Die Autoren bleiben ihrem bisherigen Konzept treu: alltägliches Leben der damaligen Bevölkerung ist mindestens so wichtig wie die Berücksichtigung grosser Persönlichkeiten oder wichtiger Ereignisse. Sie verwirklichen dies auf beeindruckende Art und Weise auch in ihrem jüngsten Arbeitsbuch, dessen Kapitel hier angeführt seien:
- Handel und Verkehr
- Handelsräume und Handelswaren
- Verkehrsverhältnisse im Mittelalter
- Der Gotthard: Vom Saumpfad zur Alpentransversale
- Gewalt und Recht
- Immer wieder Krieg
- Verträge und Bündnisse
- Vermittlung und Schiedsgericht

«Die Bedeutsamkeit dieses Geschichtswerkes scheint mir darin zu liegen, dass es der Lehrkraft mühsame, ja oft unmögliche Vorbereitungsarbeiten abnimmt. Das vorliegende Quellen- und vor allem Bildmaterial ist äusserst reichhaltig und gibt dem/der Unterrichtenden die Möglichkeit, die seinen Schülern und ihm selber entsprechenden Teile zu verwenden.» *‹BS/EB›*

Elemente

Werkschachtel, 23 x 23 x 6 cm,
mit 150 Arbeitsblättern, öS 382, Fr./DM 49.-

«Retour à la nature – zurück zu Grundsätzlichem menschlichen Daseins, Besinnung auf das Elementare, Einfache und eben deshalb Faszinierende. Wie könnte es anders sein, als dass es die Projektgruppe Zeichnen der bernischen Lehrerfortbildung ist, die sich, sich in ihrem Element fühlend, der Elemente annimmt. Gehen Sie in dieser und mit dieser Elemente-Schachtel auf den Grund, und Sie werden sich lesend, blätternd, vertiefend, experimentierend, staunend den Elementen, den Grundstoffen, der Natur nähern und damit die Achtung davor zurückgewinnen.»
H. R. Lanker

Die vier Elemente Wasser, Feuer, Erde, Luft stecken in der Elementeschachtel drin, lebendig und verspielt, auf losen Blättern, bedruckt und illustriert mit Gedichten, Liedern, Sprichwörtern, Zeichnungen und unerschöpflich vielen Arbeitsanleitungen für einen kreativen, sinnlichen Unterricht. Ideal für alle, die sich für den Umgang mit natürlichen Materialien interessieren, ideal auch für den fächerübergreifenden Schulunterricht.

Märchen

Br., A4, 136 S., öS 273, Fr./DM 35.-

«Das vorliegende Werkbuch ist eine gelungene Arbeit über den Stellenwert des Märchens im Leben des Kindes, verfasst in einer erzählenden, flüssigen Sprache, die uns – wie die Märchen selbst – schnell in ihren Bann zieht. Man kann das Buch wie einen Zaubertrank Schluck für Schluck zu sich nehmen und wird das Glas kaum zwischendurch abstellen. Dabei ist der Inhalt klar und einfach strukturiert. Der Band kann allen, die mit Kindern zu tun haben, bestens empfohlen werden.» *Peter Meier, ‹SLZ›*

Zum Inhalt:
Im ersten Teil des Buches wird die Bildsprache des Märchens beschrieben, seine Strukturen und Elemente: Diesseitige und jenseitige Welt, Gut und Böse, Grausamkeit und Angst, die Helfenden, männlich und weiblich, der Weg der Hauptfigur.
Der zweite Teil enthält Hinweise zur Erarbeitung eines Märchens und Hilfestellungen fürs Erzählen.
Im dritten Teil berichtet die Autorin von Erfahrungen und Erlebnissen mit Kindern, die sie während zweier Jahre gesammelt und protokolliert hat.

Naturschutz-Organisationen

SBN/Pfadi

Br., A4, 160 S., öS 297, Fr./DM 38.-

Mit einem selbstgebauten Periskop Tiere beobachten, eine Höhle erkunden, knetbaren Ton suchen und im offenen Feuer brennen, eine Nacht im Wald verbringen – welche Jugendlichen machen da nicht begeistert mit. Urs Tester hat für den Pfadibund und den SBN unzählige Aktivitäten für alle vier Jahreszeiten zusammengetragen, mit dem Ziel, Kindern und jungen Erwachsenen das Abenteuer Feld und Wald näherzubringen. Denn nur wer spannende oder auch besinnliche Stunden in der Natur verbracht hat, ist bereit, sie vor der Zerstörung zu bewahren.

Am Anfang steht das Erleben. Dann folgt das Kennenlernen. Urs Tester vermittelt Natur-Kenntnis ohne Schulstubengeruch – nach dem Motto «Ein Frosch in der Hand ist besser als ein Löwe am Fernsehen». Beobachten, Berühren, Kennenlernen von einheimischen Pflanzen und Tieren bringen mehr als Sensationen aus zweiter Hand. Und immer

Br., A4, 176 S., öS 297, Fr./DM 38.-

steht der Forscherdang der Kinder im Zentrum.
Das Bewusstsein für Zusammenhänge wird geschaffen: Wasser aus dem Bach untersuchen – Warum ist es verschmutzt? – Wie reagieren die Wassertiere darauf? Mit dem Erkennen der Zusammenhänge entsteht auch die Motivation, praktische Naturschutz-Aufgaben zu übernehmen.
Wer Ideen sucht für eine Lagerwoche im Freien, wer mit einer Jugendgruppe Natur mit offenen Sinnen und einem Hauch Abenteuer erleben will, wird hier eine Fülle von spannenden Spielen, attraktiven Bauanleitungen und konkreten Vorgehensvorschlägen finden.
Zwei umfangreiche Handbücher in sechs Teilen, für Naturbegeisterte und solche, die es werden wollen.

Band 1: Methodik / Spiele / Wissen
Band 2: Umweltbewusstsein / Naturschutz / Camp

WWF

Geb., vierfarbig, 23 x 31, 50 S.
öS 226, Fr./DM 29.-

«Cyrano ist ein jugendlicher Delphin, der allerlei Abenteuer erlebt. Im ausgezeichnet recherchierten WWF-Comic gibt es auch zahlreiche andere Meeresbewohner kennenzulernen.
Yves Paccalet erzählt diese Unterwasser-Odyssee, sein Bruder Gabriel setzt sie in beeindruckend naturalistische Zeichnungen um. Schön, übersetzt ein Schweizer Verlag diese für Schulen und Bibliotheken geradezu ideale Serie aus Belgien, die mit Comics über Elefanten und Pottwale fortgesetzt wird.»
‹Brückenbauer›

Br., vierfarbig, 19 x 25, 102 S.
öS 250, Fr./DM 32.-

«Esther Bisset und Martin Palmer haben das Projekt ‹Worlds of Difference› für den WWF verfasst, um das Umweltbewusstsein an den Schulen in verschiedenen Unterrichtsbereichen (Religion, Geografie, Geschichte, Naturkunde, Ökologie, Ethik) zu fördern. Ihr Buch stellt im vierfarbigen 1. Teil die Grundzüge von neun Glaubenssystemen dar – australische Ureinwohner, Chinesen, Christen, Hindus, Humanisten, Juden, Moslems, die Sanema vom Amazonas und die Yoruba aus Afrika –, mit charakteristischen Beispielen ihrer Lebensweise. Die Materialiensammlung für Lehrer und Eltern im 2. Teil regt zu vielfältigen Aktionen innerhalb und ausserhalb des Klassenzimmers an. Das Buch ist vor allem für die Altersgruppe der 9- bis 13jährigen gedacht. Es spielt eine wichtige Rolle bei der Erziehung zur Toleranz gegenüber anderen Kulturen und Rassen und zum rücksichtsvollen Umgang mit der Natur.»
‹Lehrerzeitung›

Yoga

Br., 19 x 25, 156 S., öS 281, Fr./DM 36.-

Eine Mutter, eine Kindergärtnerin, ein Primarlehrer und eine Yogalehrerin berichten über die Erfahrungen, die sie beim Yoga mit Kindern gemacht haben: mit Kleinkindern, Kindergartenkindern, Schülerinnen und Schülern und ‹behinderten› Kindern; sie schildern in anschaulichen Bildern und Texten die Übungen und Möglichkeiten, die sie dabei an den Kindern und an sich selbst im Umgang mit ihnen entdeckt haben.

Aus dem Inhalt:
Mama macht Yoga – Julia will auch / Ideale Eltern / Türkische Yogatiere / Der Schmetterling als Freund des Adlers / Das Phantasieflugzeug / Gruss an die Sonne / Montessorischule / Traumreisen / Nervös, neckisch, neugierig / Aus Kindern wurden Leute.

Werken

Br., A4, 160 S., öS 304, Fr./DM 39.-

Jahrzehntelang dominierte das Prinzip «Vormachen – Nachmachen» den Handarbeits- und Werkunterricht. Der neue Lehrplan setzt andere Akzente: Schülerinnen und Schüler werden vor eine Aufgabe gestellt. Die fertige Lösung liegt nicht vor. Dafür werden eigene Ideen, die der Bewältigung der Aufgabe dienen, entwickelt. Zur gedanklichen Auseinandersetzung gehören die Wahl des geeigneten Materials, der benötigten Werkzeuge und das Festlegen des Arbeitsweges. Natürlich soll auch das Handwerk erlernt werden. Die vorgesehene Lösung soll nicht nur wirtschaftlich und ökologisch sinnvoll, sondern auch konstruktiv richtig sein, ästhetischen Bedürfnissen genügen und, wo möglich, einen Beitrag zur Überwindung überlieferter, geschlechtsspezifischer Rollenverteilungen leisten.

Aus dem Inhalt:

1. Klasse: Drahtgitterbild / Rhythmusinstrument
2. Klasse: Hampelfigur / Hut
3. Klasse: Windfahne / Verpackung
4. Klasse: Wasserrad / Hausschuh
5. Klasse: Topfhandschuh / Landschaftsrelief / Schiffsbau / Etui für Schulmaterial
6. Klasse: Frisbee / Hocker / Bilderrahmen / Flugzeugbau
7. Klasse: Kopfbedeckung / Gürtel / Nutzfahrzeug / Fotoständer
8. Klasse: Grillset / Hose aus Tricot / Sacknadel / Schmuck
9. Klasse: Lampe / Elektrischer Schalter / Keramik giessen / T-Shirt

Br., A4, 176 S., öS 304, Fr./DM 39.-

«Hut ab vor dieser 2. Dokumentation zum Thema Handarbeiten/Werken.
Der textile Teil befasst sich mit verschiedenen Arten der Kopfbedeckung, der nichttextile Bereich mit dem Licht als optische Erscheinung. Der heute immer dringenderen Erfordernisse nach einer Gesamtschau ökologischer Zusammenhänge, nach vernetztem Denken und nach ganzheitlicher Betrachtungsweise nimmt sich das Buch in vorbildlicher Art und Weise an: Da werden geschichtliche Entwicklungen aufgedeckt, heimatkundliche Bezüge hergestellt, industrielle Produktionen dargestellt, physikalische Phänomene erklärt. Kurz, mit aller Deutlichkeit erhalten die Leserinnen und Leser dieses Buches eine Vorstellung, wie faszinierend die Beschäftigung mit Handarbeiten/Werken mit seinen Problemstellungen und Querbezügen sein kann, sofern, und das ist zentral, der Leser und die Leserin zu Tätern werden. Denn es gilt, eine neue Generation von Kindern heranzubilden, die in der Lage sein wird, aus eigener Verantwortung, durch eigenes Denken und Tun und in Zusammenarbeit mit andern eine ständig wachsende Zahl von Problemen, mit denen uns der Fortschritt ‹beschenkt›, zu befriedigenden Lösungen zu führen.» *H. R. Lanker*

Br., A4, 152 S., öS 273, Fr./DM 35.-

«Ein dickes Ideenbündel kam zusammen, das inzwischen im Unterricht erprobt und ergänzt wurde und in diesem Buch zusammengefasst allen, die in Kindergarten, Schule und zu Hause mit Kindern zu tun haben, Lust machen wird, Ähnliches zu versuchen. Reichlich Fotos, grosszügige Zeichnungen, wenig Text – ein kreatives Werkbuch und benutzerfreundlich obendrein. Die konkreten Themen, um nur einige Stichworte zu nennen: Spukkabinett, Tastkasten, Bäckerfreuden, Lieblingsessen, Marionetten aus Schwemmholz, Hexenhäuser und Fahrzeuge aus Kartons, Pappmaschee-Hüte, grosse Tiere, WC-Rollen-Happening, Laternen, Masken, Irrgärten, Krachmaschinen usw.»

‹Spielen und Lernen›

«Das Materialbuch will aufzeigen, wie man mit wenig Aufwand viel machen kann. Es will Kindern auf einleuchtende Art erfahren lassen, was sie mit ihren Händen, ihrem Körper und ihrer Phantasie alles anstellen können und zwar ohne besondere Vorkenntnisse und unter Verzicht der grossen Spielzeugindustrie.» *‹Kunst + Unterricht›*

Malen

Br., A4, 168 S., öS 273, Fr./DM 35.-

Was in dem Buch beschrieben wird, ist faszinierend, motivierend und verlockend zugleich.
Der Leser wird gehalten, das Malen und die Malergebnisse als Prozess zu akzeptieren und nicht deutelnd oder unter entwicklungspsychologischen Gesichtspunkten einordnend zu betrachten. Der Praktiker erhält viele gute Anregungen, wird aber auch hingewiesen auf die Schwierigkeiten, die bei der Einrichtung eines Malraumes auftreten können.
Der logische Aufbau, die eindrücklichen Texte, die gut verständliche Sprache sind von einer Autorin, die aus langjähriger praktischer Erfahrung genau weiss, worüber sie spricht, was sie dem Leser vermitteln will.
Bettina Egger-Honegger hat als Grafikerin unter anderem eine zusätzliche Ausbildung für Malatelierleiter bei Arno Stern erfahren. Seit 1965 leitet sie ein eigenes Malatelier.

«Malen als Lernhilfe ist der zweite Band über Fragen des Malens und bildnerischen Ausdrucks von Bettina Egger.
Die Autorin gibt eine Fülle von Anregungen und Anleitungen für leicht ausführbare Techniken des bildnerischen Gestaltens mit verschiedensten Materialien zur Arbeit mit Kindern der Vorschul-, Kindergarten- und Primarschulunterstufe, besonders aber auch für die Arbeit mit geistig und körperlich behinderten Kindern.
Wiederum ein faszinierendes Buch, das nicht nur Erziehern, sondern ebenso Eltern empfohlen werden kann und eine eigentliche Pädagogik des Malens darstellt.»

‹Empfohlene Bücher›

Br., A4, 136 S., öS 273, Fr./DM 35.-

Br., A4, 168 S., öS 273, Fr./DM 35.-

«Wer sich vor Kinderzeichnungen immer ein bisschen ratlos-geniert fühlt, weil diese Kritzeleien doch eigentlich gar nichts darstellen, nehme zwecks gegenteiliger Information Bettina Eggers Buch ‹Bilder verstehen› zur Hand.
Da wird nichts verkompliziert, sondern in allgemein verständlichen Sätzen Grundlegendes für den Kontakt mit malenden Kindern oder Erwachsenen vermittelt.
Bettina Egger zeigt diese Urformen an Bildbeispielen von zeitgenössischen Künstlern, anhand der figurativen Phasen von Kindern und in Ausdrucksbildern von Erwachsenen auf. Daraus ergibt sich ein lebendig illustriertes und eindrucksvolles Panorama, für viele gewiss auch eine neue Art von Betrachtung.»

‹Zürichsee-Zeitung›

Basteln

Br., A4, 128 S., vierfarbig, öS 304, Fr./DM 39.-

«Ein grossformatiges, bunt illustriertes Buch, mit Hunderten der schönsten Arbeiten, damit die ganze Familie nach den leicht verständlichen Anleitungen kleben, sägen, nageln, ausschneiden usw. kann.
Eltern, Lehrer und Kinder werden begeistert sein, mit diesem ‹Leitfaden› Geduldsspiele, ein Wetterhäuschen, ein Puppenhaus aus einer Schachtel oder ein Segelfloss aus Korkzapfen zu basteln. Oder hat jemand Lust auf ein sich lustig drehendes ‹Rösslispiel›, einen Bauernhof mit vielen Tieren aus Astholz, eine Vogelpfeife, bunte Sommervögel oder ein Osterbäumchen? Das sind nur einige wenige Beispiele aus der Fülle von Bastelvorschlägen rund ums Jahr, damit nie wieder Langeweile aufkommen kann.»

L. H., ‹Coop-Zeitung›

Br., A4, 128 S., öS 273, Fr./DM 35.-

«Die Drachen in diesem Buch landen in der Türkei, in Vietnam, in Palau und Santa Cruz, in Guatemala und der Dominikanischen Republik und zuletzt im Engadin. Ruedi Epple erzählt von kurdischen Flüchtlingen, die in der Schweiz um Asyl nachsuchen, vom kriegszerstörten Vietnam und von Strassenkindern in Lateinamerika. Er beschreibt die Lebensbedingungen der Bevölkerung und den Zusammenhang zwischen ihrer Armut und unserem Reichtum. So wird der Drachen zum roten Faden, zum Transportmittel, das unsere Gedanken weiter führt, als die Drachenschnur reicht.
Die ‹Drachenreise› ist ein Lesebuch, ein Sach- und Bastelbuch mit Geschichten und Liedern, mit Beschreibungen, Informationen und Bauanleitungen. Es ist ein Buch für Schüler und Lehrer, für Schülerinnen und Lehrerinnen. Und für alle, denen die Welt nicht egal ist.» *‹Schulblatt AG + SO›*

Zeichnen

Br., A4, 168 S., öS 273, Fr./DM 35.-

«Es geht nicht nur um Impulse für den Zeichenunterricht. Probleme werden projektartig von verschiedenen Seiten angepackt. So findet man etwa zum ‹Schuh› geschichtliche Informationen, Ideen für Spiele, Theater, Tanz, für die Sprache und das Werken, Beispiele als Anregung zur Kunstbetrachtung usw. Durch die Lektüre wird man nicht gegängelt zum Kopieren, vielmehr bekommt man Mut und Gluscht, Neues und auch Unkonventionelles zu wagen. Dem Praktiker wird der Gebrauch des Buches durch Signete erleichtert, die die Stufenbezogenheit der Themen bezeichnen. Im Anhang sind übersichtlich technische Angaben für besondere Arbeitsvorgänge zusammengestellt. Beispiele von Arbeitsreihen und ein Literaturverzeichnis runden das sympathische, einfach aufgemachte Werk ab.» *fre ‹SLZ›*

Br., A4, 156 S., öS 273, Fr./DM 35.-

«Die handschriftlichen Texte, die aus dem Moment hingeworfenen Skizzen und die fotokopierten Schülerarbeiten sind so viele Anregungen zum Thema Menschenzeichnen, wie Menschen eben in ihrer Einzigartigkeit sind! Interessierte Lehrer, Spielgruppenleiter etc. finden darin eine Fülle von Ideen, die von erster spielerischer Erfahrung über Arbeitsbeispiele bis zu zeichnerischer und plastischer Gestaltung der menschlichen Figuren, Bewegungen, Gesichter, Hände und Füsse reichen.»

‹Neue Kinder- & Jugendbücher›

«Das Werkbuch ‹Mit Herz und Hand› befasst sich mit Menschen in Gruppen, im Spiel, in der Selbstdarstellung, in Textillustrationen sowie Magischem mit und um Menschen.

Br., A4, 152 S., öS 273, Fr./DM 35.-

Zuerst werden Einstiegsmöglichkeiten zum Thema dargestellt: Bildbetrachtungen, Spielformen, sprachliche Einstiege. Alles Mögliche, die sich auch in andern Fächern bewähren können, kurz: überall dort, wo sich Menschen mit dem Thema ‹Mensch in der Gruppe› befassen.
Es folgen Arbeitsvorschläge: Schattenrisse, Arbeiten mit Ton, Linolschnitt, Maskenbau, Puppenbau, Schattenspielfiguren, Spielaktionen an Schulanlässen, in den Pausen usw.

Den AutorInnen, alles Mitglieder der Projektgruppe Zeichnen der Zentralstelle für Lehrerfortbildung Bern, ist mit diesem Buch gelungen, eine Unterrichtshilfe herzustellen, die von der ersten bis zur neunten Klasse gebraucht werden kann.» *S. Gieller-Münger*

Werkbücher